中学数学公式的教学价值

许文军 著

中国科学技术出版社
·北 京·

图书在版编目（CIP）数据

中学数学公式的教学价值 / 许文军著 . -- 北京：中国科学技术出版社，2024.5
ISBN 978-7-5236-0758-9

Ⅰ. ①中… Ⅱ. ①许… Ⅲ. ①中学数学课 – 教学研究 Ⅳ. ① G633.602

中国国家版本馆 CIP 数据核字（2024）第 097982 号

责任编辑	杨曦子
封面设计	红杉林文化
版式设计	中文天地
责任校对	邓雪梅
责任印制	徐　飞

出　　版	中国科学技术出版社
发　　行	中国科学技术出版社有限公司
地　　址	北京市海淀区中关村南大街 16 号
邮　　编	100081
发行电话	010-62173865
传　　真	010-62173081
网　　址	http://www.cspbooks.com.cn

开　　本	720mm×1000mm　1/16
字　　数	340 千字
印　　张	20.25
版　　次	2024 年 5 月第 1 版
印　　次	2024 年 5 月第 1 次印刷
印　　刷	河北鑫玉鸿程印刷有限公司
书　　号	ISBN 978-7-5236-0758-9 / G・1048
定　　价	98.00 元

（凡购买本社图书，如有缺页、倒页、脱页者，本社销售中心负责调换）

前　言

数学公式是客观规律的结晶．学习数学公式，认识、理解数学公式及其反映的客观规律，用公式解决相关的数学问题，是尊重客观规律，是按照规律去做，会收到事半功倍的效果．

初中数学教学引入公式的过程实际上是逐步揭示规律的过程．初中数学教学通常采用归纳法引入公式，即通过分析一定量的具体事例，归纳抽取其本质特征，然后得到公式．

高中数学公式教学则需要引入更多的理性思维．理性思维体现在对概念的理解上，概念在规范思维上的作用更加突出．同时，还体现在数学思想对思维的指导作用上，数学思想更加重要．

例1 二项式定理：$(a+b)^n = C_n^0 a^n + C_n^1 a^{n-1} b + \cdots + C_n^k a^{n-k} b^k + \cdots + C_n^n b^n$．

第一，学生在学习这个公式时，首先要对多项式乘法法则有一般的认识：若干个多项式相乘，所得乘积多项式的项数是各因式多项式项数的乘积．

第二，根据上述认识，思考 $(a+b)^n$ 展开式的项的组成、项数．

（1）展开式的每一项均由 n 个相同的因式 $(a+b)$ 各取一项相乘而得到，由于每个因式都没有常数项，因此展开式各项均为 n 次项，即展开式是 n 次齐项式．

（2）每一项的原始形态是 $a^{n-m} \cdot b^m (0 \leqslant m \leqslant n)$，原始项数是 2^n．

（3）如果以 a 为主元，按 a 的降幂排列，合并同类项后，展开式呈现：

$$a_n \cdot a^n \cdot b^0 + a_{n-1} \cdot a^{n-1} \cdot b + a_{n-2} \cdot a^{n-2} \cdot b^2 + \cdots + a_1 \cdot a \cdot b^{n-1} + a_0 \cdot a^0 \cdot b^n.$$

（4）为了得到展开式的"全貌"，关键是各项系数的计算 $a_n, a_{n-1}, a_{n-2}, \cdots, a_1, a_0$．这里 a_{n-m} 是含 $a^{n-m} \cdot b^m$ 项的系数，含 $a^{n-m} \cdot b^m$ 的项是从 n 个因式 $(a+b)$ 中，任选 m 个因式，从这些因式中，各取 b 相乘，再从余下的 $(n-m)$ 个因式中各取 a 相乘，从而得到含 $a^{n-m} \cdot b^m$ 的项．因此这样的项共有 C_n^m 个（以 b 为主），或共有 C_n^{n-m} 个（以 a 为主），而 $C_n^m = C_n^{n-m}$，于是 $a_{n-m} = C_n^m, (a+b)^n = \sum_{m=0}^{n} C_n^m a^{n-m} b^m$．

例2 对数运算法则：$\log_a(M \cdot N) = \log_a M + \log_a N (a > 0, a \neq 1. M > 0, N > 0)$．

第一，掌握这个公式的由来，要用对数概念做支撑．设 $M = a^x$，则 x 叫作以 a 为底 M 的对数．

第二，掌握这个公式的由来，还要用数学思想为指导．

在同一个数量关系中，已知、未知的转化会在原运算的基础上产生新运算（互逆运算）．

在 $a^x = M$ 中，已知 a, x，未知 M，求 M 即为乘方运算．

在 $a^x = M$ 中，已知 a, M，未知 x，求 x 即为对数运算．

因此 $a^x = M$ 与 $\log_a M = x$ 表示同一个数量关系的两个不同形式．形式不同的原因是已知、未知的不同，而且要坚持用已知表示未知带来的"后果"．

第三，幂的运算法则：同底数幂相乘，底数不变，指数相加：

$$a^x \cdot a^y = a^{x+y}. \qquad 式①$$

从对数的角度看，$x + y$ 是以 a 为底 $a^x \cdot a^y$（两个幂的积）的对数．即由式①及对数概念，有：

$$\log_a(a^x \cdot a^y) = x + y. \qquad 式②$$

式①、式②是同一个运算法则的两种表现形式．

设 $M = a^x, N = a^y$，则 x, y 分别是以 a 为底 M, N 的对数，即 $x = \log_a M, y = \log_a N$．代入式②：

$$\log_a(M \cdot N) = \log_a M + \log_a N. \qquad 式③$$

由例 1、例 2 可见，数学课的教育、教学目标很大一部分要在公式的教学中完成和实现，这是习题课不能取代的．

在数学公式教学中，会涉及观察、分析、比较等环节，会通过设元、变换等技巧，创造条件，使用公式．这是一个理论到实践的过程．可以说在公式教学中，蕴含着从感性认识到理性认识，从理性认识到实践活动的一个认识的全过程．

目　录

前　言

第一篇　初中数学公式的教学实践……………………………………001
　　第一章　初中数学公式的教学设计…………………………………003
　　第二章　初中数学公式的教学感悟…………………………………060

第二篇　高中数学公式的教学实践……………………………………077
　　第一章　高中数学公式的教学设计…………………………………079
　　第二章　高中数学公式的教学感悟…………………………………205

第三篇　强基计划与竞赛中的公式教学………………………………263
　　第一章　对称式与轮换对称式………………………………………265
　　第二章　关于公式 $a^3+b^3+c^3-3abc=(a+b+c)$
　　　　　　$(a^2+b^2+c^2-ab-bc-ac)$ 的应用…………………………270
　　第三章　柯西不等式的应用…………………………………………271
　　第四章　焦点与准线模型……………………………………………273
　　第五章　阿基米德三角形的性质……………………………………275
　　第六章　棣莫弗公式…………………………………………………278
　　第七章　奔驰定理的推广及其应用…………………………………286
　　第八章　利用三角函数模型公式解决强基求值问题………………293

第四篇　与中学数学公式教学相关的研究报告………………………299

结　语……………………………………………………………………316

第一篇
初中数学公式的教学实践

第一章 初中数学公式的教学设计

第一节 "乘法公式"的教学设计

一、单元教学设计说明

乘法公式是整式乘法的特殊情况，是在学习了字母表示数、整式加减、幂的运算、多项式乘法等知识的基础上再学习的，运用乘法公式能简化一些特定类型的整式相乘的运算问题，为后续研究因式分解、分式、一元二次方程、二次函数奠定基础.

本节内容包括平方差公式、完全平方公式［立方和（差）、完全立方公式需补充］以及乘法公式的综合应用.学生观察、概括特征、归纳公式、辨析公式、应用公式等过程，理解和掌握2个（4个）乘法公式，并能用代数式和文字正确地表述，熟练地运用它们进行运算；在实践中经历由一般到特殊，由具体到抽象的研究过程，发展数学抽象以及数学运算的素养；借助于几何图形对乘法公式的直观解释，发现乘法公式与面积之间的内在联系，帮助学生更好地理解公式，体会数形结合的重要思想和方法，发展学生直观想象的数学素养.

二、单元学习目标与重点难点

（1）探究并推导平方差公式和完全平方公式［立方和（差）、完全立方公式需补充］，能够利用完全平方公式和乘法公式进行计算，体会公式中字母所表示的广泛含义.

（2）借助几何图形对平方差公式与完全平方公式进行直观解释，体会数形结合的思想.

（3）经过对乘法公式的探究，渗透从一般到特殊，从具体到抽象地研究数学问题的思想方法，体会知识间的广泛联系.

重点 平方差公式与完全平方公式.

难点 理解平方差公式与完全平方公式的结构特征和公式中字母的广泛含义.

三、单元整体教学思路（教学结构图）

教学结构，如图 1.1 所示.

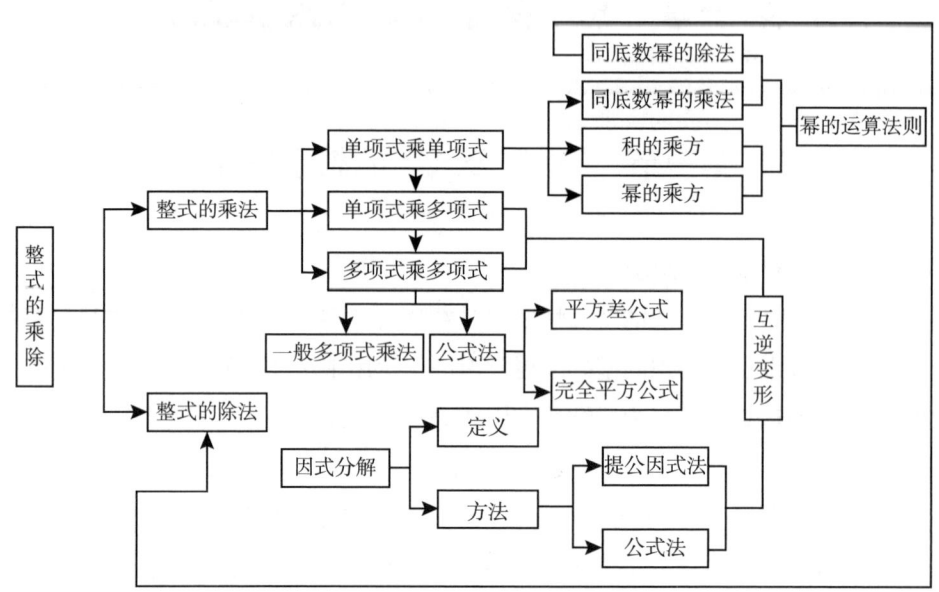

图 1.1　教学结构

从多项式乘法到乘法公式，是从一般到特殊的认识过程，认识到某些具有特殊形式的多项式相乘，可以写成公式的形式，认知需要一个过程，逐步地达到以下三个水平：水平一明确特征，掌握公式；水平二理解字母的广泛含义，求得运算结果；水平三依据特征，简化运算.学生需要掌握这两个公式的结构特征，理解它们的意义，才能够利用乘法公式求得正确的运算结果.除了要掌握公式的结构特征之外，还需要理解公式中字母的广泛含义，可以表示具体的数，也可以表示单项式或多项式，符合公式特征，就能够运用公式进行运算.基于以上分析，本节的第三课时的教学将通过对公式的探究、归纳、辨析、应用等活动展开，具体安排如下.

第一课时：平方差公式

从具体的具有特殊形式的几组多项式乘法的运算中，通过观察、比较、抽象概括出一般的形式，学生在运算过程中进一步巩固多项式乘法法则并发现规律；并通过符号推理获得公式的符号表示及语言表述，初步感受从具体到抽象地研究问题的方法.利用几何图形，以"形"助"数"，对平方差公式进行解释.

第二课时：完全平方公式

再次经历由一般到特殊的研究过程，通过对完全平方公式的研究落实水平一和水平二．由于完全平方公式与平方差公式的形式相近，因此加深对公式结构特征的辨析，避免学生混淆．

第三课时：乘法公式的综合应用

学生综合运用平方差公式和完全平方公式解决问题，运算水平达到第三个层次．在解决综合问题时，有时需要将式子进行变形，才能满足公式的结构特征，因此会遇到添括号的问题．因此通过对添括号法则的探究，培养学生对式子的观察与分析能力，同时更加深入地理解公式中字母的广泛含义，利用公式，简化运算．

第四课时：立方和（差）公式（补充）

第五课时：完全立方公式（补充）

乘法公式（第一课时）

（一）教学内容分析

内容 平方差公式

内容解析 平方差公式是在学习多项式乘法之后继续学习的公式，即两个数的和与这两个数的差的积，等于这两个数的平方差．当满足这一特殊形式时，就可以用公式进行计算．在整式乘法、因式分解中起到重要的作用，同时也为之后的代数学习打下重要基础．

探索平方差公式的过程，体现了从一般到特殊的研究思路，同时运用文字和符号对平方差公式进行表述，体现了由具体到抽象的研究方法．借助于几何图形对乘法公式的直观解释，发现乘法公式与面积之间的内在联系，帮助学生更好地理解公式，体会数形结合的重要思想和方法．

（二）学习者分析

知识储备 学生已经学习了字母表示数、整式的加减、幂的运算、整式的乘法尤其是多项式与多项式的乘法，具备了一定整式乘法的运算基础．平方差公式中的 a 和 b 可以表示正数或者负数，还可以表示单项式或多项式，学生对于公式中字母 a 和 b 的广泛含义的理解有时存在困难．

思维基础 学生的抽象概括能力、逻辑推理能力相对较弱，对本节课的探究会造成一定的困难．学生的数形结合思想还不足，会影响学生利用几何图形理解平方差公式．

（三）学习目标确定

经历观察、抽象、概括、提出猜想并验证的过程，理解平方差的结构特征．

能够利用平方差公式进行整式乘法运算，体会公式中字母所表示的广泛含义．

通过对平方差公式的探究，渗透从一般到特殊，从具体到抽象地研究数学问题的思想方法，体会知识间的广泛联系．

（四）学习重点难点

重点 理解平方差公式

难点 理解完全平方公式的结构特征和公式中字母的广泛含义．

（五）学习评价设计

学生数学思考评价．

（1）下列各式的计算错在哪里？应当怎么改正？

① $(a+2)(a-2)=a^2-2$；② $(-2a-1)(2a-1)=4a^2-1$.

目标达成评价：学生能够根据平方差公式的结构特征进行判断，并根据公式进行正确地运算．

（2）你能用几何图形验证平方差公式吗？

目标达成评价：学生通过自己设计图形解释平方差公式，说明学生能够利用数形结合，理解平方差公式．

学生目标达成评价．

运用平方差公式进行计算：

（1）$(1+2b)(1-2b)$；

（2）$(3a-b)(3a-b)$；

（3）$51×49$；

（4）$(3x+4)(3x-4)-(2x+3)(3x-2)$.

（六）学习活动设计

学习活动设计，如表 1.1 所示．

表 1.1　学习活动设计

环节一：总结规律，提出猜想	
教师活动 1	学生活动 1
任务 1　计算下列多项式的积，你能发现什么规律？ （1）$(m+1)(m-1) = $ _____； （2）$(x+2)(x-2) = $ _____； （3）$(2y+1)(2y-1) = $ _____． 提问：依照以上三道题的计算，回答下列问题： ①式子的左边具有什么共同特征？ ②它们的结果有什么特征？ ③能不能用文字表示你的发现？ ④能不能用字母表示你的发现？ ⑤你能对发现的规律进行推导吗？	学生计算，师生共同分析计算的结果． 教师提问，学生通过自主探究、合作交流，发现规律，式子左边是两个数的和与这两个数的差的积，右边是这两个数的平方差，并猜想出：$(a+b)(a-b)=a^2-b^2$，并运用多项式乘法法则推导此公式．
活动意图说明：学生通过观察等号左右两边式子的特征，抽象出共同的特征，即平方差公式，经历由具体到抽象的过程，发展了数学抽象的素养，体会从具体到抽象研究问题的方法．	
环节二：理解公式，几何说理	
教师活动 2	学生活动 2
任务 2　你能用文字表示所发现的规律吗？ 两个数的和与这两个数的差的积，等于这两个数的平方差． $(a+b)(a-b)=a^2-b^2.$	学生回答问题，相互补充．
活动意图说明：学生将符号转化为文字表述，发展学生的数学表达能力；在用文字表述公式的过程中，可以加深对公式结构特征的理解．	

续表

环节二：理解公式，几何说理	
教师活动 3	**学生活动 3**
任务 3　将长为 $(a+b)$，宽为 $(a-b)$ 的长方形，剪下宽为 b 的长方形条，拼成有空缺的正方形，并请用等式表示你剪拼前后的图形的面积关系（$a>b>0$）. 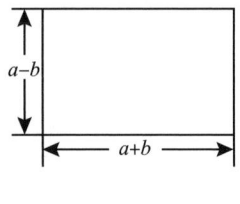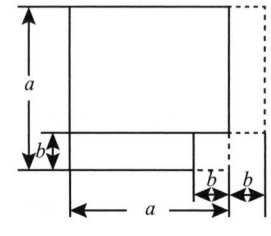 $(a-b)(a+b)=a^2-b^2$	通过学生小组合作，完成剪拼游戏活动，利用这些图形面积的相等关系，进一步从几何角度验证平方差公式的正确性，渗透了数形结合的思想. 　　引导学生学会从多角度、多方面来思考问题. 对于任意的 a、b，由学生运用多项式乘法计算：$(a+b)(a-b)=a^2-ab+ab-b^2=a^2-b^2$，验证其公式的正确性.
活动意图说明：通过研究活动，学生认识平方差公式的几何意义，使学生更好地理解这一公式，并在此过程中，体会数形结合思想.	

环节三：运用公式，加深理解	
教师活动 4	**学生活动 4**
例 1　运用平方差公式进行计算. （1）$(2m+3)(2m-3)$； （2）$(b+2a)(2a-b)$. 解：（1）$(2m+3)(2m-3)=(2m)^2-3^2$ $=4m^2-9$ 　　　　$\updownarrow\ \ \ \updownarrow\ \ \ \updownarrow\ \ \ \updownarrow\ \ \ \updownarrow$ 　　　　$(a\ +\ b)\ \ (a\ -\ b)\ =\ a^2-b^2$ （2）$(b+2a)(2a-b)=(2a)^2-b^2=4a^2-b^2$.	师生共同分析解答，教师进行板书，在分析例 1（1）题的过程中，明晰分析式子的结构特征并运用公式进行计算.
活动意图说明：让学生数学熟悉公式的结构特征，找准哪个数或式子相当于公式中的"第一个数" a，哪个数或式子相当于公式中的"第二个数" b，并运用公式进行计算.	

续表

环节三：运用公式，加深理解	
教师活动5	**学生活动5**
练习1　判断下列算式能否运用平方差公式计算． （1）$(2x+3a)(2x-3b)$； （2）$(-m+n)(m-n)$； （3）$(-2p-3q)(2p-3q)$； （4）$(t^2+1)(t^2-1)$． 练习2　判断下列计算是否正确． （1）$(2a-3b)(2a-3b)=4a^2-9b^2$； （2）$(x+3)(x-3)=x^2-3$； （3）$(-3a-2)(3a-2)=9a^2-4$； （4）$(m+2)(m-3)=m^2-6$．	学生经过思考、讨论、交流，进一步熟悉平方差公式的本质特征． 学生独立思考，并说明答案，对错误的问题相互交流，订正答案．

活动意图说明：掌握运用平方差公式必须具备的条件．巩固平方差公式，进一步体会字母 a、b 可以是数，也可以是式，加深对字母含义广泛性的理解．对学生常出现的错误，作具体的分析，以加深学生对公式的理解，进一步掌握平方差公式的本质特征和运用平方差公式必须具备的条件．

教师活动6	**学生活动6**
例2　请计算． （1）$(a+2b)(a-2b)$； （2）$98\times(-102)$； （3）$(3+2a)(-3+2a)$； （4）$(y+2)(y-2)-(y-1)(y+5)$．	4名学生进行板书，其他学生在练习本上完成，教师巡视，指导，师生共同交流．

活动意图说明：通过巩固练习，进一步帮助学生更好地理解平方差公式，体会字母含义广泛含义，较为熟练地运用平方差公式进行有关计算．

续表

环节四：课堂小结，提升认识	
教师活动7	学生活动7
请大家从以下方面说说本节课的收获，并小结． （1）本节课学习的新知识； （2）运用平方差公式的注意事项； （3）探究平方差公式的方法．	学生通过回顾学习过程，体会从一般到特殊的研究方法．
活动意图说明：通过小结，使学生梳理本节课所学内容，把握本节课的核心——平方差公式，进一步认识平方差公式的结构特征，为运用公式积累经验．	

（七）板书设计

平方差公式

猜想 $(a+b)(a-b)=a^2-b^2$

证明 左边 $=a^2-ab+ba-b^2=a^2-b^2=$ 右边

∴ 等式成立．

两个数的和与这两个数的差的积，等于这两个数的平方差．

例 （1）$(2x+3)(2x-3)=(2x)^2-3^2=4x^2-9.$

$\quad\quad\quad\downarrow\ \ \ \downarrow\ \ \ \downarrow\ \ \ \downarrow$

$\quad\quad\quad(a+b)(a-b)=a^2-b^2$

（2）$\ (b+2a)(2a-b)$

$=(2a+b)(2a-b)$

$=(2a)^2-b^2=4a^2-b^2.$

（八）作业与拓展学习设计

1.下列表中多项式相乘哪些能用平方差公式化简？如果能，指出多项式中哪些数或式相当于公式中的 a、b，并将其表示成 a^2-b^2 的形式，并化简得出结果，如表1.2所示．

表 1.2　作业表

多项式相乘	能否用平方差公式	a 表示什么	b 表示什么	写出 a^2-b^2	化简得出结果
$(y+1)(1-y)$					
$(m+2n)(2n-m)$					
$(-a+2b)(a-2b)$					
$(-x+2y)(-x-2y)$					
$(2b-a)(-a+2b)$					
$(x^2-y)(x+y^2)$					

2. 选择题

下列多项式乘法中，可以用平方差公式计算的是（　　）．

A. $(-a-b)(a+b)$　　　　B. $(-a-b)(a-b)$

C. $(a+b-c)(-a-b+c)$　　D. $(-a+b)(a-b)$

3. 填空题

（1）$(1+3a)(1-3a) = $ ＿＿＿＿＿＿；

（2）$(-2y-3x)(3x-2y) = $ ＿＿＿＿＿＿；

（3）$($＿＿＿＿$-4b)($＿＿＿＿$+4b) = 9a^2-16b^2$．

4. 计算题

（1）$(st-1)(st+1)$；

（2）$(-2y-3x)(3x-2y)$；

（3）53×47．

5. 解答题

已知两个正方形的周长之和等于 32cm，它们的面积之差为 48cm²，求这两个正方形的边长．

活动意图说明：对本节重点内容进行现场检测，及时了解教学目标的达成情况．

（九）特色学习资源分析、技术手段应用说明（结合教学特色和实际撰写）

本节学生独立设计图形，真正地做到了重视数学思想的渗透，学生能够准确运用几何直观这个工具，真正做到以形助数，以数解形．借助数形互助关系，加深对公式结构特征的理解．

（十）教学反思与改进

本节的教学设计，尊重学生的主体性，以问题为载体，使学生不断地发现问题，解决问题．以学生已有知识经验为基础，活动过程中突出学生的主体性．学生经历完整的探究过程，从一般到特殊，从具体到抽象，猜想、验证到应用这样一个完整的获得数学公式过程，为接下来学习完全平方公式积累了经验．学生在学习知识的同时，积累研究数学问题的经验和方法．

乘法公式（第二课时）

（一）教学内容分析

内容　完全平方公式

内容解析　本节课教学内容是整式乘法公式——完全平方公式，在学生学习了字母表示数、整式加减、幂的运算、多项式乘法的基础上，是对多项式乘法中一种特殊形式的归纳和总结．为后续研究因式分解、分式、一元二次方程、二次函数等奠定基础．

本节学生将经历完整的获得数学公式全过程，不仅掌握公式的内容，更能理解数学公式算理，"法理并重"．借助几何更直观地通过设计图形验证公式，理解公式中的 $2ab$ 的不可或缺．借助规范的教学例题，分析问题特征，通过公式中字母的对应，更好地理解公式的结构特征．练习环节充分地暴露典型错例，互相讨论，归纳总结应该公式运用的注意事项，进一步提升对完全平方公式的理解．

通过多种方式熟知运算中数学原理，规范运算的格式，总结运算技巧，各个环节充分发挥学生的主体性作用，培养良好的运算习惯，促进学生对数学运算过程的理解．

（二）学习者分析

知识储备　学生已经学习了字母表示数、整式加减、幂的运算、多项式乘法的基础上，研究了多项式乘法中的平方差公式，积累了一定的多项式乘法的经验．

学生在进行相同因式的多项式乘法时容易受到平方差公式的干扰；在运用完

全平方公式时容易丢掉 2ab 项．对于公式中的 a，b 表示复杂单项式时，也容易出现错误．

思维基础 学生经历从多项式乘法到平方差公式的研究过程，已经具有将多项式乘法特殊化得到运算公式的经验，但抽象的概括能力、逻辑的推理能力相对较弱，对本节的探究会造成一定的困难．

（三）学习目标确定

经历观察、比较、抽象、概括，提出猜想并验证的过程，理解完全平方公式的结构特征．

能够利用完全平方公式进行整式乘法运算，体会公式中字母所表示的广泛含义．

通过对完全平方公式的探究，从一般到特殊，从具体到抽象地研究数学问题的思想方法，体会知识间的广泛联系．

（四）学习重点难点

重点 理解完全平方公式．

难点 理解完全平方公式的结构特征和公式中字母的广泛含义．

（五）学习评价设计

学生数学思考评价．

（1）下列各式的计算错在哪里？应当怎么改正？
① $(a+b)^2 = a^2 + b^2$；② $(a-b)^2 = a^2 - b^2$．

目标达成评价：学生能够根据完全平方公式的结构特征进行判断，并根据公式进行正确地运算．

（2）你能用几何图形验证完全平方公式吗？

目标达成评价：学生通过自己设计图形解释完全平方公式，说明学生能够利用数形结合，理解公式．

学生目标达成评价．

运用完全平方公式计算：

① $\left(2a + \dfrac{b}{2}\right)^2$；

② $(-3m - 5n)^2$；

③ 99^2；

④ $(x-y)(x+y)(x^2-y^2)$.

（六）学习活动设计

学习活动设计，如表 1.3 所示.

表 1.3　学习活动设计

环节一：总结规律，提出猜想	
教师活动 1	学生活动 1
任务1　计算下列各式. （1）$(2p+1)(p+2)$； （2）$(p-3)(2p-2)$. 任务2　计算下列各式. （1）$(p+1)^2$；　（2）$(m-2)^2$； （3）$(p+3)^2$；　（4）$(3-m)^2$. 根据整式多项式乘法法则计算，认真观察下列各式的积，你能发现什么规律？ （1）$(p+1)^2=p^2+2p+1$； （2）$(m-2)^2=m^2-4m+4$； （3）$(p+3)^2=p^2+6p+9$； （4）$(3-m)^2=9-6m+m^2$. 任务3　在充分研讨的基础上，写出猜想并板书. 猜想： $(a+b)^2=a^2+2ab+b^2$； $(a-b)^2=a^2-2ab+b^2$. 请大家借助算式 $(x+5)^2$ 再次验证猜想.	任务1　活动要求：请认真计算两个算式，回顾多项式乘法法则. 任务2　活动要求： （1）计算特殊的多项式乘法； （2）从算式、积和它们的联系三个角度观察式子的结构特征； （3）尝试用自己的语言表述发现的规律. 首先学生计算特殊的多项式乘法，然后从算式、积和它们的联系三个角度观察式子的结构特征. 活动中学生先独立思考，再组内研讨，用自己的语言表述规律，通过不同学生的表述，总结规律. 在充分研讨的基础上，引导学生用符号语言写出猜想并板书. 学生借助算式 $(x+5)^2$ 再次验证猜想.
活动意图说明：学生经历从具体到抽象的过程，即经历观察、比较、抽象、概括的过程，提出猜想. 体会研究数学问题的基本思想方法.	

续表

环节二：验证猜想，获得公式	
教师活动2	学生活动2
逻辑推理，证明猜想． $(a+b)^2 = a^2+2ab+b^2$； $(a-b)^2 = a^2-2ab+b^2$．	学生利用多项式乘法法则，证明猜想．

活动意图说明：通过严谨的逻辑推理，证明完全平方公式，经历猜想、验证、证明的过程，得出完全平方公式的两个符号形式表达式．

教师活动3	学生活动3
用文字表述规律． （1）引导同学们将两个规律合写成 $(a\pm b)^2 = a^2\pm 2ab+b^2$； （2）在此基础上尝试用文字表述． 文字：两个数的和/差的平方，等于它们的平方和，加上/减去它们的积的2倍． 小结： 至此获得了完全平方公式；再次结合符号语言和文字语言明晰公式的结构特征，明确满足公式左侧特征的式子可以直接运用完全平方公式，简化计算．	活动要求． （1）请同学们尝试将两个规律合写成一个等式； （2）尝试用文字表述规律； （3）如果有困难可以先尝试用文字表述等式的左侧规律，再尝试用文字表述等式的右侧规律．

活动意图说明：将符号语言转化为文字语言，发展数学语言表达能力；同时在用文字表述公式内容时，可以加深对公式结构特征的理解．

教师活动4	学生活动4
数形互助，验证公式，活动要求． （1）观察图形，利用同一面积不同的表示方法，验证 $(a-b)^2 = a^2-2ab+b^2$．	首先学生观察图形，利用同一面积不同的表示方法，验证 $(a-b)^2 = a^2-2ab+b^2$．

续表

环节二：验证猜想，获得公式	
教师活动 4	学生活动 4
（2）请同学们独立设计图形，利用同一面积的不同表示验证 $(a+b)^2 = a^2+2ab+b^2$.	通过绿色阴影正方形的面积的不同求法，验证 $(a-b)^2 = a^2 - 2ab + b^2$，借助几何直观突出公式的结构特征. 学生再独立设计图形，验证 $(a+b)^2 = a^2+2ab+b^2$.

活动意图说明：这个数学活动借助数形互助关系，加深对公式结构特征的理解，与此同时，先观察验证再设计验证的安排也体现学生思维的层层递进.

环节三：运用公式，加深理解	
教师活动 5	学生活动 5
例1 用完全平方公式计算. （1）$(4m+n)^2$; （2）$\left(y-\dfrac{1}{2}\right)^2$. 教师完成例题板书演示. $(4m+n)^2 = (4m)^2 + 2(4m)(n) + (n)^2 = 16m^2 + 8mn + n^2$. ↓　　↓　　↓　　↓　　↓ $(a+b)^2 = a^2 + 2 \cdot a \cdot b + b^2$. $\left(y-\dfrac{1}{2}\right)^2 = (y)^2 - 2(y)\left(\dfrac{1}{2}\right) + \left(\dfrac{1}{2}\right)^2 = y^2 - y + \dfrac{1}{4}$. ↓　　↓　　↓　　↓　　↓ $(a-b)^2 = a^2 - 2 \cdot a \cdot b + b^2$.	首先师生共同分析问题的结构特征，找准哪个单项式相当于公式的 a，哪个单项式相当于 b，写出完全平方公式右侧的形式，再得出结果.
教师活动 6	学生活动 6
练习1 （1）$(2x-7y)^2$; （2）$(-2a+5)^2$; （3）$(-2a-5)^2$.	活动要求： （1）请同学们先独立完成计算； （2）展示自己的解题过程，说说自己的思考过程；

续表

环节三：运用公式，加深理解

教师活动6	学生活动6
（4）$\left(-\dfrac{3}{4}x-\dfrac{2}{3}y\right)^2$. 先展示典型错误，组织同学们研讨，再展示正确结果，通过不同方法的对比，渗透方法的优化. 追问：在应用完全平方公式时有哪些注意事项？	学生小结： （1）观察式子是否符合完全平方公式的结构特征； （2）找准哪个数或式相当于公式中的 a，哪个数或式相当于公式中的 b； （3）公式中的 $2ab$ 项不能忘； （4）注意符号的处理.

活动意图说明：例1和练习1通过应用公式，让学生更加熟练、准确地运用完全平方公式进行计算，总结归纳应用公式时的注意事项，巩固公式，增强学生的运算能力.

教师活动7	学生活动7
例2　用完全平方公式计算. （1）102^2； （2）$(m+1)^2-(m-1)(m+1)$. 练习2 （1）98^2； （2）$(3x-4)^2-(3x+3)(3x-2)$.	学生独立完成，巩固完全平方公式，体会公式中字母的广泛含义.

活动意图说明：在实践中体验"学以致用"的道理，通过灵活应用完全平方公式进行数的简算，激发学生学习数学的兴趣，帮助理解公式，同时回归多项式乘法，体现数学知识体系下的新知学习.

环节四：课堂小结，提升认识

教师活动8	学生活动8
请大家从以下方面说说本节课的收获，并小结. （1）本节课学习的新知识. （2）运用完全平方公式的注意事项. （3）探究完全平方公式的方法.	学生通过回顾学习过程，体会从一般到特殊的研究方法.

续表

环节四：课堂小结，提升认识
活动意图说明：总结完全平方公式以及运用公式的注意事项，加深对完全平方公式的认识与理解，同时梳理研究完全平方公式的方法与思路，积累研究问题的方法.

（七）板书设计

完全平方公式

结论　$(a+b)^2 = a^2 + 2ab + b^2$；

$(a-b)^2 = a^2 - 2ab + b^2$.

两个数的和/差的平方，等于两数的平方和加上或减去它们积的 2 倍.

例　（1）$(4x+y)^2 = (4x)^2 + 2 \cdot 4x \cdot y + y^2 = 16x^2 + 8xy + y^2$.

$\qquad\quad\;\downarrow\quad\;\;\downarrow\quad\;\;\;\downarrow\quad\;\;\;\downarrow\quad\;\;\downarrow$

$\qquad(a+\;\;b)^2 = a^2 +\quad 2ab +\quad\;\; b^2$

（2）$\left(y-\dfrac{1}{2}\right)^2 = y^2 - 2y \cdot \dfrac{1}{2} + \left(\dfrac{1}{2}\right)^2 = y^2 - y + \dfrac{1}{4}$.

$\;\;\downarrow\quad\;\downarrow\quad\;\;\downarrow\quad\;\;\;\downarrow\quad\;\downarrow$

$(a-b)^2 = a^2 -\quad 2ab +\;\; b^2$

（八）作业与拓展学习设计

（1）人民教育出版社《义务教育教科书数学八年级上册》（2013 年版）112 页习题［以下简称教材（八上）］；

（2）教材（八上）113 页的阅读与思考.

设计意图：有层次的作业设计巩固所学新知的同时，引导学生对完全平方公式进行延伸学习；借助杨辉三角（图 1.2），　方面加深对公式结构特征的理解，另一方面了解我国优秀的数学传统文化.

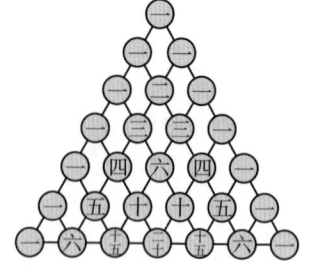

图 1.2　杨辉三角

（九）特色学习资源分析、技术手段应用说明（结合教学特色和实际撰写）

学生独立设计图形，借助数形互助关系，加深对公式结构特征的理解，与此同时，先观察验证再设计验证的安排也体现学生思维的层层递进.

(十)教学反思与改进

(1)教学设计以学生已有知识经验为基础,突出学生活动,实施过程中突出学生的主体性.

(2)完整的知识获得过程——经历从一般到特殊,从具体到抽象,猜想、验证到应用这样一个完整的获得数学公式过程.

(3)整节课的设计和实施上遵循了结构化的原则,体现在所学完全平方公式的结构化,对于公式学习方法的结构化.

学习知识的同时,积累研究数学问题的经验和方法.

乘法公式(第三课时)

(一)教学内容分析

内容 乘法公式的综合应用以及添括号法则.

内容解析 乘法公式是整式乘法的特殊情形,是今后代数学习的基础,因此要求学生熟练地掌握乘法公式,并能够在整式的乘法综合运算中正确地使用公式进行计算.

在解决综合问题时,有时需要将式子进行变形,才能满足公式的结构特征,因此会遇到添括号的问题.因此通过对添括号法则的探究,培养学生对式子的观察与分析能力,同时更加深入地理解公式中字母的广泛含义,利用公式,简化运算.

添括号法则,可以借助去括号法则反过来理解和运用.同时,添括号是本章的一个重点也是难点,对乘法公式的变式计算,以及今后学习因式分解、分式的运算及解方程等内容都会起到重要的作用.

(二)学习者分析

知识储备 学生已经掌握了平方差公式、完全平方公式,以及整式的乘法,能够进行综合计算.有过学习去括号法则的经验,对去括号较为熟悉,可以借助去括号法则反过来理解和运用,从而掌握添括号法则.

(三)学习目标确定

掌握添括号法则的推导,能运用添括号法则,结合乘法公式,对项数是三项的多项式乘法进行运算.

能够根据式子的结构特点适当变形,灵活运用乘法公式进行计算;简化运算，进一步发展学生数学运算素养.

（四）学习重点难点

重点 综合运用乘法公式进行计算.

难点 添括号法则的推导及应用.

（五）学习评价设计

学生数学思考评价.

构建本章的知识结构图.

目标达成评价.

学生通过构建知识结构图，形成完整的知识体系，加强知识之间联系.

学习目标达成评价：

运用乘法公式进行计算.

（1）$(a+2b-1)^2$；

（2）$(2x+y+z)(2x-y-z)$.

（六）学习活动设计

学习活动设计，如表1.4所示.

表1.4 学习活动设计

环节一：复习回顾，梳理旧知	
教师活动1	学生活动1
任务1 复习乘法公式. （1）$(3x+1)(3x-1)$； （2）$(-1-a)(1-a)$； （3）$(y-2)^2$； （4）$(2a+b)^2$； （5）$(x+2y-3)(x-2y+3)$. 追问：计算（5）的过程中，你的方法是什么？哪种方法更为简便？	学生回顾整式的乘法与乘法公式的相关知识，并独立完成练习.

续表

环节一：复习回顾，梳理旧知	
教师活动 1	**学生活动 1**
任务 2　复习去括号法则. （1）$4+(5+2)$； （2）$4-(5+2)$； （3）$a+(b+c)$； （4）$a-(b+c)$.	回顾去括号法则.去括号时，如果括号前是正号，去掉括号后，括号里的每一项都不改变符号；如果括号前是负号，去掉括号后，括号里的各项都改变符号.
活动意图说明：通过复习提问，引导学生回顾之前学习的乘法公式，并回顾去括号法则，为本节课的研究做好铺垫.	

环节二：新知探究，获得法则	
教师活动 2	**学生活动 2**
任务 3　复习添括号法则. $a+b+c=a+(b+c)$； $a-b-c=a-(b+c)$. 将去括号法则反过来，就能够得到添括号法则. 追问：你能用文字表述添括号法则吗？ 添括号时，如果括号前面是正号，括到括号里的各项都不变符号；如果括号前面是负号，括到括号里的各项都改变符号.	注意括号内的项与对应的项的符号，以及添上括号之后，括号内各项的改变与不变，得到添括号法则.
活动意图说明：引导学生将去括号法则的几组式子反过来看，通过观察，尝试归纳添括号法则.	

教师活动 3	**学生活动 3**
练习 1　在等号右边的括号内填上适当的项. （1）$a+b-c=a+(\quad)$； （2）$a-b-c=a-(\quad)$； （3）$a-b+c=a+(\quad)$； （4）$a+b+c=a-(\quad)$. 思考：怎样检验添括号是否正确？	学生分组讨论，交流完成.提醒学生注意法则，同时掌握技巧.

续表

环节二：新知探究，获得法则	
教师活动3	学生活动3
练习2 在括号内填入适当的项． （1）$x^2-x+2=x^2-($ 　　)； （2）$2x^2-3x-1=2x^2+($ 　　)； （3）$(a-b)-(c-d)=a-($ 　　)．	学生分组讨论，交流完成．提醒学生注意法则，同时掌握技巧．

活动意图说明：巩固所学，归纳法则，并加强对添括号法则的熟练掌握．

环节三：综合应用，熟练掌握	
教学活动4	学生活动4
例1 运用乘法公式计算． $(x+2y-3)(x-2y+3)$ 变式一　$(x-2y-3)(x-2y+3)$； 变式二　$(x+2y+3)(x-2y-3)$； 变式三　$(x+2y-3-m)(x-2y+3+m)$． 归纳：对于只有符号不同的两个三项式相乘，通过添括号可以将算式变形（符号相同的一组，符号相反的一组），然后综合运用平方差公式、完全平方公式计算． 例2 运用乘法公式计算． $(a+b+c)^2$；$(a-b-c)^2$． 归纳：当平方的底数有三项时，运用添括号对底数进行分组，经过适当变形，看作二项式，再使用完全平方公式计算． 追问：你能利用几何图形的面积说明这个式子吗？	先独立完成后，四人小组展开讨论，主要围绕校正答案，追问每一步运算的依据，错题原因展开讨论． 教师可以深入各个小组，参与学生的讨论，有针对性地启发和指导，鼓励他们提出疑问，总结经验． 学生利用已有的经验，画出图形，对 $(a+b+c)^2=a^2+b^2+c^2+2ab+2bc+2ca$ 进行解释．

活动意图说明：此环节设计了层层递进的变式，促进学生更加灵活地运用公式，加深了学生对公式中字母广泛含义的理解；利用几何图形解释公式，体现了数形结合思想的运用．

续表

环节四：反思小结，提升认识	
教学活动 5	**学生活动 5**
根据本单元目标，引导学生从知识、思想方法等方面进行小结． ①平方差公式和完全平方公式． ②添括号法则． ③探究乘法公式过程．	师生同时完成本单元知识的小结与梳理．
活动意图说明：从知识、思想方法和探究问题的一般方法等进行小结，培养学生的反思意识和归纳概括能力，为今后研究其他问题做好铺垫．	

（七）板书设计

乘法公式的综合运用——添括号法则

添括号法则　添括号时，如果括号前面是正号，括到括号里的各项都不变符号；
如果括号前面是负号，括到括号里的各项都改变符号．

用符号表述　$a+b+c=a+(b+c)$;
$a-b-c=a-(b+c).$

例　$(x+2y-3)(x-2y+3)$
$=[x+(2y-3)][x-(2y-3)]$
　　↓　　↓　　↓　　↓
　　a　　b　　a　　b
$=x^2-(2y-3)^2=x^2-(4y^2-12y+9)$
$=x^2-4y^2+12y-9.$

（八）作业与拓展学习设计

（1）下列变形是否正确？

① $2a-b-\dfrac{c}{2}=2a-\left(b-\dfrac{c}{2}\right).$

② $2x-3y+2=-(-2x+3y+2).$

③ $a-2b-4c+5=(a-2b)-(4c-5).$

（2）对 $(x-y+z)(x+y+z)$ 变形正确，能用乘法公式进行计算的是（　　）.

A. $[x-(y+z)]\cdot[x+(y+z)]$ 　　B. $[(x-y)+z]\cdot[(x+y)+z]$

C. $[(x+z)-y]\cdot[(x+z)+y]$ 　　D. $[x-(y-z)]\cdot[x+(y-z)]$

（3）拓展思考，请计算.

① $(2x+3)^2\cdot(2x-3)^2$；

② $(x-3)(x+3)(x^2+9)$；

③ $(2+1)(2^2+1)(2^4+1)(2^8+1)(2^{16}+1)$.

（九）特色学习资源分析、技术手段应用说明（结合教学特色和实际撰写）

通过投影、多媒体的辅助手段，实现学生之间的分享，促进学生之间的互动交流，充分地展示学生问题的根源，加强对知识的深入理解.

（十）教学反思与改进

本节课既在已有去括号法则的基础上学习了添括号法则，又是对平方公式与乘法公式的进一步巩固和应用，因此本节课教师带领学生对所学知识进行了复习和回顾，在原有认知的基础之上，探究了添括号法则，并能够在运算中灵活地运用.

计算的依据是两个乘法公式，因此教师对学生掌握乘法公式的熟练程度重点关注．尤其是关注学生在充分理解公式中字母广泛含义的基础之上，能否通过观察式子的结构特点，对式子进行适当变形，从而运用公式进行计算.

第三课时关注学生学习过程的经历以及数学思想方法的获得，学生的数学抽象、数学运算、直观想象等数学素养在本单元第三课时中都有一定程度地培养.

乘法公式（第四课时）

（一）教学内容分析

内容　立方和（差）公式

内容解析　立方和（差）公式是平方差公式、完全平方公式后的公式学习，即两数和（差），乘它们的平方和与它们的积的差（和），等于这两个数的立方和（差）．当满足这一特殊形式时，就可以用公式进行计算．在整式乘法、因式分解中起到重要的作用，同时也为高中的代数与几何学习打下重要基础.

探索立方和（差）公式的过程，体现了从一般到特殊的研究思路，同时运用文字和符号对立方和（差）公式进行表述，体现了由具体到抽象的研究方法．帮助学生更好地理解公式，体会立方和（差）公式在多项式乘以多项式运算过程中化繁为简的作用．

（二）学习者分析

知识储备　学生已经学习了平方差公式、完全平方公式，具备了利用乘法公式进行简化运算的基础．学生对于公式中字母 a 和 b 的广泛含义的理解有时存在偏差．

思维基础　学生的逻辑推理能力相对较弱，对本节课的探究会造成一定的困难．学生的畏难情绪，也会影响学生对立方和（差）公式的探究历程．

（三）学习目标确定

经历观察、抽象、概括、提出猜想并验证的过程，理解立方和（差）公式的结构特征．

能够利用立方和（差）公式进行整式乘法运算，体会公式中字母所表示的广泛含义．

通过对立方和（差）公式的探究，渗透从一般到特殊，从具体到抽象地研究数学问题的思想方法，体会知识间的广泛联系．

（四）学习重点难点

重点　理解立方和（差）公式．

难点　理解立方和（差）公式的结构特征和公式中字母的广泛含义．

（五）学习评价设计

学生数学思考评价．

（1）下列各式的计算错在哪里？应当怎么改正？

① $(a+2)(a^2-4a+4) = a^3+8$；

② $(-2a-1)(4a^2-2a+1) = -8a^3-1$．

目标达成评价．学生能够根据立方和（差）公式的结构特征进行判断，并根据公式进行正确的运算．

（2）你能写出立方和（差）公式吗？

目标达成评价：记忆、理解立方和（差）公式．

学生目标达成评价．

运用立方和（差）公式进行计算：

（1）$(a+3)(a^2-3a+9)$；

（2）$(2m-3n)(4m^2+6mn+9n^2)$；

（3）$(a+2)(a-2)(a^4+4a^2+16)$.

（六）学习活动设计

学习活动设计，如表 1.5 所示.

表 1.5　学习活动设计

环节一：复习回顾，梳理旧知	
教师活动 1	学生活动 1
任务 1 （1）$(3x+1)^2$； （2）$(-1-2m)(1-2m)$； （3）$(3y-2)^2$. 追问：（1）至（3）用的各是什么公式？ 任务 2 $(a+b)(a^2-ab+b^2)$ 追问：此题能用学过的乘法公式进行化简吗？	学生回顾整式的乘法与乘法公式的相关知识，并独立完成练习. 回顾平方差公式及完全平方公式，但解决任务 2，都派不上用场. 只能用多项式乘以多项式的法则进行运算，说明还有待探究新的乘法公式.
活动意图说明：通过复习提问，引导学生回顾之前学习的乘法公式，并激发学生的探究欲望，为本节课的研究做好铺垫.	
环节二：新知探究，获得法则	
教师活动 2	学生活动 2
任务 3　将任务 2 用文字语言进行描述. 立方和公式：$(a+b)(a^2-ab+b^2)=a^3+b^3$ 文字表述：_____. 追问：公式中的 a,b 代表什么？ 任务 4　你能推导出立方差公式吗？	学生回答，得出本节课的立方和公式. 学生体会立方和公式与立方差公式的联系.
活动意图说明：学生从符号语言与文字语言两方面对立方和（差）公式进行理解与记忆.	

续表

环节三：综合应用，熟练掌握	
教师活动3	**学生活动3**
例1 运用乘法公式计算． $(x+2y)(x^2-2xy+4y^2)$ 变式一：$(-x-2y)(x^2-2xy+4y^2)$； 变式二：$(-x+2y)(-x^2-2xy-4y^2)$． 归纳：对于符合立方和（差）公式的形式可直接用公式计算；而形式上不符合的，可通过添括号转化为符合立方和（差）公式进行计算． 例2 $(a+b+c)[a^2-a(b+c)+(b+c)^2]$ 归纳：当多项式有三项时，先运用添括号对其进行分组，看作二项式，再使用立方和公式计算． 追问：你会求$(b+c)^3$吗？	先独立完成后，四人小组展开讨论，主要围绕校正答案，追问每一步运算的依据，错题原因展开讨论． 教师可以深入各个小组，参与学生的讨论，有针对性地启发和指导，鼓励他们提出疑问，总结经验． 学生利用已有的经验，对式子进行变形转化为符合立方和（差）公式形式进而计算． 埋下伏笔，为下节课所学内容进行铺垫．
活动意图说明：此环节设计了层层递进的变式，促进学生更加灵活地运用公式，同时对完全立方公式进行预热．	
环节四：反思小结，提升认识	
教师活动4	**学生活动4**
根据本单元目标，引导学生从知识、思想方法等方面进行小结． （1）立方和（差）公式； （2）添括号法则； （3）探究乘法公式过程．	学生完成本单元公式的小结与梳理．
活动意图说明：从知识、思想方法和探究问题的一般方法等进行小结，培养学生的反思意识和归纳概括能力，为今后研究其他问题做好铺垫．	

（七）板书设计

$$\text{立方和（差）公式}$$

立方和公式.

符号表述 $(a+b)(a^2-ab+b^2)=a^3+b^3$.

文字表述 两数和，乘它们的平方和与它们的积的差，等于这两个数的立方和.

立方差公式（以 $-b$ 替换 b 即可！）.

符号表述 $(a-b)(a^2+ab+b^2)=a^3-b^3$

推导过程.

$(a-b)(a^2+ab+b^2)=[a+(-b)][a^2-a(-b)+(-b)^2]$
$=a^3+(-b)^3$
$=a^3-b^3$.

文字语言 两数差，乘它们的平方和与它们的积的和，等于这两个数的立方差.

例 $(x+2y)(x^2-2xy+4y^2)$
$=(x+2y)[x^2-x\cdot 2y+(2y)^2]$
　　↓　↓　↓　　↓　　↓
　　a　b　a^2　ab　b^2
$=x^3+(2y)^3=x^3+8y^3$.

（八）作业与拓展学习设计

（1）下列变形是否正确？

① $2a-b-\dfrac{c}{2}=2a-\left(b-\dfrac{c}{2}\right)$;

② $2x-3y+2=-(-2x+3y+2)$;

③ $a-2b-4c+5=(a-2b)-(4c-5)$.

（2）对 $(x-y+z)(x+y+z)$ 变形正确，能用乘法公式进行计算的是（　　）.

A. $[x-(y+z)][x+(y+z)]$　　B. $[(x-y)+z][(x+y)+z]$

C. $[(x+z)-y][(x+z)+y]$　　D. $[x-(y-z)][x+(y-z)]$

（3）拓展思考.

① $(2x+3)^2(2x-3)^2$;

② $(x-3)(x+3)(x^2+9)$;

③ $(2+1)(2^2+1)(2^4+1)(2^8+1)(2^{16}+1)$.

（九）特色学习资源分析、技术手段应用说明（结合教学特色和实际撰写）

通过投影、多媒体等辅助手段，实现学生之间的分享，促进生生之间的互动交流，充分地展示学生问题的根源，加强对知识的深入理解．

（十）教学反思与改进

本节课既在已有去括号法则的基础上学习了添括号法则，又是对平方公式与乘法公式的进一步巩固和应用，因此本节课教师带领学生对所学知识进行了复习和回顾，在原有认知的基础之上，探究了添括号法则，并能够在运算中灵活地运用．

计算的依据是两个乘法公式，因此教师对学生掌握乘法公式的熟练程度重点关注．尤其是关注学生在充分理解公式中字母广泛含义的基础之上，能否通过观察式子的结构特点，对式子进行适当变形，从而运用公式进行计算．

四个课时关注学生学习过程的经历以及数学思想方法的获得，学生的数学抽象、数学运算、直观想象等数学素养在本单元四个课时中都有一定程度的培养．

第二节　"因式分解"的教学设计

因式分解（第一课时）

一、内容和内容解析

内容　因式分解的概念，提公因式法．

内容解析　因式分解是对整式的一种变形，是把一个多项式转化成几个整式相乘的形式，它与整式乘法是互逆变形的关系．因式分解是后续学习分式、二次根式、一元二次方程、二次函数等知识的基础，是解决整式恒等变形和简便运算问题的重要工具．

提公因式法是因式分解的基本方法．通过逆向运用分配律，将多项式中各项的公因式"提"到括号外边，从而把多项式分解为此公因式与多项式剩余部分所组成的因式的积．其中，公因式可以是单项式也可以是数或多项式．提公因式法分解因式的关键是找准公因式．

基于以上分析，确定本节课的教学重点：运用提公因式法分解因式．

二、目标和目标解析

1. 目标

（1）了解因式分解的概念．

（2）了解公因式的概念，能用提公因式法进行因式分解．

2. 目标解析

达成目标（1）的标志是：学生知道因式分解的概念，知道因式分解与整式乘法是互逆变形的关系，能识别某一式子变形是否为因式分解．

达成目标（2）的标志是：学生知道公因式就是多项式各项系数的最大公约数和各项都含有的字母及多项式的最低次幂的积；知道公因式可以是单项式也可以是数或多项式；知道提公因式法分解因式要经历"找出公因式""提取公因式"两个步骤，提取公因式就是把公因式提到括号外面，括号内的因式即为多项式除以公因式所得的商式，并能按此步骤对多项式进行因式分解．

三、教学问题诊断分析

因式分解不同于数的计算，是对整式进行变形，学生第一次接触时在理解上会有一定的困难．在对整式乘法的认识还不够深入的情况下，就遇到与之有互逆关系的新情境，学生有时会出现因式分解后又反转回去做乘法计算的错误，解决此问题的关键是让学生正确认识因式分解的概念，理解它与整式乘法的互逆变形关系．

学生在运用提公因式法分解因式的过程中经常遇到的困难是公因式选取不准确，表现在忽视了某些相同的字母或式子，导致提取公因式后的因式中仍然含有公因式．解决此问题的关键是找出多项式各项系数的最大公约数和各项都含有的字母及相同字母的最低次幂的积作为公因式．

本节课的教学难点是正确理解因式分解的概念、准确找出公因式．

四、教学过程设计

1. 了解因式分解的概念

[问题] 上一节我们已经学习了整式的乘法，知道可以将几个整式的乘积化为一个多项式的形式．反过来，在多项式的变形中，有时需要将一个多项式写成几个整式的乘积的形式．

请把下列多项式写成整式的乘积的形式．

（1）$a^2 + a =$ _____； （2）$y^2 - 1 =$ _____．

追问 1 根据整式的乘法，你能猜想出问题（1）(2) 的结果吗？

追问 2 在多项式的变形中，有时需要将一个多项式化成几个整式的积的形式，这种式子变形叫作这个多项式的因式分解，也叫作把这个多项式分解因式．你认为因式分解与整式乘法有什么关系？

师生活动 学生观察并独立思考，尝试着写出答案，在教师给出因式分解的概念之后，学生回答因式分解与整式乘法是互逆变形关系．

设计意图 通过具体问题的解决，让学生在观察、思考和操作的过程中，了解因式分解的概念，认识其本质属性——将和差化为乘积的式子变形，同时发现因式分解与整式乘法的互逆变形关系，为后续探索因式分解的具体方法做铺垫．

练习 1 下列变形中，属于因式分解的是_____（请填序号）．

（1）$p(m+n) = pm + pn$；（2）$a^3 + 2a^2 - 3 = a^2(a+2) - 3$；

（3）$p^2 - q^2 = (p+q)(p-q)$．

例 1 已知关于 x 的二次三项式 $2x^2 + mx + n$ 因式分解的结果是 $(2x-1)\left(x + \dfrac{1}{4}\right)$，求 m, n 的值．

解法 1 由题意得，$2x^2 + mx + n = (2x-1)\left(x + \dfrac{1}{4}\right)$，即 $2x^2 + mx + n = 2x^2 - \dfrac{1}{2}x - \dfrac{1}{4}$，故 $m = -\dfrac{1}{2}$，$n = -\dfrac{1}{4}$．

解法 2 由题意得，$2x^2 + mx + n = (2x-1)\left(x + \dfrac{1}{4}\right)$，这是个恒等式，对任意的数都成立，对特殊的数亦成立．

先令 $x = 0$，则 $n = -\dfrac{1}{4}$；再令 $x = -\dfrac{1}{4}$，则 $2 \times \left(-\dfrac{1}{4}\right)^2 - \dfrac{m}{4} - \dfrac{1}{4} = 0$，故 $m = -\dfrac{1}{2}$．

设计意图 通过实例辨析，让学生进一步理解因式分解的概念．

2．探索因式分解的方法——提公因式法

问题 你能试着将多项式 $ab + ac + ad$ 分解因式吗？

（1）这个多项式有什么特点？

（2）你能将这个多项式分解因式吗？

（3）分解因式的依据是什么？

（4）分解后的各因式与原多项式有何关系？

师生活动 教师提出问题，学生先独立思考，然后由学生代表展示求解过程.在回答问题（1）后，学生能发现这个多项式的各项都有一个公共的因式，教师指出此因式叫作这个多项式各项的公因式.在得出 $ab+ac+ad=a(b+c+d)$ 后，学生发现，一般地如果多项式的各项有公因式，可以把各个公因式提取出来，将多项式写成公因式与另一个因式的乘积的形式.教师指出，这种分解因式的方法叫作提公因式法.

设计意图 让学生进一步了解因式分解与整式乘法的关系；了解因式分解的理论依据；了解公因式的概念，初步理解提公因式法分解因式.

3. 初步应用提公因式法

例2 把 $8a^3b^2+12ab^3c$ 分解因式.

师生活动 师生共同分析，并解答问题.此时教师引导学生明白找 $8a^3b^2$ 与 $12ab^3c$ 的公因式的基本程序：先看系数 8 与 12 的最大公约数，再找出两项字母部分 a^3b^2 与 ab^3c 都含的字母 a 和 b，然后找出都含的字母 a 和 b 的最低次数，进而选定 $8a^3b^2$ 与 $12ab^3c$ 的公因式 $4ab^2$.

追问1 如果提出公因式 $4a$，得出 $8a^3b^2+12ab^3c=4a(2a^2b^2+3b^3c)$，那么，另一个因式 $2a^2b^2+3b^3c$ 是否还有公因式呢？

追问2 如果提出公因式 $4b$ 或 $4ab$，那么，另一个因式是否还有公因式？

追问3 在利用提公因式法分解因式时应注意什么？

师生活动 教师提出问题，学生独立思考，互动交流，最后达成共识：用提公因式法分解因式时，最后一定要满足条件——各因式中再无公因式.

设计意图 通过例题的教学，引导学生：

（1）了解提公因式法分解因式的基本程序和步骤；

（2）积累找公因式的经验——找到公因式的最简单的方法是找出多项式各项系数的最大公约数和各项都含有的字母及相同字母的最低次幂的乘积；

（3）知道提公因式法就是把多项式分解成两个因式乘积的形式，其中一个因式是各项的公因式，另一个因式是由多项式除以公因式得到的；

（4）用提公因式法分解因式后，应保证含有多项式的因式中再无公因式.

例3 把 $2a(b+c)-3(b+c)$ 分解因式.

师生活动 学生独立完成，一名学生板书，师生共同交流.

设计意图 此例题的公因式是多项式，通过此例题的教学，提高学生对"公因式"的认识——可以是单项式，也可以是多项式，增强对提公因式法分解因式的本质的认识.

4. 巩固应用提公因式法

练习 2 把下列各式分解因式.

（1） $am+an$ ；（2） $3ax-6ay$ ；（3） $8a^2b+2ab$ ；

（4） $12abc-9a^2b^2$ ；（5） $2a(b-c)-3m(c-b)$ ；（6） $m(x^2+y^2)-n(x^2+y^2)$.

师生活动 三名学生板书，其他学生在练习本上完成，然后学生互动交流.

设计意图 通过具有一定典型性、代表性和层次性的练习题，让学生进一步巩固因式分解的基本方法——提公因式法，积累解题经验，此组题中，前4道题的公因式为单项式，后2道题的公因式为多项式．在前4道题中，公因式有的只是一个字母构成的单项式，有的是由两个字母及系数构成的单项式．在后2道题中，一个直接提公因式，一个需要变形后再提公因式．

练习 3 先分解因式，再求值．

$4a^2(m+7)-3(m+7)$ ，其中 $a=-5, m=3$.

师生活动 一名学生板书，其他学生在练习本上完成，然后小组交流解题经验，解题过程由学生进行评价．

设计意图 使学生进一步巩固因式分解的基本方法——提公因式法，提高对公因式的认识——公因式可以是单项式也可以是数或多项式，感受因式分解给计算带来的便捷，体会此方法的数学价值．

5. 归纳小结

教师与学生一起回顾本节课所学的主要内容，并请学生回答以下问题：

（1）本节课学习了哪些主要内容？

（2）因式分解的目的是什么？因式分解与整式乘法有什么区别和联系？

（3）提公因式法的一般步骤是什么？应用提公因式法分解因式时要注意什么？

①因式分解是将一个多项式化成几个整式的积的形式，对于化成积的形式，可能刚开始还不习惯，这与以往整式的乘法刚好相反．

②因式分解要分解到不能再分为止．

③检查因式分解是否正确，除了检查是否符合因式分解的意义、看是否还能再分解外，还可将分解的结果乘出来，看结果是否与原多项式相同．

④最终分解结果仅相差一个数字因数的，可看作分解结果相同．比如，

$4a^2 - 1 = (2a+1)(2a-1)$ 与 $4a^2 - 1 = 4\left(a + \dfrac{1}{2}\right)\left(a - \dfrac{1}{2}\right)$ 认为相同的.

⑤并不是所有的多项式都能分解因式. 如 $a - b$，$x^2 + y^2$ 等.

⑥分解因式时，不能改变原多项式的值. 如 $\dfrac{3}{4}a^2b^2 - \dfrac{9}{2}ab = 3a^2b^2 - 18ab = 3ab(ab - 6)$ 是不对的，这样做实际上将原多项式的值扩大了 4 倍.

设计意图　通过小结，使学生梳理本节课所学内容，使学生进一步理解因式分解、公因式的概念，总结应用提公因式法分解因式的步骤，建立知识之间的联系，促进学生数学思维品质的优化.

6. 布置作业

教材（八上）119 页习题 14.3.

五、目标检测设计

（1）下列变形中是因式分解的是（　　）.

A. $a(a+1) = a^2 + a$ 　　　　　　B. $b^2 + 2b + 1 = (b+1)^2$

C. $a^2 + ab - 3 = a(a+b) - 3$ 　　D. $c^2 + 6c + 4 = (c+3)^2 - 5$

设计意图　考查学生对因式分解概念的理解.

（2）分解因式.

① $14x^3y - 21x^2y^2z$；　　② $2a(a+b) + 6b(a+b)$.

设计意图　考查学生对运用提公因式法进行因式分解的掌握.

（3）已知 $a - b = 3, a + b = 7$，求 $a(a-b) - b(b-a)$ 的值.

设计意图　考查学生对运用提公因式法进行因式分解，并进行代数运算的掌握.

因式分解（第二课时）

一、内容和内容解析

内容　公式法.

内容解析　把整式的乘法公式反过来，就可以得到因式分解的公式法. 教材（八上）依次介绍了 3 个最基本的公式：平方差公式 $a^2 - b^2 = (a+b)(a-b)$，完全平方公式 $a^2 \pm 2ab + b^2 = (a \pm b)^2$，并结合公式讲授如何运用公式进行多项式的因式分解.

对于公式法，要求学生理解每个公式的意义，掌握每个公式的特点，并能熟练运用公式将多项式进行因式分解，但是，直接用公式不要求超过两次，用公式中字母表示多项式时，不要超过两项．运用公式法分解因式的关键是要弄清各个公式的形式和特点，熟练地掌握公式．为此，教材（八上）在得出用式子表述的公式后，又分别给出对公式的语言表述，并给出了公式的名称．这样便于理解公式的意义，使用时也比较方便．

基于以上分析，确定本节课的教学重点：运用公式法分解因式．

二、目标和目标解析

1. 目标

（1）掌握3个公式对多项式进行因式分解．

（2）会用公式法与提取公因式法对多项式进行因式分解．

2. 目标解析

达成目标（1）的标志是：学生熟练掌握3个公式，知道因式分解与整式乘法是互逆变形的关系，能识别平方差公式与完全平方公式的适用条件．

达成目标（2）的标志是：乘法公式中的字母可以表示任何数、单项式或多项式，因此，因式分解公式中的字母，也可以表示任何数、单项式或多项式．只要符合公式的特点，就可以运用公式分解因式．

三、教学问题诊断分析

在运用公式法分解因式时，首先要弄清公式中的字母既可以是数，也可以是单独字母、是单项式，还可以是多项式，这样增加了运用公式的难度，而在许多情况下，不一定能直接使用公式，需要经过适当组合、变形，方可用公式因式分解，从而更增加了运用公式的灵活性．运用公式法一般可以按以下步骤进行：

（1）先看各项有无公因式，如果有，就先提公因式，包括提系数、首项负号；

（2）观察项数，根据需要把多项式中的某一整体当作一项，像 $(x+y)^2-(a-b)^2$，可以当作两项．①如果是二项式，就考虑用平方差公式．②如果是三项式，就考虑用完全平方式；

（3）如果分解出来的因式还能分解，就继续分解；

（4）合理变形，巧妙运用公式是本节的一大难点．例如分解因式 $(x-y)^2-4(x-y-1)$ 时，将此多项式变形为 $(x-y)^2-4(x-y)+4$ 后，就可以运用完全平方公式进行分解．

本节的教学难点是灵活运用公式法和提取公因式法对多项式进行因式分解.

四、教学过程设计

1. 掌握利用平方差公式分解因式的方法

问题 多项式 a^2-b^2 有什么特点？你能将它分解因式吗？

追问1 对此多项式的分解因式，与平方差公式有什么联系？

追问2 你能否将你的发现，用符号语言或文字语言表述出来？

符号表述 $a^2-b^2=(a+b)(a-b)$.

文字表述 两个数的平方差，等于这两个数的和与这两个数的差的积.

师生活动 学生观察并独立思考，尝试着写出答案，分析出这个多项式是两个数的平方差的形式；由于整式的乘法与因式分解是方向相反的变形，把整式乘法的平方差公式 $(a+b)(a-b)=a^2-b^2$ 的等号两边互换位置，就得到利用平方差公式分解因式的方法.

设计意图 通过例1的教学，让学生初步明确平方差公式的适用条件，即两项的平方差，就可以分解为两项的和与这两项的差的积.

2. 初步应用平方差公式分解因式

例1 分解因式.

（1） $4x^2-9$； （2） $(x+p)^2-(x+q)^2$.

师生活动 师生共同分析，并解答问题. 在例1（1）中，$4x^2=(2x)^2$，$9=3^2$，$4x^2-9=(2x)^2-3^2$，即可用平方差公式分解因式；在例1（2）中，把 $(x+p)$、$(x+q)$ 看作平方差公式中的 a、b，就可用平方差公式分解因式.

设计意图 让学生掌握平方差公式的适用条件：①即公式左边的多项式形式上是二项式，且两项的符号相反. ②每一项都可化成某个数或式的平方. ③公式右边是两数和与差的积. ④公式中的 a、b 可以是单独的数、字母、单项式或多项式.

例2 分解因式.

（1） x^4-y^4； （2） a^3b-ab；

（3） $(3x^2-y^2)^2-(2x^2-4y^2)^2$.

师生活动 师生共同分析，并解答问题. 此时教师引导学生分析例2（1），把 x^4、y^4 写成平方的形式，即 $x^4-y^4=(x^2)^2-(y^2)^2$.

追问1 如果用平方差公式分解因式，得出 $x^4-y^4=(x^2)^2-(y^2)^2=(x^2+y^2)$

(x^2-y^2)，那么这是最后因式分解的结果吗？

追问 2 在利用平方差公式分解因式时应注意什么？

设计意图 教师提出问题，学生独立思考，互动交流，最后达成共识：用平方差公式分解因式时，一定分解到不能再分为止．

追问 3 解决例 2（2），能直接用平方差公式分解因式吗？

追问 4 对于多项式的因式分解，要注意什么？

师生活动 教师引导学生分析例 2（2），先提取公因式，再运用平方差公式．

设计意图 明确因式分解的步骤，有公因式先提取公因式，再运用平方差公式进行因式分解，分解到不能再分为止．

师生活动 一名学生板书例 2（3），其他学生在练习本上完成，然后学生互动交流．

设计意图 通过具有一定典型性的例题的处理，让学生巩固因式分解的基本方法——提公因式法与平方差公式法，积累因式分解的解题经验．

3. 掌握利用完全平方公式分解因式的方法

问题 多项式 $a^2+2ab+b^2$ 与 $a^2-2ab+b^2$ 有什么特点？你能将它们分解因式吗？

追问 1 对此多项式的分解因式，与完全平方公式有什么联系？

追问 2 你能否将你的发现，用符号或文字表述出来？

符号表述 $a^2+2ab+b^2=(a+b)^2$，$a^2-2ab+b^2=(a-b)^2$；

文字表述 两个数的平方和加上/减去这两个数的积的 2 倍，等于这两个数的和/差的平方．

师生活动 师生分析出这两个多项式是两个数的平方和加上/减去这两个数的积的 2 倍，这恰是两个数的和/差的平方，我们把 $a^2+2ab+b^2$ 和 $a^2-2ab+b^2$ 这样的式子叫作完全平方式．由于整式的乘法与因式分解是方向相反的变形，把整式乘法的完全平方公式的等号两边互换位置，就得到利用完全平方公式分解因式的方法．

设计意图 让学生初步明确完全平方公式的适用条件：两项的平方和加上/减去这两个数的积的 2 倍，等于这两个数的和/差的平方．

例 3 判断下列各式是否能用完全平方公式进行因式分解，并说明理由．

（1）$m^2-12m+36$；　　（2）$8a-4a^2-4$；

（3）$a^2-2ab+b^2-1$；　　（4）$4x^2-2x+1$；

（5）$a^2-2ab+b^2+2a-2b+1$.

师生活动　教师提问，学生回答．

追问1　例3（1）能用完全平方公式进行因式分解吗，要说明理由！

生甲：能，因为式子可写成 $m^2-2\cdot m\cdot 6+6^2$.

师：对的！

追问2　例3（2）能用完全平方公式进行因式分解吗？

生乙：不能，因为不符合完全平方公式的条件.

追问3　大家同意乙同学的观点吗？

生丙：不同意乙，我认为能，先提"-4"，变为 $-4(a^2-2a+1)$，就能用完全平方公式.

师：正确，此题启发我们，直接用不上完全平方公式，但提取公因式后，就能使用完全平方公式了.

追问4　例3（3）能用完全平方公式进行因式分解吗？

生丁：不能，因为式子可写成 $(a-b)^2-1^2$，可用平方差公式，但不能用完全平方公式.

师：正确！

追问5　例3（4）能用完全平方公式进行因式分解吗？

生戊：不能，因为式子是两项的平方和减去这两项乘积的1倍，故不能用！

师：回答正确！

追问6　例3（5）能用完全平方公式进行因式分解吗？

生己：不能，因为式子为六项多项式，不能用完全平方公式.

师：他说得对吗？

生庚：我认为不对，表面上不能用，但稍微变形就可以，把式子写成 $(a-b)^2+2(a-b)\cdot 1+1^2$.

师：厉害！为她鼓掌！

设计意图　让学生掌握平方差公式的适用条件：即公式左边的多项式形式上是三项式，即两项的平方和加（减）上这两项乘积的两倍．公式中的 a、b 可以是单独的数、字母、单项式或多项式.

例 4 分解因式．

（1）$4x^2-4x+1$； （2）$16x^2+24x+9$．

师生活动 师生共同分析，得出使用完全平方公式的条件：两项的平方和加（减）上这两项乘积的 2 倍．

解：（1）$4x^2-4x+1=(2x)^2-2\cdot 2x\cdot 1+3^2=(2x-1)^2$；

$$a^2\ -\ 2ab\ +\ b^2$$

（2）$16x^2+24x+9=(4x)^2+2\cdot 4x\cdot 3+3^2=(4x+3)^2$．

$$a^2\ +\ 2ab\ +\ b^2$$

设计意图 初步掌握用完全平方公式进行因式分解．

例 5 已知 $4y^2+my+9$ 是完全平方公式，求 m 的值．

师生活动 一名学生上黑板板书，然后师生交流．

设计意图 熟练掌握完全平方公式，培养学生思维的严谨．

例 6 分解因式．

（1）$-x^2+4xy-4y^2$； （2）$3ax^2+6axy+3ay^2$；

（3）$(a+b)^2-12(a+b)+36$．

师生活动 教师引导学生分析例 5，先提取公因式，再运用完全平方公式，公式中的 a,b 可以代表多项式．

设计意图 明确因式分解的步骤，有公因式先提取公因式，再运用完全平方公式进行因式分解，分解到不能再分为止．

4. 巩固应用公式法

练习 1 下列各式可用公式法分解因式的是（　　）．

A. $2x^2+3y^2$ B. $-9a^2-y^2$ C. x^2+xy+y^2 D. $-4x^2+y^2$

师生活动 学生回答，然后师生互动交流．

设计意图 明确公式法的适用条件．

练习 2 若多项式 a^2+1+ _____ 可以用完全平方公式进行因式分解，则横线上的式子可以是_____（填一个你认为正确的即可）．

师生活动 让一组学生上黑板板书，师生共同总结，看看共有多少种情况．

追问 你填的式子是什么？并说出你的理由．

生甲：我填的是 $2a$，因为 a^2+1 是 $a,1$ 的平方和，所以要填 $a,1$ 乘积的两倍！

师：正确！还有别的答案吗？

生乙：我填的是 $-2a$，因为 a^2+1 是 $a,1$ 的平方和，所以要填 $a,1$ 乘积的负两倍！

师：对的！还有别的情形吗？

生丙：我填的是 $\dfrac{1}{4a^2}$，因为 $a^2+1=a^2+2\cdot a\cdot\dfrac{1}{2a}$，所以要填 $\left(\dfrac{1}{2a}\right)^2=\dfrac{1}{4a^2}$.

师：他填得正确吗？

生丁：正确，他把"1"看成"两项乘积的2倍"！

师：受丙同学的启发，你还能填什么式子？

生戊：我填的是 $\dfrac{a^4}{4}$，因为 $a^2+1=1+a^2=1^2+2\cdot 1\cdot\dfrac{a^2}{2}$，所以要填 $\left(\dfrac{a^2}{2}\right)^2=\dfrac{a^4}{4}$.

师：你们真棒！看似平常之题，你们填的却是智慧在线.

设计意图 深刻理解完全平方公式，认识到公式中的 a,b 可以是数、字母、单项式、多项式与分式.

练习3 分解因式.

（1） $-2x^2+\dfrac{1}{2}y^2$；　　　　（2） $16a^4-b^8$；

（3） $a^3-2a^2b+ab^2$；　　　　（4） $49(a-b)^2-28(b-a)+4$.

师生活动 4名学生板书，其他学生在练习本上完成，然后学生互动交流.

设计意图 通过具有一定典型性、代表性和层次性的练习题，让学生进一步巩固因式分解的基本方法——公因式法，积累解题经验. 此组题中，第一小题先提取公因式 $-\dfrac{1}{2}$，再应用平方差公式；第二小题是应用两次平方差公式；第三小题先提取公因式 a，再用完全平方公式；第四小题先变形，再用完全平方公式.

5. 归纳小结

教师与学生一起回顾本节课所学的主要内容，并请学生回答以下问题：

（1）本节课学习了哪些主要内容？

（2）公因式法的一般步骤是什么？应用公因式法分解因式时要注意什么？

设计意图 通过小结，使学生梳理本节课所学内容，使学生进一步理解公式法的适用条件，总结应用公因式法分解因式的步骤，培养学生数学思维的严谨.

6. 布置作业

教材（八上）121 页阅读与思考．122 页活动 1、活动 2．

五、目标检测设计

（1）一次课堂练习，小淳同学做了 4 道分解因式题，你认为小淳做得不够完整的一题是（　　）．

A. $x^3 - x = x(x^2 - 1)$　　　　　B. $a^2 - 2ab + b^2 = (a-b)^2$

C. $x^2 y - xy^2 = xy(x - y)$　　　D. $-4x^2 + y^2 = (y + 2x)(y - 2x)$

设计意图　理解运用公式法进行因式分解的步骤．

（2）分解因式．

① $(m+n)^2 - (m-n)^2$；　　　　② $a^2 - 2ab + b^2 - c^2$；

③ $(x^2 + bx)^2 - (2x - 4)^2$；　　④ $-3xy - 9y^2 - \dfrac{1}{4}x^2$．

设计意图　考查学生对运用公因法进行因式分解的掌握．

（3）试证明．

①两个连续整数的平方差必是奇数；

②若 a 为整数，则 $a^3 - a$ 能被 6 整除．

设计意图　考查公因式法的运用．

因式分解（第三课时）

一、内容和内容解析

内容　十字相乘法．

内容解析　对于十字相乘法，主要是对二次三项式的因式分解，这种方法在一元二次方程、二次函数中有广泛的应用．本节课先是解决对形如 $a_1 a_2 x^2 + (a_1 c_2 + a_2 c_1)x + c_1 c_2$ 的式子进行因式分解；再对形如 $x^2 + (a+b)x + ab$ 的式子进行因式分解，体现了先一般、再特殊的原则．

基于以上分析，确定本节课的教学重点．能熟练地运用十字相乘法分解因式．

二、目标和目标解析

1. 目标

掌握十字相乘法对多项式进行因式分解．

2. 目标解析

达成目标的标志是：学生熟练掌握十字相乘法，公式中的字母 x，也可以表示任何数、单项式或多项式．

三、教学问题诊断分析

在运用十字相乘法分解因式时，首先要弄清公式中的字母 x 既可以是数，也可以是单独字母、是单项式，还可以是多项式，这样增加了运用十字相乘法的难度，而在许多情况下，不一定能直接使用十字相乘法，需要经过适当组合、变形，方可用十字相乘法因式分解，从而更增加了运用十字相乘法的灵活性．

基于此，本节的教学难点是：灵活运用十字相乘式法对多项式进行因式分解．

四、教学过程设计

1. 十字相乘法分解因式的引入

问题1 多项式 $4x^2-4x+1$ 有什么特点？你能将它分解因式吗？

师生活动 学生观察并独立思考，此式是关于 x 的二次三项式，能用完全平方公式进行因式分解．

设计意图 通过对问题1的解决，让学生初步明确完全平方公式适用于二次三项式的因式分解，分解的2个一次因式完全一样．

问题2 你能对多项式 $4x^2-4x-3$ 进行因式分解吗？

生甲：能，受问题1的启发，把多项式 $4x^2-4x-3$ 写成 $4x^2-4x+1-4$，进而就可以用平方差公式进行因式分解，最后的结果为 $(2x+1)(2x-3)$.

师：回答正确！

追问 分解后的两个一次因式的一次项的系数、常数项与原二次三项式的二次项的系数、常数项之间有何关系？

师生活动 学生思考，尝试自己去解决问题，教师在学生思考的基础上进行点拨．

设计意图 在完全平方公式的基础上，建立与十字相乘法的联系，为十字相乘法的引入做铺垫．

2. 掌握利用十字相乘法分解因式

|问题|1| 对于 ax^2+bx+c 而言，若 $a=a_1 \cdot a_2, c=c_1 \cdot c_2$，且 $a_1c_2+a_2c_1=b$，则 ax^2+bx+c 能分解的两个一次因式是什么？

对于 ax^2+bx+c 而言，若 $a=a_1 \cdot a_2, c=c_1 \cdot c_2$，如图 1.3 所示，且 $a_1c_2+a_2c_1=b$，则 $ax^2+bx+c=a_1a_2x^2+(a_1c_2+a_2c_1)x+c_1c_2=(a_1x+c_1)(a_2x+c_2)$.

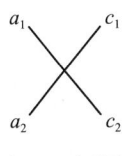

图 1.3　问题 1

像这种分解因式的方法叫作十字相乘法．

|问题|2| 十字相乘法因式分解的步骤是什么？

（1）先把二次项系数 a 分解成 a_1 与 a_2 的乘积，再把常数项 c 分解成 c_1 与 c_2 的乘积；然后把 a_1, c_1 写在第一行，把 a_2, c_2 写在第二行，在 a_1 与 c_2 之间画一线段，在 a_2 与 c_1 之间画一线段，计算 $a_1c_2+a_2c_1=b$；

（2）写出结果 $ax^2+bx+c=(a_1x+c_1)(a_2x+c_2)$.

师生活动　学生在教师的追问下进行思考．

设计意图　讲授新知：十字相乘法．

3. 初步掌握利用十字相乘法分解因式

例 1　分解因式．

（1）$6x^2+13x+6$；　（2）$3a^2-8a+4$.

师生活动　师生共同分析，并解答问题．

追问 1　对于例 1（1），二次项系数与常数项均为正数，且一次项系数也为正数，这对你有何启发？

生甲：提醒我们：要把二次项系数与常数项均要分解成两个正整数的乘积．先把二次项系数 6 分解成 2 与 3 的乘积，再把常数项 6 分解成 3 与 2 的乘积，如图 1.4 所示，故 $6x^2+13x+6=(2x+3)(3x+2)$.

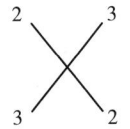

图 1.4　追问 1 生甲

师：正确！大家都与生甲答案一样吗？

生乙：不一样，我把二次项系数 6 分解成 -2 与 -3 的乘积，再把常数项 6 分解成 -3 与 -2 的乘积，如图 1.5 所示，故 $6x^2+13x+6=(-2x-3)(-3x-2)$.

师：大家说说，乙同学的答案正确吗？

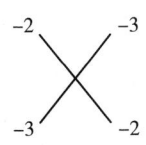

图 1.5　追问 1 生乙

生丙：我认为正确！

师：甲、乙两同学的答案一样吗？

生丙：一样！因为 $(-2x-3)(-3x-2)=(2x+3)(3x+2)$.

师：从对称性可知，我们以后就讨论 a_1 与 a_2 均为正数的情况即可．

追问2 对于例1（2），你如何考虑的？

生丁：二次项系数3分解成1与3的乘积，只需考虑常数项4分别为两个负整数的两种情况：–1与–4、–2与–2，如图1.6所示，故 $3a^2-8a+4=(a-2)(3a-2)$.

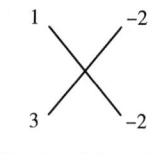

图1.6 追问2生丁

师：你回答得太完美了！

设计意图 教师提出问题，学生独立思考，互动交流，最后达成共识：

用十字相乘法分解因式时，一定先观察二次三项式各系数的特征，明确分解方向．

例2 分解因式．

（1）$5y^2-8y-4$； （2）$6x^2+xy-y^2$；

（3）$(x^2+2x)^2-7(x^2+2x)-8$.

师生活动：师生共同分析，并解答问题．

追问3 对于例2（1），你是如何考虑的？

生戊：二次项系数5只能分解为1与5的乘积，常数项–4能分解成–1与4、–4与1、–2与2这三种情况．发现 $5\times(-2)+1\times2=-8$，故 $5y^2-8y-4=(y-2)(5y+2)$.

师：正确！

追问4 对于例2（2），有何特点？

生己：既是 x 的二次三项式，也是 y 的二次三项式．

师：对的！

追问5 基于例2（2）的特点，你如何分解因式？

生庚：我把 x 当成主元，二次项系数6分解成2与3，常数项 $-y^2$ 分解成 y 与 $-y$，如图所示，发现 $3y+2(-y)=y$，故 $6x^2+xy-y^2=(2x+y)(3x-y)$.

师：非常好！还有不一样的答案吗？

生辛：我把 y 看成主元，先提"–"，式子变为 $-(y^2-xy-6x^2)=-(y-3x)$

$(y+2x)$.

师：真厉害！两者的答案是一致的．

追问 6 能否把例 2（3）看成一个二次三项式呢？若能，你能分解因式吗？

生 1：能！设 $x^2+2x=a$，则原式可化为 $a^2-7a-8=(a+1)(a-8)$，故 $(x^2+2x)^2-7(x^2+2x)-8=(x^2+2x+1)(x^2+2x-8)$.

师：x^2+2x+1 和 x^2+2x-8 还能继续分解吗？

生 2：还能，最终分解的结果为 $(x+1)^2(x-2)(x+4)$.

师：很好！

设计意图 例 2 的题目要难一些，对于二次齐项式既可以把 x 看成主元，也可把 y 看成主元；第 3 小题用换元法将原式化为二次三项式后，用十字相乘法将其因式分解，发现换元后，每个因式都是二次三项式，再用十字相乘法将其二次分解，分解成三个因式的积．

例 3 分解因式．

（1）$x^2+7x+12$；　　（2）$x^2-7x+12$；

（3）x^2+x-12；　　（4）x^2-x-12.

师生活动 教师指定 4 名学生上黑板板书，师生互动．

设计意图 此例题是针对二次项系数为 1 的二次三项式的分解因式，即 $x^2+(a+b)x+ab=(x+a)(x+b)$.

4. 巩固应用十字相乘法

练习 1 分解因式．

（1）$12x^2-11x-15$；　　（2）$a^2b^2-9ab-10$；

（3）$x^4+2x^3-35x^2$；　　（4）$(x+y)^4+(x+y)^2-20$；

（5）$(x^2-5x)^2-16x^2$.

师生活动 教师指定 5 名学生上黑板板书，师生共同分析得出正确答案．

设计意图 熟练掌握十字相乘法的应用．

练习 2 如果 $x+y=0.2, x+3y=1$，那么多项式 $3x^2+12xy+9y^2$ 的值是多少？

师生活动 教师分析题目已知条件，启发学生去解决问题．

设计意图 十字相乘法在代数式求值中的应用．

练习 3 若二次三项式 $kx^2+32x-35(k\neq 0)$ 有一个因式是 $2x+7$，求 k 的值及另一个因式．

师生活动 教师指定学生回答问题,师生互动进行严谨解答.

生甲:令 $kx^2+32x-35=(2x+7)(ax+b)$,设 $x=-\dfrac{7}{2}$,则 $\dfrac{49k}{4}-112-35=0$,所以 $k=12$;又因 $2a=12,7b=-35$,故 $a=6,b=-5$;因此另一个多项式为 $6x-5$.

师:回答正确!还有别的解法吗?

生乙:不妨设 $kx^2+32x-35=(2x+7)\left(\dfrac{k}{2}x-5\right)$,则 $\left(\dfrac{7k}{2}-10\right)=32$,故 $k=12$;因此另一个因式为 $6x-5$.

师:真厉害!

设计意图 使学生认识到因式分解是恒等变形,因此赋值是常用的手段.关键赋哪个特殊值,是要思考的问题,往往一次因式的零点是必须赋的!

5. 归纳小结

教师与学生一起回顾本节课所学的主要内容,并请学生回答以下问题:

(1)本节课学习了哪些主要内容?

(2)十字相乘法的一般步骤是什么?应用十字相乘法分解因式时要注意什么?

设计意图 通过小结,使学生梳理本节课所学内容,使学生进一步理解十字相乘法的适用条件,总结应用十字相乘法分解因式的步骤,培养学生数学思维的规范.

五、目标检测设计

(1)将 $a^2+10a+16$ 因式分解,结果是( ).

A. $(a-2)(a+8)$ B. $(a+2)(a-8)$

C. $(a+2)(a+8)$ D. $(a-2)(a-8)$

(2)因式分解的结果是 $(x-3)(x-4)$ 多项式是( ).

A. $x^2-7x-12$ B. $x^2-7x+12$

C. $x^2+7x+12$ D. $x^2+7x-12$

(3)如果 $x^2-px+q=(x+a)(x+b)$,那么 p 等于( ).

A. ab B. $a+b$ C. $-ab$ D. $-a-b$

(4)把下列各式分解因式.

① $6y^2-11y-10$;   ② $8x^2-2xy-3y^2$;   ③ $12x^2-x-6$;

④ $4x^2-24xy+11y^2$;   ⑤ $x^2y^4+7x^2y^2-8x^2$;   ⑥ $2ax^2+(a-6)x-3$.

设计意图 十字相乘法的应用.

第三节 "直线和圆位置关系"的教学设计

直线和圆的位置关系（第一课时）

一、内容和内容解析

本节课是在学生已经学习了点和圆的位置关系后，对直线和圆的位置关系进行探索．为后续学习切线判断定理打好基础．直线与圆的位置关系从两个方面去刻画：一是通过再现海上日出的过程中，探索直线与圆的公共点的个数，将直线与圆的位置分为相交、相切、相离三种情况；二是通过圆心到直线的距离与圆半径的大小比较，对直线与圆的位置进行分类，二者之间相互对应，相互联系．

基于以上分析，确定本节课的教学重点是：探索直线和圆的位置关系．

二、目标和目标解析

1. 目标

（1）理解直线和圆的三种位置关系．

（2）经历类比探索点和圆位置关系的过程，探索直线和圆的位置关系，体会类比思想，分类讨论思想以及数形结合思想．

2. 目标解析

达成目标（1）的标志是会根据交点个数及数量关系判断直线和圆的位置关系会运用它解决一些实际问题．

达成目标（2）的标志是经历类比探索点和圆位置关系的过程，探索直线和圆的位置关系．

三、教学问题诊断分析

在研究直线和圆的位置关系中，学生不容易想到去类比探索点和圆位置关系的过程，探索直线和圆的位置关系．此外，在对直线和圆的位置关系进行分类时，需要学生具备运动的观点和一定的分类标准，部分学生可能也会存在困难．

本节课的教学难点是：类比点和圆的位置关系的过程，探索直线和圆的位置关系．

四、教学过程设计

(一) 复习巩固

提问 点和圆的位置关系有几种？用数量关系如何来判断呢？

师生活动 教师提出问题，学生根据所学知识回答．

设计意图 通过回顾点和圆的位置关系，为本节课探究直线和圆的位置关系打好基础．

(二) 探究新知

晓 日

〔唐〕 韩 偓

天际霞光入水中，水中天际一时红．

直须日观三更后，首送金乌上碧空．

问题① 古诗前两句的意思是什么？

师生活动 教师提出问题，学生根据所学知识回答．

问题② 如果从数学的角度来分析，把水面当作一直线，太阳当作一个圆，请同学们利用手中的纸片圆和笔，再现海上日出过程．

师生活动 教师提出问题，学生根据所学知识回答．教师通过多媒体展示海上日出过程，加深学生理解．

问题③ 再现海上日出过程中，你认为直线和圆有几种位置关系吗？分类依据是什么？

师生活动 教师提出问题，学生认真观察后得出答案．教师根据情况适当提示学生通过观察圆与直线的公共点的数量判断直线和圆的位置关系．

问题④ 通过预习，你能根据直线与圆之间公共点个数下定义吗？

师生活动 教师提出问题，学生根据所学知识回答．教师通过多媒体给出答案．

①直线与圆没有公共点，称为直线与圆相离．

②直线与圆只有一个公共点，称为直线与圆相切，这条直线叫作圆的切线，这个公共点叫切点．

③直线与圆有两个公共点，称为直线与圆相交．这条直线叫作圆的割线．

设计意图 让学生理解通过直线与圆的公共点的个数，将直线与圆的位置分为相交、相切、相离 3 种情况．

练一练 判断图 1.7 中直线与圆的位置关系.

 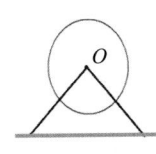 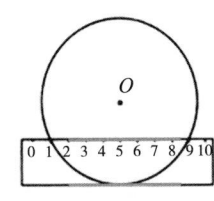 

图 1.7 判断直线与圆的位置

设计意图 考查学生通过直线与圆的公共点的个数,判断直线与圆的位置关系.

问题5 结合探究点与圆位置关系的过程,你能否用相关的数量来判别直线与圆的位置关系?

师生活动 学生通过类比点和圆的位置关系的过程,探索直线和圆的位置关系.教师通过多媒体展示直线和圆的位置关系:

设 $\odot O$ 的半径为 r,直线 l 到圆心的距离为 d,则有:

直线 l 与 $\odot O$ 相交 $\Longleftrightarrow$ $d < r$

直线 l' 与 $\odot O$ 相切 $\Longleftrightarrow$ $d = r$

直线 l'' 与 $\odot O$ 相离 $\Longleftrightarrow$ $d > r$

设计意图 让学生理解在直线和圆的位置关系中,直线与圆的接近程度可由直线到圆心的距离 d 反映,而 d 与半径 r 的大小关系也恰好对应着直线和圆的三种位置关系.因此,由直线和圆的位置关系可以得出 d 与 r 的数量关系,反之由 d 与 r 的数量关系可以判定直线和圆的位置关系.

(三)典例分析

例 已知圆的直径为 14cm,设直线和圆心的距离为 d:

(1)若 $d = 4.5$cm,则直线与圆_____,直线与圆有_____个公共点.

(2)若 $d = 7$cm,则直线与圆_____,直线与圆有_____个公共点.

(3)若 $d = 8$cm,则直线与圆_____,直线与圆有_____个公共点.

设计意图 考查学生能否根据直线到圆心的距离与半径间的数量关系判断直线和圆的位置关系.

(四)能力提升

如图 1.8 所示,点 A 是一个半径为 300 m 的圆形森林公园的中心,在森林公

园附近有 B、C 两村庄，现要在 B、C 两村庄之间修一条长为 1 000 m 的笔直公路将两村连通，现测得 $\angle ABC = 45°$，$\angle ACB = 30°$. 问此公路是否会穿过该森林公园？请进行说明.

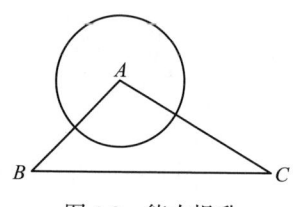

图 1.8　能力提升

（五）归纳小结

①圆与直线有几种位置关系？分别是什么？

②如何判断直线与圆的位置关系？你有几种方法？

直线和圆的位置关系（第二课时）

一、内容和内容解析

直线和圆相切是直线和圆的位置关系中的一种特殊并且重要的位置关系，圆的切线是研究三角形内切圆、切线长定理和正多边形与圆的关系的基础．切线的判定定理与性质定理揭示了直线和圆的半径的特殊位置关系，即过半径外端并与这条半径垂直．两个定理互为逆命题．切线判定定理的探究过程体现了由一般到特殊的研究方法．

基于以上分析，确定本节课的教学重点是：理解并掌握圆的切线的判定定理及性质定理．

二、目标和目标解析

1. 目标

（1）会判定一条直线是否是圆的切线并会过圆上一点作圆的切线．

（2）理解并掌握圆的切线的判定定理及性质定理．

（3）能运用圆的切线的判定定理和性质定理解决问题．

2. 目标解析

达成目标（1）的标志是掌握判定直线和圆的位置关系的方法．

达成目标（2）的标志是能够理解切线判定定理中的两个要素：一是经过半

径外端；二是直线垂直于这条半径. 能够理解切线性质定理的两个条件：一是半径；二是过切点.

达成目标（3）的标志是能运用圆的切线的判定定理和性质定理解决问题，明确运用定理时常用的添加辅助线的方法.

三、教学问题诊断分析

本节学习过程中，学生不容易理解切线的判定定理. 教师要结合教材的问题进行说明："垂直于半径"说明圆心到直线的距离 d，"经过半径外端"说明距离 d 等于半径，判定定理是为了便于应用而对直线和圆相切的定义改写得到的一种形式. 对于切线的性质定理学生容易感知，但直接证明比较困难，此时教师要引导学生运用反证法证明. 假设过切点的半径与圆的切线不垂直，推出与已知矛盾，从而证明出切线的性质定理. 另外教师要帮助学生明确两定理的题设和结论，这是正确使用定理的关键.

本节的教学难点是理解切线的判定定理和用反证法证明切线的性质定理.

四、教学过程设计

（一）复习巩固

提问一 判定直线和圆的位置关系的方法有几种？

提问二 直线和圆有哪些位置关系？如何判断直线与圆相切？

师生活动 教师提出问题，学生根据所学知识回答.

设计意图 通过回顾直线和圆的位置关系，为本节探究圆的切线的判定定理及性质定理打好基础.

（二）探究新知

问题1 如图1.9所示，已知圆 O 上一点 A，怎样根据圆的切线定义过点 A 作圆 O 的切线？

问题2 填空

①直线 l 与⊙O 有_____个交点.

②圆心 O 到直线 l 的距离 d 与 r 的关系是_____.

③直线 l 和⊙O 半径 r 的位置关系是_____.

④由此你发现了什么？

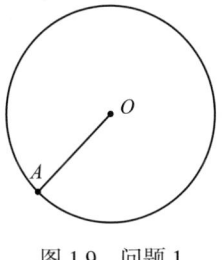

图1.9 问题1

师生活动 教师提出问题，学生根据所学知识回答.

①直线 l 与⊙O 有1个交点.

②圆心 O 到直线 l 的距离 d 与 r 的关系是 $d=r$.

③直线 l 和⊙O 半径 r 的位置关系是垂直.

④发现内容，直线 l 经过半径 OA 的外端点 A. 直线 l 垂直于半径 OA. 则直线 l 与⊙O 相切.

从而得到切线的判定定理：经过半径的外端并且垂直于这条半径的直线是圆的切线.

提问 要使直线 l 是⊙O 的切线需要满足哪些条件？

师生活动 教师提出问题，学生根据所学知识回答.

①经过半径的外端；

②垂直于这条半径. 教师根据实际情况给出适当提示："垂直于半径"表示出了圆心到直线的距离 d，"经过半径外端"说明距离 d 等于半径；这是为了便于应用直线和圆相切的定义而改写后的一种形式.

设计意图 让学生理解与掌握圆的切线的判定定理.

（三）归纳小结

师：结合上节课所学，判断一条直线是一个圆的切线有几种方法？

师生活动 教师提出问题，学生根据所学知识回答：

①定义法：直线和圆只有一个公共点时，我们说这条直线是圆的切线；

②数量关系法：圆心到这条直线的距离等于半径（即 $d=r$）时，直线与圆相切；

③判定定理：经过半径的外端且垂直于这条半径的直线是圆的切线.

设计意图 让学生理解与掌握判断一条直线是一个圆的切线的方法.

（四）例题分析

例 1 判断图 1.10 中各直线是不是圆的切线？若不是，请说明原因.

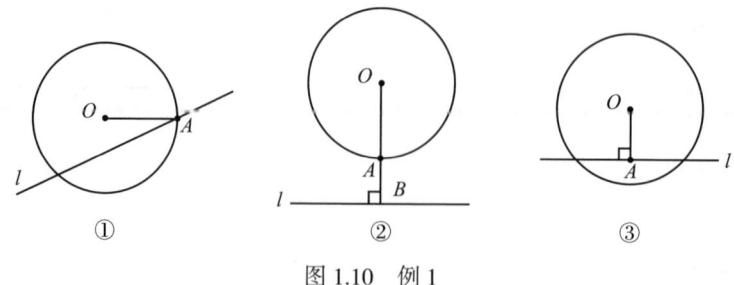

图 1.10 例 1

师生活动 教师提出问题,学生根据所学知识回答.

师:在运用切线的判定定理时,应如何添加辅助线?

师生活动 学生小组讨论并归纳总结,当证明某直线是圆的切线时:

①如果已知直线过圆上一点时,则做出过这一点的半径,证明直线垂直于半径;

②如果直线与圆的公共点没有确定,则应过圆心作直线的垂线,证明圆心到直线的距离等于半径.

设计意图 结合具体问题加深学生对切线判定定理的认识.

(五)探究新知

问题1 如图1.11所示,如果直线 l 是 $\odot O$ 的切线,点 A 为切点,那么 OA 与 l 垂直吗?

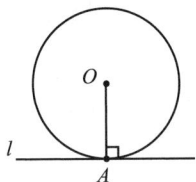

图 1.11　探究新知,问题 1

师生活动 学生通过观察,发现半径 OA 垂直于直线 l. 师生讨论后发现直接证明垂直并不容易. 此时教师引导学生发现要证明的情况只是垂直这一种,所以可考虑使用反证法.

①假设 OA 与直线 l 不垂直;过点 O 作 $OP \perp$ 直线 l 于点 P.

②因为点到直线的距离垂线段最短,所以 $OP < OA$,即圆心 O 到直线 l 的距离小于 $\odot O$ 的半径,因此 l 与 $\odot O$ 相交,这与已知条件"直线 l 是 $\odot O$ 的切线"相矛盾.

③所以假设不成立,$OA \perp$ 直线 l.

问题2 你发现了什么?

师生活动 教师提出问题,学生根据所学知识回答:经过半径的外端并且垂直于这条半径的直线是圆的切线.

设计意图 利用反证法引导学生得出切线的性质定理,并体会反证法的作用.

(六)例题分析

例2 如图1.12所示,$\odot O$ 切 PB 于点 B,$PB = 4$,$PA = 2$,则 $\odot O$ 的半径多少?

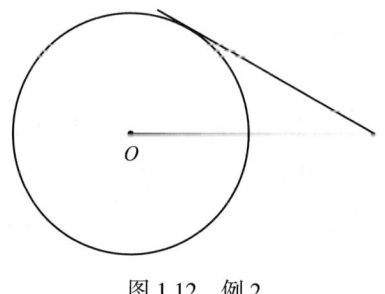

图 1.12　例 2

师生活动：教师提出问题，学生根据所学知识回答.

师：在运用切线的性质定理时，应如何添加辅助线？

师生活动　学生小组讨论并归纳总结，当已知一条直线是某圆的切线时，切点的位置是确定的，辅助线常常是连接圆心和切点，得到半径，那么半径垂直于切线.

设计意图　结合具体问题加深学生对切线性质定理的认识.

（七）归纳小结

①切线的判定方法有几种？分别是什么？

②切线的判定定理与性质定理是什么？它们有怎样的联系？

③简述在应用切线的判定定理和性质定理时，常见辅助线的添加方法有哪些？

直线和圆的位置关系（第三课时）

一、内容和内容解析

圆的切线长定理和三角形的内切圆是在学习了切线的性质和判定的基础之上，继续对切线的性质的研究，是在垂径定理之后对圆的对称性又一次的认识. 经历探索切线长定理的过程，体会应用内切圆相关知识解决问题，渗透转化思想和方程思想.

基于以上分析，确定本节课的教学重点是切线长定理及应用.

二、目标和目标解析

（一）目标

（1）了解三角形内切圆、内心的概念，会作三角形内切圆. 掌握切线长定理，并会用其解决有关问题.

（2）经历探索切线长定理的过程，体会应用内切圆相关知识解决问题，渗透转化思想和方程思想．

（二）目标解析

达成目标（1）的标志是理解切线长，三角形的内切圆、内心的概念，掌握切线长定理及三角形内切圆半径与三边的关系，并会用其解决有关问题．

达成目标（2）的标志是：经历探索切线长定理的过程，体会应用内切圆相关知识解决问题，渗透转化思想和方程思想．

三、教学问题诊断分析

学习本节时，学生已经具备了切线、全等、等腰三角形等知识，并会利用它们证明线段等和角等．但对于切线长的概念，学生往往容易和切线混淆．另外，学生已经习惯于利用全等三角形和等腰三角形证明线段相等，还不习惯于应用切线长定理证明线段等角等．在学习三角形内切圆和内心时，容易和三角形外切圆和外心概念混淆，请注意下面几点．

三角形内心是三角形三条角平分线的交点．

三角形外心是三角形三条中垂线的交点．

本节的教学难点是切线长定理及三角形内切圆半径与三边的关系的应用．

四、教学过程设计

（一）探究新知

问题1 在同一个平面内，有一点 P 和 $\odot O$，则点 P 和 $\odot O$ 有几种位置关系？

师生活动 教师提出问题，学生根据所学知识回答．

设计意图 通过回顾点与圆的相关知识，为本节课探究切线长定理打好基础．

问题2 过点 P 能否作 $\odot O$ 的切线？如果能，说明做法？如果不能，说明理由？

师生活动 教师提出问题，学生需分情况讨论（点在圆内、点在圆外、点在圆上），根据不同的情况给出结论与做法．教师通过多媒体展示具体做法，加深学生理解与记忆，从而得出：过圆外一点可以作圆的 2 条切线；过圆上一点可以作圆的 1 条切线；过圆内一点可以作圆的 0 条切线．进而引出切线长的概念：经过圆外一点的圆的切线上，这点和切点之间的线段的长，叫作这点到圆的切线长．

提问 简述切线与切线长的区别？

师生活动 教师提出问题，学生根据所学知识回答.

设计意图 加深理解切线与切线长的概念.

问题③ 若 PA，PB 为 $\odot O$ 的 2 条切线，切点分别为 A，B，通过几何画板演示，你发现了什么？

师生活动 教师通过多媒体展示动态过程，简化学生理解过程，如图 1.13 所示学生通过观察，得出：$PA = PB$，$\angle APO = \angle BPO$.

师：和同桌一起交流，你能用学过的知识证明这两个结论吗？

问题④ 已知：线段 PA，PB 切 $\odot O$ 于点 A，B，连接 OP，AO，BO.

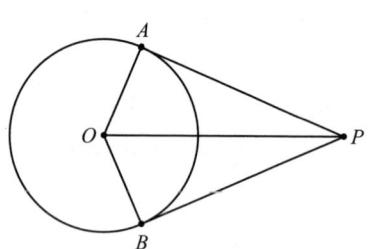

图 1.13 问题 3

证明：（1）$PA = PB$；（2）$\angle APO = \angle BPO$.

师生活动 教师提出问题. 教师通过多媒体展示具体证明过程，从而得到切线长定理：从圆外一点可以引圆的两条切线，它们的切线长相等，这一点和圆心的连线平分两条切线的夹角.

设计意图 让学生在"实践—验证—归纳"的过程中发展探究意识和体会并实践"实验几何—论证几何"的探究方法. 通过教师引导学生了解基本图形为后面应用切线长定理和分析定理的其他作用作铺垫.

（二）例题分析

例 如图 1.14 所示，PA、PB 是 $\odot O$ 的两条切线，A、B 为切点，连接 OP.

（1）图中有哪些相等关系？

（2）若连接 AB 交 OP 于 C，$\angle PAB$ 和 $\angle PBA$ 相等吗？

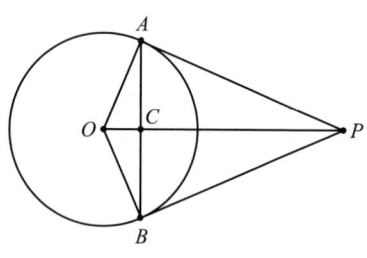

图 1.14 例题

（3）OP 和 AB 有怎样的位置关系？

（4）连接 OA、OB，则图中和 $\angle OAC$ 相等的角有哪些？

（5）图中和 $\angle ABP$ 相等的角有哪些？

设计意图 切线长定理的应用.

（三）探究新知

提问一 一张三角形的铁皮，如何在它上面截下一块圆形的用料，使截出的圆与三角形各边都相切？

①按要求截出圆的圆心应满足什么条件吗？

②如何画出这个圆呢？

师生活动 学生通过小组合作探究得到，三角形的三条角平分线交于一点，并且圆心到三角形三条边的距离都等于半径．

师生活动 学生通过小组合作探究得到，做两个角的角平分线并交于一点，过这个点作某一条边的垂线，以这个点为圆心，以垂线段长为半径，画出的圆即为所求．教师通过多媒体展示具体做法．从而引出角形内切圆和三角形内心的概念．

设计意图 学生解决问题的过程中应用定理加深对定理作用的体会，学习三角形内切圆和三角形内心的概念．

师： 回顾三角形外接圆的知识，回答下面问题？

师生活动 教师提出问题，学生根据所学知识回答．教师通过多媒体引导学生归纳与总结，最后得出如表 1.6 所示．

表 1.6 归纳与总结

圆心的名称	圆心的确定方法	图形	圆心的性质
外心	三角形三边中垂线的交点		1）$OA=OB=OC$． 2）外心不一定在三角形的内部．
内心	三角形三条角平分线的交点		1）到三边的距离相等； 2）OA、OB、OC 分别平分 $\angle BAC$、$\angle ABC$、$\angle ACB$； 3）内心一定在三角形内部．

设计意图　理解内心和外心的概念及性质.

思考　直角三角形内切圆半径与三角形三边有什么关系？

已知 Rt△ABC 的内切圆⊙O 与 BC、CA、AB 分别相切于点 E、F、D，∠B=90°，若⊙O 的半径为 r（图 1.15）.

求证⊙O 的半径 r 与 AB、BC、AC 的关系？

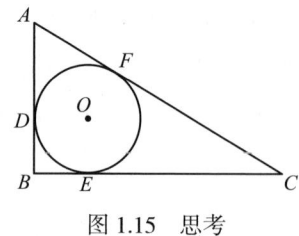

图 1.15　思考

师生活动　教师板演，从而得出直角三角形内切圆半径与三角形三边的关系.

提问二　你发现了什么？

师生活动　教师提出问题，学生通过回顾刚才的证明过程，得出以下结论.

①三角形内切圆半径公式：$r = \dfrac{2S}{C}$.

其中 S 为三角形的面积；C 为三角形的周长.

②特殊的直角三角形内切圆半径公式：$r = \dfrac{a+b-c}{2}$ 或 $r = \dfrac{ab}{a+b+c}$.

其中 a，b 为直角三角形的直角边长；c 为斜边长.

设计意图　理解直角三角形内切圆半径与三角形三边的关系.

（四）例题分析

例　如图 1.16 所示，△ABC 的内切圆⊙O 与 BC、CA、AB 分别相切于点 D、E、F，且 AB=9cm，BC=14cm，CA=13cm，求 AE、BD、CE 的长.

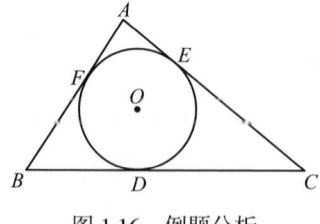

图 1.16　例题分析

设计意图　考查三角形内切圆半径与三角形三边的关系.

（五）能力提升

已知任意三角形的三边长，如何求三角形面积？

古希腊的几何学家海伦解决了这个问题，在他的著作《度量论》一书中给出了计算公式——海伦公式. $S = \sqrt{p(p-a)(p-b)(p-c)}$（其中 a，b，c 是三角形的三边长，$p = \dfrac{a+b+c}{2}$，S 为三角形的面积），并给出了证明.

例　在 $\triangle ABC$ 中，$a = 3$，$b = 4$，$c = 5$，那么它的面积可以这样计算：

∵ $a = 3$，$b = 4$，$c = 5$ ∴ $p = \dfrac{a+b+c}{2} = 6$；

∴ $S = \sqrt{p(p-a)(p-b)(p-c)} = \sqrt{6 \times 3 \times 2 \times 1} = 6$.

根据上述材料，解答下列问题：

如图 1.17 所示，在 $\triangle ABC$ 中，$BC = 5$，$AC = 6$，$AB = 9$.

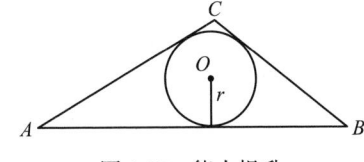

图 1.17　能力提升

①用海伦公式求 $\triangle ABC$ 的面积.

②求 $\triangle ABC$ 的内切圆半径 r.

设计意图　体会应用内切圆相关知识，把复杂问题转化为简单问题后解决问题，从而渗透转化思想和方程思想，增强应用意识.

（六）归纳小结

（1）通过本节的学习，你学会了哪些知识？

（2）简述圆的切线和切线长的区别？

（3）什么是三角形的内切圆和内心？

第二章　初中数学公式的教学感悟

第一节　关于绝对值化简公式的思考

绝对值是初一代数中的一个基本概念，它是学习相反数、有理数运算及后续算术平方根的基础．绝对值又是初中代数中的一个重要概念，在解决代数式化、求值、解方程（组）、解不等式（组）等问题中有着广泛的应用，全面理解、掌握绝对值这一概念，应从以下方面入手．

（1）绝对值化简的符号原则．

$$|a| = \begin{cases} a, & a \geq 0 \\ -a, & a < 0 \end{cases}.$$

（2）绝对值的基本性质．

①非负性：$|a| \geq 0$，$|a_1| + |a_2| + \cdots + |a_n| = 0 \Leftrightarrow a_1 = a_2 = \cdots = a_n = 0$；

②$|a|^2 = |a^2| = a^2$；

③$|a \cdot b| = |a| \cdot |b|$；

④$\left|\dfrac{a}{b}\right| = \dfrac{|a|}{|b|}(b \neq 0)$；

⑤$\big||a| - |b|\big| \leq |a \pm b| \leq |a| + |b|$．

（3）绝对值的几何意义．

从数轴上看，$|a|$表示数a对应的点到原点的距离；$|a-b|$表示数a,b对应的两点A,B间的距离．

▮▮▮ 代数式的化简求值

例1　①已知$a<b<0<c$，化简式子：$|a-b|+|a+b|-|c-a|+2|b-c|$得____．

②有理数a,b,c,d满足$a<b<0<c<d$，并且$|b|<c<|a|<d$，则$a+b+c+d$的值（　　）．

A．大于0　　　　B．等于0　　　　C．小于0　　　　D．与0的大小关系不确定

①解：因为$a<b<0<c$，

所以 $a-b<0, a+b<0, c-a>0, b-c<0$;

故 $|a-b|=-(a-b)=b-a$, $|a+b|=-(a+b)=-a-b$, $|c-a|=c-a$, $|b-c|=-(b-c)=c-b$，因此原式 $=b-a-a-b-(c-a)+2(c-b)=-a-2b+c$.

②解：由于 $b<0<c$ 且 $|b|<c$，所以 $-b<c$，也就是 $b+c>0$；而 $a<0<d$ 且 $|a|<d$，故 $-a<d$，亦即 $a+d>0$；因此 $a+b+c+d=(a+d)+(b+c)>0$.

故选 A.

例 2 已知 $abc \neq 0$，若 $m=\dfrac{2a}{|a|} \cdot \dfrac{3b}{|b|} \cdot \dfrac{4c}{|c|}$，则 $m+1=$ _____.

解法一 ①若 a,b,c 均为正数时，则 $m=2 \times 3 \times 4=24$，故 $m+1=25$；

②若 a,b,c 均为负数时，则 $m=(-2) \times (-3) \times (-4)=-24$，故 $m+1=-23$；

③若 a,b,c 中两正、一负不妨设 $a>0, b>0, c<0$ 时，则 $m=2 \times 3 \times (-4)=-24$，故 $m+1=-23$；

④若 a,b,c 中两负、一正不妨设 $a<0, b<0, c>0$ 时，则 $m=(-2) \times (-3) \times 4=24$，故 $m+1=25$；

综上，$m+1=25$ 或 -23.

解法二 由于 $|m|=\left|\dfrac{2a}{|a|} \cdot \dfrac{3b}{|b|} \cdot \dfrac{4c}{|c|}\right|=\dfrac{|2a|}{|a|} \cdot \dfrac{|3b|}{|b|} \cdot \dfrac{|4c|}{|c|}=24$，所以 $m=\pm 24$，故 $m+1=25$ 或 -23.

例 3 ①已知 $|m|=-m$，化简 $|m-1|-|m-2|$ 所得的结果是 _____.

②若 $x<-2$，则 $|1-|1+x||$ 等于 _____.

解：①由已知可得 $-m \geqslant 0$，即 $m \leqslant 0$，因此 $m-1 \leqslant -1<0, m-2 \leqslant -2<0$；

故 $|m-1|-|m-2|=-(m-1)-[-(m-2)]=-m+1+m-2=-1$.

② 由 $x<-2$ 知 $x+1<-1<0$，故 $|x+1|=-(x+1)=-x-1$，而 $1-|1+x|=1-[-(x+1)]=x+2$，由已知可得 $x+2<0, |x+2|=-(x+2)=-x-2$，因此 $|1-|1+x||=|x+2|=-x-2$.

第二节　因式分解的应用

因式分解是代数变形的有力工具，其主要应用体现在以下几个方面.

1. 简化复杂的数值计算

例1 计算 $\dfrac{(7^4+64)(15^4+64)(23^4+64)(31^4+64)(39^4+64)}{(3^4+64)(11^4+64)(19^4+64)(27^4+64)(35^4+64)}$.

分析：$a^4+64=a^4+16a^2+64-16a^2=(a^2-4a+8)(a^2+4a+8)$.

解：原式 $=\dfrac{29\times 85\times 173\times 293\times 445\times 629\times 845\times 1093\times 1373\times 1685}{5\times 29\times 85\times 173\times 293\times 445\times 629\times 845\times 1093\times 1373}=337$.

2. 把繁杂的式子化简，使运算更加简便

例2 a,b,c 是正整数，并且满足等式 $abc+ab+ac+bc+a+b+c+1=2004$，求 $a+b+c$ 的最小值.

分析 已知条件是次数最高为 3 次多项式，而要求的多项式是一次多项式，要把已知与未知联系起来，就要把已知的三次多项式分解为 3 个一次多项式的乘积.

解：原式变形为 $[ab(c+1)+(c+1)]+[c(a+b)+(a+b)]=2004$，

即 $(a+1)(b+1)(c+1)=2004=3\times 4\times 167$，不妨设 $a\leqslant b\leqslant c$，

则 $\begin{cases}a+1=3\\b+1=4\\c+1=167\end{cases}$，$\therefore \begin{cases}a=2\\b=3\\c=166\end{cases}$.

故 $a+b+c$ 的最小值为 171.

例3 已知 a,b,x,y 满足 $a+b=x+y=2$，$ax+by=5$，求 $(a^2+b^2)xy+ab(x^2+y^2)$ 的值.

分析 已知两个一次多项式的值相等，利用两个一次多项式相乘得到 1 个二次多项式，从而把已知条件与要解决的问题联系起来.

解：因为 $a+b=x+y=2$，所以 $(a+b)(x+y)=4$，即 $ax+by+ay+bx=4$，而 $ax+by=5$，故 $ay+bx=-1$. 由于 $(a^2+b^2)xy+ab(x^2+y^2)=(ax+by)(ay+bx)=-5$.

3. 解不定方程

例4 若 x,y 为正整数，且 $x^2+y^2+4y-96=0$，求 xy 的值.

分析 由于未知数有 2 个，但已知的等式却只有 1 个，这就启发我们要把已知条件写成平方和的形式.

解：把已知等式写成 $x^2+(y+2)^2=100=6^2+8^2$；

所以 $\begin{cases}x=6\\y+2=8\end{cases}$ 或 $\begin{cases}x=8\\y+2=6\end{cases}$，$\therefore xy=36$ 或 32.

例5 A，n 都是自然数，且 $A = n^2 + 15n + 26$ 是一个完全平方数，求 n 的值.

分析 由已知可得 $A = (n+2)(n+13), n+2 \neq n+13$，因此 $n+2$、$n+13$ 均是完全平方数.

解：令 $n+2 = a^2, n+13 = b^2$，因此 $b^2 - a^2 = 11(2 \leq a < b)$，又因 $b+a$ 与 $b-a$ 的奇偶性相同；

故 $\begin{cases} b+a=11 \\ b-a=1 \end{cases}$，即 $\begin{cases} a=5 \\ b=6 \end{cases}$，$\therefore n+2 = 25$，于是 $n = 23$.

例6 已知 n 是正整数，且 $n^4 - 16n^2 + 100$ 是质数，求 n 的值.

分析 依据质数定义，质数只能分解成 1 和它本身，故解本例的最自然的思路是：对原式进行恰当分解变形.

解：因质数 $n^4 - 16n^2 + 100 = n^4 + 20n^2 + 100 - 36n^2 = (n^2 + 6n + 10)(n^2 - 6n + 10)$，所以 $n^2 - 6n + 10 = 1$，即 $(n-3)^2 = 0$，故 $n = 3$.

4. 证明代数相关问题等

例7 设 a, b, c 均是不为 0 的数，且满足 $a^2 - b^2 = bc$ 及 $b^2 - c^2 = ca$. 证明：$a^2 - c^2 = ab$.

分析 把已知的 2 个等式相加得 $a^2 - c^2 = c(a+b)$，接下来的任务就是证明 $c(a+b) = ab$ 即可！

解：由已知可得 $a^2 - c^2 = c(a+b)$，

又因 $a^2 = b(b+c)$，即 $\dfrac{a}{b+c} = \dfrac{b}{a}$；

而 $(b+c)(b-c) = ca$，即 $\dfrac{a}{b+c} = \dfrac{b-c}{c}$；

所以 $\dfrac{b}{a} = \dfrac{b-c}{c}$，也就是 $c(a+b) = ab$，故 $a^2 - c^2 = ab$.

第三节 从一道考题到圆周率（π）

引例 将一个长为 1 的铁丝截成两部分，分别围成一个正方形和一个圆形，使面积和最小，则正方形周长为_____.（2003 年北京市理科高考题）

易知，此题答案为 $\dfrac{4}{4+\pi}$.

由此我们提出猜想：做一个正 n 边形和一个正 m 边形（$n \geq 3, m \geq 3, m, n \in \mathbf{N}$），

使其周长和为定值,当其面积和为最小时,这两个正多边形的边心距相等(圆可看作正无穷边形,其边心距为半径).

证明:如图 2.1 所示为正 n 边形,作 $OH \perp AB$ 于 H.

设周长和为 a,正 n 边形周长为 x,则正 m 边形周长为 $(a-x)$.

$\therefore AB = \dfrac{x}{n}, AH = \dfrac{x}{2n}, \angle AOH = \dfrac{\pi}{n}$;

$\therefore OH = AH \cdot \cot \dfrac{\pi}{n} = \dfrac{x}{2n} \cdot \cot \dfrac{\pi}{n}$.

$\therefore$ 正 n 边形面积 $S_n = \dfrac{1}{2} n \cdot AB \cdot OH$

$= \dfrac{x^2}{4n} \cot \dfrac{\pi}{n}$.

同理正 m 边形面积 $S_m = \dfrac{(a-x)^2}{4m} \cdot \cot \dfrac{\pi}{m}$.

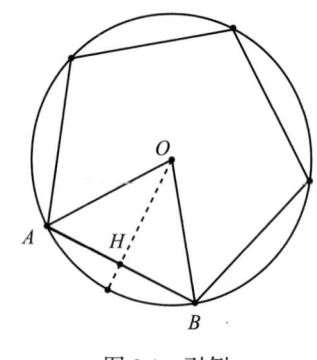

图 2.1 引例

$\therefore$ 总面积 $S = S_n + S_m$

$= \dfrac{x^2}{4n} \cot \dfrac{\pi}{n} + \dfrac{(a-x)^2}{4m} \cot \dfrac{\pi}{m}$

$= \dfrac{\left(n \cdot \cot \dfrac{\pi}{m} + m \cdot \cot \dfrac{\pi}{n} \right) x^2 - 2an \cdot \cot \dfrac{\pi}{m} \cdot x + a^2 n \cdot \cot \dfrac{\pi}{m}}{4mn}$, $x \in (0, a)$.

可把上式视为关于 x 的二次函数,当 S 取最大时,可知 $x = \dfrac{an \cdot \cot \dfrac{\pi}{m}}{n \cdot \cot \dfrac{\pi}{m} + m \cdot \cot \dfrac{\pi}{n}}$.

$\therefore$ 正 n 边形边心距 $r_n = OH = \dfrac{x}{2n} \cdot \cot \dfrac{\pi}{n} = \dfrac{a \cdot \cot \dfrac{\pi}{m} \cdot \cot \dfrac{\pi}{n}}{2 \left(n \cdot \cot \dfrac{\pi}{m} + m \cdot \cot \dfrac{\pi}{n} \right)}$;

同理可得正 m 边形边心距 $r_m = \dfrac{a \cdot \cot \dfrac{\pi}{m} \cdot \cot \dfrac{\pi}{n}}{2 \left(n \cdot \cot \dfrac{\pi}{m} + m \cdot \cot \dfrac{\pi}{n} \right)}$;

$\therefore r_n = r_m$;

$\therefore$ 此时这两个正多边形的边心距相等,证毕.

请注意,我们在以上证明中将圆视为了正无穷边形.同样,我们也可以用正多边形去逼近圆,从而去探索许多圆的性质.古往今来,在诸多圆的性质中,圆周率π的数值计算是最被各位数学大家所津津乐道的.早在两千年前,我国的数学家刘辉已经用割圆术求出了π的小数点后四位的值.一千五百年前的祖冲之更是将π的数值算到了小数点后七位,领先了外国数学家一千余年.他所用的方法也是割圆术.割圆术,就是用圆内接正多边形和外切正多边形逼近圆,从而求出圆周率π的近似值.而这个方法,正与我们将圆看成正无穷边形这一点有相似之处.于是我们也想用这个思想去求圆周率π.具体方法如下:

设此圆半径为r,则如图2.1所示,正n边形边长$AB = 2AH = 2AO \cdot \sin \angle AOH = 2r\sin\dfrac{\pi}{n}$.

正n边形周长$C = nAB = 2nr\sin\dfrac{\pi}{n}$,

$\therefore \pi = \lim\limits_{n \to +\infty}\dfrac{C}{2r} = \lim\limits_{n \to +\infty} n \cdot \sin\dfrac{\pi}{n}$,即$\pi = \lim\limits_{n \to +\infty} n \cdot \sin\dfrac{\pi}{n}$.

此式不方便进行求值运算,因此我们尝试探寻其他的方法.我们注意到,在这个方法中,正多边形的边数n在趋近正无穷大的过程中若是以等差数列(正3,4,5,…边形)的形式增加的,将很难进行有效率地求值;于是我们便想到了使用等比数列(正4,8,16,…边形)增加边数,为达到这一目的,我们想到先研究正2^n边形如右下图所示局部中BC与$BD + DC$的数量关系.

如图2.2所示,设$BC = a$,半径$AB, AC, AD = \dfrac{1}{2}$,

AE为$\triangle ABC$的高,易知$CE = \dfrac{a}{2}$;

$\therefore AE = \sqrt{AC^2 - CE^2} = \dfrac{\sqrt{1-a^2}}{2}$,

$\therefore DE = AD - AE = \dfrac{1-\sqrt{1-a^2}}{2}$;

$\therefore CD = \sqrt{CE^2 + DE^2} = \sqrt{\dfrac{1-\sqrt{1-a^2}}{2}}$.

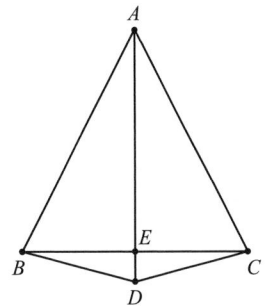

图2.2 圆周率的估算①

而BD与DC相等,这样,我们就求出了BC与$BD + DC$的数量关系,也就求出了在正多边形边数加倍时,多边形周长变化的规律,也就更容易求出π了.

因为我们之前的思路是采用等比数列(正4,8,16,…边形),而最小的2^n边形($n \geq 2, n \in \mathbf{N}$)是正4边形,所以我们将上图中的$\angle BAC$,即图2.3中的

$\angle AOB_1$ 定为 $\dfrac{\pi}{2}$，而圆半径为 $\dfrac{1}{2}$.

可知 $AB_1 = \dfrac{\sqrt{2}}{2}$；

根据上面得到的结论可知

$$AB_2 = \sqrt{\dfrac{1-\sqrt{1-AB_1^2}}{2}}\ ;$$

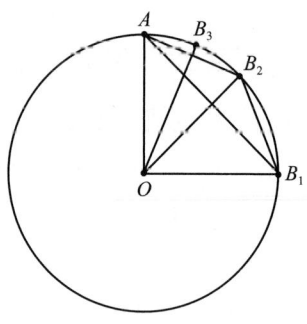

图 2.3　圆周率的估算②

$$AB_3 = \sqrt{\dfrac{1-\sqrt{1-AB_2^2}}{2}} = \sqrt{\dfrac{1-\sqrt{\dfrac{1+\sqrt{1-AB_1^2}}{2}}}{2}}\ ;$$

$$AB_4 = \sqrt{\dfrac{1-\sqrt{\dfrac{1+\sqrt{1-AB_2^2}}{2}}}{2}} = \sqrt{\dfrac{1-\sqrt{\dfrac{1+\sqrt{\dfrac{1+\sqrt{1-AB_1^2}}{2}}}{2}}}{2}}\ .$$

而 $AB_1 = \dfrac{\sqrt{2}}{2}$，

∴ 可知 $AB_i = \sqrt{\dfrac{1-\sqrt{\dfrac{1+\sqrt{\dfrac{1+\sqrt{\dfrac{\sqrt{2}}{2}}}{2}}}{2}}}{2}}$ （$i \in \mathbf{N}, i \geqslant 2$，共 i 个 $\sqrt{\ }$ ）.

而 $\pi = \dfrac{C}{2r} = C$，

当 $i \to +\infty$ 时，

$C = 4 \times 2^{i-1} \times AB_i = 2^i \times 2 \cdot AB_i$

$\quad = 2^i \times \sqrt{2-\sqrt{2+\sqrt{2+\sqrt{2}}}}$ （共 i 个 $\sqrt{\ }$），

$\pi = \lim\limits_{i \to +\infty} 2^i \times \sqrt{2-\sqrt{2+\sqrt{2+\sqrt{2}}}}$ （共 i 个 $\sqrt{\ }$）.

求出此式后，为了验证其正确性，我们决定先取 $i = 2$，3，5，7，11 算出 π 的近似值.

当 $i = 2$ 时，

$\pi \approx 2^2 \times \sqrt{2-\sqrt{2}} = 3.06$；

当 $i = 3$ 时，

$$\pi \approx 2^3 \times \sqrt{2-\sqrt{2+\sqrt{2}}} = 3.121 \ ;$$

当 $i = 5$ 时，

$\pi \approx 3.1403$ ；

当 $i = 7$ 时，

$\pi \approx 3.141514$ ；

当 $i = 10$ 时，

$\pi \approx 3.1415914$ ；

当 $i = 13$ 时，

$\pi \approx 3.141592634$.

此时 π 的精确度已经与一千五百多年前祖冲之算出的圆周率（称为"祖率"）的精确度相当．祖冲之当年的算法已经失传，后人根据刘徽的割圆术推测祖冲之至少需要做出圆内接正 24576 边形和外切正 24576 边形时，才能得出 $3.1415926 < \pi < 3.1415927$ 的结论．而我们仅作了圆内接正（2^{13}）= 8192 边形就得到了与祖冲之相近的结论．虽然我们运算时借助了电子计算器，计算量可能有些大，但是这个公式的效率还是令人满意的．

我们查阅了有关资料，发现日本 1709 年出版的《括要算法》一书中也有与我们相同的结论．《括要算法》中并没有给出这个结论的证明，但资料中给出了这个结论的另一种证法，现摘录如下：

对圆内接正 2^3 边形：$2\cos\dfrac{\pi}{2^{3-1}} = \sqrt{2}$ [根号下（3−2）个 2]；

对圆内接正 2^4 边形：$2\cos\dfrac{\pi}{2^{4-1}} = \sqrt{2+\sqrt{2}}$ [根号下（4−2）个 2]；

对圆内接正 2^{n+3} 边形：$2\cos\dfrac{\pi}{2^{n+2}} = \sqrt{2+\sqrt{2+\sqrt{2+\cdots}}}$ [根号下（$n+1$）个 2].

此时，对 $\dfrac{2\sin\pi}{2^{n+3}}$ 用半角公式 $\sin\dfrac{\alpha}{2} = \sqrt{\dfrac{(1-\cos\alpha)}{2}}$，

就有

$$2\sin\dfrac{\pi}{2^{n+3}} = \sqrt{\dfrac{1-\left(\cos\dfrac{\pi}{2^{n+2}}\right)}{2}},$$

$$= \sqrt{2\left[1-\left(\dfrac{\sqrt{2+\sqrt{2+\cdots}}}{2}\right)\right]} = \sqrt{2-\sqrt{2+\sqrt{2+\cdots}}}$$ [根号下（$n+2$）个 2],

将此式两边同乘 2^n 并变形后有

$$\frac{\sin\frac{\pi}{2^{n+3}}}{\frac{\pi}{2^{n+3}}} = \frac{2^{n+2}\cdot\sqrt{2-\sqrt{2+\sqrt{2+\cdots}}}}{\pi} \;[根号下(n+2)个2].$$

当 $n\to+\infty$ 时，$\dfrac{\sin\frac{\pi}{2^{n+3}}}{\frac{\pi}{2^{n+3}}}\to 1$，

$$\therefore \frac{\pi}{4} = \lim_{n\to+\infty}\sqrt{2-\sqrt{2+\sqrt{2+\cdots+2^n}}} \;[根号下(n+2)个2].$$

上述证法与我们的证法并不相同，但其中的某些思路却有异曲同工之妙，比如上述证法也运用了割圆术．而且最后殊途同归，两个方法得到了相同的结论．

在这次探究中，我们运用了几何和极限的一些知识，独立解决了求 π 值的问题．在科学界和数学界中，π 是一个重要的常量，其数值计算在数学理论的发展、航天航空等各项高精尖领域中都有重要应用．从这个角度说，我们此次的探究运用数学知识解决了实际问题，体会到了数学应用的广泛性，并且在这个探究的过程中，极大地激发了我们进一步学习数学的兴趣，从而也感悟到了笛卡尔所说的"要学好数学，必须有两件武器，那就是清晰的直觉与严格的演绎"．

第四节　概率的初步分析

一、初中概率教学的原则与目标

由于初中学生的知识水平和理解能力，没有必要用数学的形式化的方法讲解概率知识，建立概念和理论．初中阶段概率教学的基本原则是从学生熟悉的生活实例出发，创设情境，提出问题共同探究，在具体情境中体验概率的意义，通过实例掌握概率的计算，并且联系实际问题，在实践中不断地加深理解．

教师应当熟悉教材、分析和研究教材，把握精神实质，联系实际情况，将这些教学要求和教学原则贯彻到教学过程的实践中去．

初中阶段概率教学的基本目标．

（1）理解什么是必然发生的事件、不可能发生的事件，什么是随机事件．

（2）在具体情境中了解概率的意义，体会概率是描述不确定现象发生可能性

大小的数学概念，理解概率的取值范围的意义．

（3）能够运用列举法（包括列表、画树形图）计算简单事件发生的概率．

（4）能够通过试验，获得事件发生的频率；知道大量重复试验时频率可作为事件发生概率的估计值，理解频率与概率的区别与联系．

（5）通过实例进一步丰富对概率的认识，并能解决一些实际问题．

（6）了解进行模拟试验的必要性，能根据问题的实际背景设计合理的模拟试验．

二、知识结构框图

如图 2.4 所示．

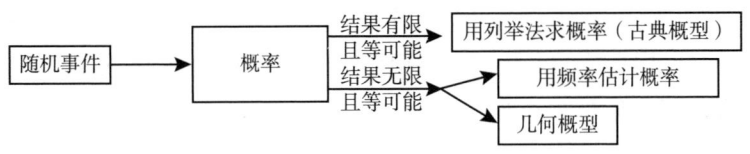

图 2.4　知识结构框图

三、课时安排（十课时）

（1）概率（二课时）．

（2）用列举法求概率（三课时）．

（3）利用频率估计概率的近似值（一课时）．

（4）课题学习及活动汇报（二课时）．

（5）小结与测验（二课时）．

四、中考考纲要求

数学学科的考试水平，可划分为基本要求、略高要求、较高要求三个层次如表 2.1 所示．

表 2.1　中考考纲要求

层次	基本要求	略高要求	较高要求
事件	能借助频率的概念或已有的知识与生活经验去理解、区分不可能事件、可能事件和必然事件的含义	—	—
概率	在具体情境中了解概率的意义；知道大量重复实验时频率可作为事件发生概率的估计值	会运用列举法（包括列表、画树状图）计算简单事件发生的概率	通过实例进一步丰富对概率的认识，并能解决一些实际问题

三个层次的具体含义如下.

基本要求：指在特定的数学活动中，获得一些初步的经验.对所学知识有初步的认识，能举例说明对象的有关特征，并能在具体情境中进行辨认，或能描述对象的特征和由来，能明确地阐述此对象与有关对象的区别和联系.

略高要求：指在参与特定的数学活动中，体验知识的形成过程.在理解知识并形成技能的基础上，把它运用到新的情境中，获得一些经验，解决与之相应的数学问题和简单的实际问题.

较高要求：指在主动参与特定的数学活动中，通过观察、实验、推理等活动，发现对象的某些特征或与其他对象的区别和联系；能综合运用知识，灵活、合理地选择与运用有关的方法，形成相应的能力，实现对特定的数学问题或实际问题的分析、解决及准确表达.

五、教学建议

1. 注重随机观念的渗透，培养学生的随机观念

在一次试验中，一个随机事件要么发生，要么不发生，无规律可言.但在大量试验中，随机事件的性质就能呈现出来.例如，一个随机事件如果在大量试验中频繁地发生，则有理由认为它在一次试验中发生的可能性大，反之则可能性较小.这种在大量试验中表现出来的规律性，称为随机现象的统计规律.概率论就是研究随机现象统计规律的数学分支.

2. 突出概率思想的内涵，领会概率概念中蕴含的辩证思想

人们在长期的实践中发现，在随机现象的研究中，每次实验得到的结果虽不尽相同（具有偶然性），但大量重复实验的结果却往往能反映客观规律（必然性），这种现象称为大数法则，亦称大数定律，是证明大量随机现象统计规律的一组定理的总称.随机性是必然性与偶然性的统一，偶然中蕴含着必然.

3. 鼓励学生动手实验，注意现代信息技术的应用

动手实验，如投币、掷骰、摸球及布丰投针试验，鼓励学生亲自动手，集体合作.同时，鼓励学生采用模拟方法进行实验，在学生掌握模拟试验时，重要的不是获得最终的结果，而是针对一个现实问题，让学生提出一种切实可行的进行模拟试验的策略.

4. 根据概率教学的实际情况，准确把握教学难度

初中的概率还处于一个比较初级的水平，对于概率的计算，只能用列表法和

数状图法计算一些简单的概率问题，不宜将问题的难度超过三步试验．从中考题目看"只动土，不挖坑"．

六、强调的几个问题

（一）研究随机现象的基本方法是随机试验

每个随机现象都联系着一个随机试验，随机试验的结果是不确定的，每种可能的结果称为随机事件．

随机试验满足下面的三个要求．

（1）试验的基本结果是明确的．一次试验可能出现哪些基本结果是事先可以明确的，所谓基本结果是指这样的一些结果，在一次试验中，必定出现其中的一个，并且只出现一个，即在一次试验中两个不同的基本结果不能同时发生．

（2）试验结果的不确定性．一次试验出现什么结果，在试验之前无法预言，即一次试验的结果是不确定的．

（3）实验的可重复性．试验可以重复地进行，即试验的条件可以重复实现．

（二）要区别随机试验的结果与基本结果

在用列举法计算概率时，要列举随机试验的所有基本结果以确定基本结果的数目．一组随机事件可以作为一个随机试验的基本结果，必须满足3个要求．

（1）完备性．每次试验必出现一个基本结果；

（2）互斥性．每次试验只出现一个基本结果（即不同的2个基本结果不能同时出现）；

（3）等可能性．所有基本结果出现的可能性都相同．

有人认为，掷两枚质地均匀硬币一次只有3个基本结果："两正""两反""一正一反"．确实，这三个结果满足完备性和互斥性，但它们不满足等可能性．因为"两正""两反"都在一种情形下发生，但"第一枚正、第二枚反"及"第一枚反、第二枚正"都导致"一正一反"发生，故其概率大于"两正"出现的概率，也大于"两反"出现的概率，故这样的看法是错误的．

随机试验的一般结果称为随机事件，每个随机事件包含若干个基本结果．它用这些基本结果来表示，其中每个基本结果出现都导致这个随机事件发生，例如掷一颗骰子"出现偶数点"是一个随机事件，它包含"出现2点""出现4点""出现6点"．无论出现2点、4点或6点，都是"出现偶数点"，都导致"出现偶数点"这一事件发生．对同一事件的不同理解，基本事件亦可不同．

(三)教材的利用

如图 2.5 所示例题,已知电流在一定时间内正常通过元件 ▭ 的概率是 0.5,分别求在一定时间段内,A、B 之间和 C、D 之间电流能够正常通过的概率.

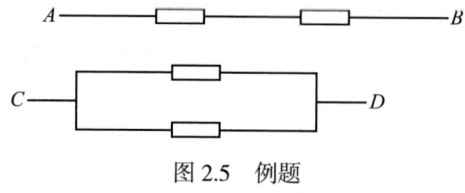

图 2.5 例题

(四)中考题型的分析

考查方式为选择、填空、解答,均属中等偏易.

1. 对必然事件、不可能事件及随机事件概念的考查

例 1 (聊城 5)下列事件,其中随机事件有( ).

①在干燥的环境中,种子发芽;

②在足球赛中,弱队战胜强队;

③抛掷 10 枚硬币,5 枚正面朝上;

④彩票的中奖概率是 5%,买 100 张有 5 张会中奖.

A. 1 个　　　　B. 2 个　　　　C. 3 个　　　　D. 4 个

例 2 (浙江 3)下列事件是必然事件的是( ).

A. 明天是晴天　　　　　　　B. 打开电视,正在播放广告

C. 2 个负数的和是正数　　　D. 三角形 3 个内角的和是 180°

例 3 (沈阳 4)下列事件中必然发生的是( ).

A. 抛 2 枚均匀的硬币,硬币落地后,都是正面朝上

B. 掷一枚质地均匀的骰子,朝上一面的点数是 3

C. 通常情况下,抛出的篮球会下落

D. 阴天就一定会下雨

例 4 (西宁 17)下列事件中是必然事件的是( ).

A. 小菊上学一定乘坐公共汽车

B. 某种彩票中奖率为 1%,买 10 000 张该种票一定会中奖

C. 一年中,大、小月份数刚好一样多

D. 将豆油滴入水中,豆油会浮在水面上

2. 概率的计算

（1）等可能性事件（古典概型）的概率计算.

例 （襄樊21）在一个不透明的布袋中有4个完全相同的乒乓球，把它们分别标号为1，2，3，4，随机地摸出一个乒乓球然后放回，再随机地摸出一个乒乓球．求下列事件的概率：

① 2次摸出的乒乓球的标号相同；

② 2次摸出的乒乓球的标号的和等于5.

注：二类摸球模型——有放回型与无放回型

我们举个例子来说明多次有放回抽样的概率：设袋中有 n 个小球，现从中依次摸球，每次摸一只，如果摸出一只后，仍放回原袋中，然后摸下一只，这种摸球方法就是有放回的抽样．有放回抽样解决的方案有两种：一种是 $P(A) = \dfrac{m}{n}$，还有一种是先计算第一次摸球的概率，如果摸球 n 次就求 $[P(A)]^n$．$[P(A)]^n$ 就是所求的概率．

无放回抽样与有放回抽样的区别在于取出的小球不再放回，其解决方法也有两种：第一种方法也是 $P(A) = \dfrac{m}{n}$，第二种方法是依次算好每次抽取的概率，然后把每次抽取的概率相乘即得多次抽取的概率．

（2）有序与无序．

例 一不透明纸箱中装有形状、大小、质地等完全相同的4个球，分别标有数字1，2，3，4.

① 从纸箱中随机一次取出两个小球，求这两个小球上所标的数字一个是奇数一个是偶数的概率；

② 先从纸箱中随机地取出一个球，用小球上所标的数字作为十位上的数字；将取出的小球放回后，再随机地取出一个球，用小球上所标的数字作为个位上的数字，则组成的两位数恰好能被3整除的概率是多少？试用树状图或列表法加以说明．

3. 几何概型的概率计算

例1 "赵爽弦图"是由于4个全等的直角三角形与中间的一个小正方形拼成的一个大正方形，如图2.6所示．小亮同学随机地在大正方形及其内部区域投针，若直角三角

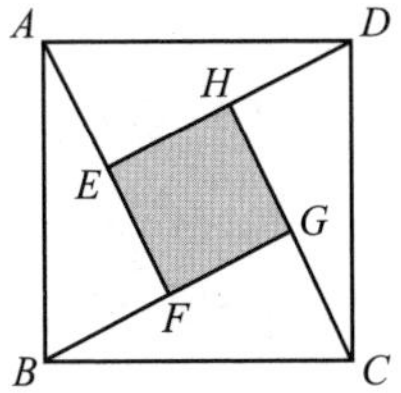

图2.6 "赵爽弦图"

形的两条直角边的长分别是2和1，则针扎到小正方形（阴影）区域的概率是（　　）

A. $\dfrac{1}{3}$　　　B. $\dfrac{1}{4}$　　　C. $\dfrac{1}{5}$　　　D. $\dfrac{\sqrt{5}}{5}$

（1）比较2个事件发生可能性大小，判断游戏是否公平，不公平请设计游戏规则．

（2）比较2个事件发生可能性大小的时候，可以先分别计算2个事件发生的概率，然后比较2个概率的大小．判断一个游戏是否公平只要看看游戏规则对于游戏双方胜出的概率是否相同．

例2　桌面上放有质地均匀、反面相同的3张卡片，正面分别标有数字1，2，3，这些卡片反面朝上洗匀后放在桌面上，甲从中任意抽出1张，记下卡片上的数字后仍反面朝上放回洗匀，乙再从中任意抽出1张，记下卡片上的数字，然后将这两数相加．

①请用列表或画树形图的方法求两数和为4的概率；

②若甲与乙按上述方式做游戏，当两数之和为4时，甲胜，反之则乙胜；若甲胜一次得6分，那么乙胜一次得多少分，这个游戏才对双方公平？

例3　将背面完全相同，正面上分别写有数字1，2，3，4的四张卡片混合后，小明从中随机地抽取一张，把卡片上的数字作为被减数．将形状、大小完全相同，分别标有数字1，2，3的三个小球混合后，小华从中随机地抽取一个，把小球上的数字作为减数，然后计算出这两数的差．

ⓐ请你用画树状图或列表的方法，求这两数的差为0的概率；

ⓑ小明与小华做游戏，规则是：若这两数的差为非负数，则小明赢；否则，小华赢．

你认为该游戏公平吗？请说明理由．如果不公平，请你修改游戏规则，使游戏公平．

4．与其他知识的交汇

（1）与乘法公式的结合．

例　在 $a^2 \Box 2ab \Box b^2$ 的空格中，任意填上"＋"或"－"，得到的所有多项式中是完全平方式的概率为_____．

（2）与电路的结合.

例 如图2.7所示，随机闭合开关 S_1，S_2，S_3 中的2个，能够让灯泡发光的概率为 _____ .

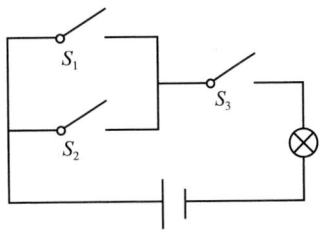

图 2.7 与电路的结合

（3）与方程结合.

例 一个不透明的口袋里装有红、白、黄3种颜色的乒乓球（除颜色外其余都相同），其中有白球2个，黄球1个. 若从中任意摸出一个球，这个球是白球的概率为0.5.

①求口袋中红球的个数.

②小明认为口袋中共有3种颜色的球，所以从袋中任意摸出一球，摸到红球、白球或黄球的概率都是 $\frac{1}{3}$，你认为对吗？请你用列表或画树状图的方法说明理由.

（4）与函数结合.

例 一枚均匀的正方体骰子，六个面分别标有数字1，2，3，4，5，6，如果用小刚抛掷正方体骰子朝上的数字 x，小强抛掷正方体骰子朝上的数字 y 来确定点 $P(x, y)$，那么他们各抛掷一次所确定的点 P 落在已知直线 $y = -2x + 7$ 图像上的概率是多少？

第二篇
高中数学公式的教学实践

第一章 高中数学公式的教学设计

高中数学涉及许多重要的公式，内容涉及代数、三角、几何等各个方面，公式的教学贯穿在高中数学教学的整个过程中．如何通过教学使学生更好地理解和掌握公式，同时提高各方面的能力是很值得研究的．以下谈一下我的一些做法．

一、创设问题情境，激发学生探索公式的欲望

"基本不等式"的教学引入

引入 仅有一台天平两臂之长略有差异，有人要用它称量物体的重量，只需将物体放在左、右 2 个托盘中各称一次，再将结果相加后除以 2 就是物体的真实重量，你认为这种做法对不对？若不对，用这种方法得到的重量比真实重量是轻还是重？

引入的问题，学生应用所学物理知识分析，设物体的真实重量为大 A，2 次称量的结果为 a,b，能够求出 $A=\sqrt{ab}$，因此问题的第二问归结为比较 $\dfrac{a+b}{2}$ 与 $\sqrt{ab}$ 的大小问题．

这种引入来源于学生熟悉的物理学科，通过创设这样的情境，激发了学生的学习热情和探究欲望．

二、注重探究过程，渗透思想方法的教学，培养探究能力

数学公式都是前人经过长期探索，发现总结得到的，大自然没有告诉我们如何推导．因而推导公式是一种发现新知识，构建新理论的带有创造性的活动．因此在公式教学中，应有意识地让学生根据自己所学的知识去探索，发现和论证体验探索的全过程，培养探究能力和思维能力．

更为重要的是，在公式的推导过程中，往往蕴含着一些重要的数学思想和数学方法及思维方式．其重要性甚至超过公式本身．例如公式 $\cos(\alpha+\beta)=\cos\alpha\cos\beta-\sin\alpha\sin\beta$ 是通过建立坐标系，利用向量的运算作为工具，用类似解析几何的解析法推导出来的，体现了数形结合的思想和方程的思想，如果能让学生在探索过程中仔细体会并掌握这种方法，对以后解析几何的学习将大有裨益．

"锥体的体积公式"教学

锥体的体积公式学生小学时就已经知道，但是怎么来的并不清楚．因此，应引导学生去推导公式并体会和掌握其中的思想方法，主要的教学过程如下．

（1）老师提问："同学们都知道锥体的体积公式 $V=\dfrac{1}{3}Sh$，但是有没有人怀疑过它的正确性呢，大家能推导会证明这个公式吗？"（激发学生探究的兴趣）

（2）类比柱体体积的推导方法，引导学生选取由特殊到一般的研究方法，即先研究三棱锥的体积公式．

（3）启发学生类比平面几何中三角形面积公式的推导方法即利用割补法（先将三棱锥补成一个三棱柱，再把这个三棱柱分割成 3 个三棱锥）来推导公式．

（4）启发学生利用等积变换的思想证明 3 个证明锥体的体积相等．

（5）由三棱锥的体积公式推出锥体的体积公式（利用祖暅原理或极限思想）．

通过对锥体体积公式的推导，不仅证明了公式本身，培养了学生的逻辑思维能力，而且培养了学生的类比思维能力，提高了空间想象能力（对图形的分解、组合与变形能力）．学会了割补法和等积法这两种重要的数学方法，渗透了转化的数学思想，可谓一举多得．

三、揭示公式联系，构建知识网络

乌申斯基说过："智慧不是别的，而是一种组织得很好的知识体系."在数学公式的教学中，不仅要重视公式的来龙去脉，同时也应该注意公式之间的内在联系，引导学生构建相关公式之间的网络结构，不仅有利于学生加深对公式的记忆及理解，也有利于对知识的整体把握．掌握公式推导的方法，在选择使用公式时能够得心应手．

1. "两角和与差的三角函数"公式教学

在两角和与差的三角函数公式教学中，应让学生在学习过程中主动构建公式网络并逐步形成完整的公式结构，既有利于对众多三角公式的全面掌握，同时也能更好地领会化切、换元、特殊化等数学方法（图1.1）．

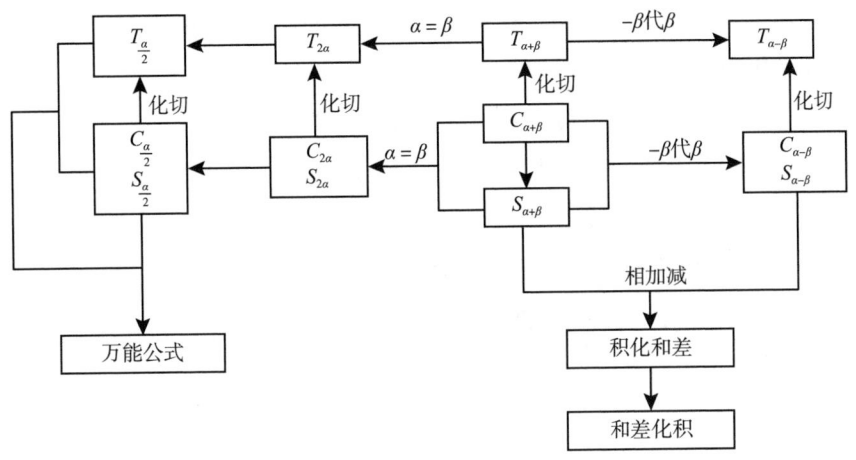

图 1.1 "两角和与差的三角函数"公式教学

2. "基本不等式"公式教学（图 1.2）.

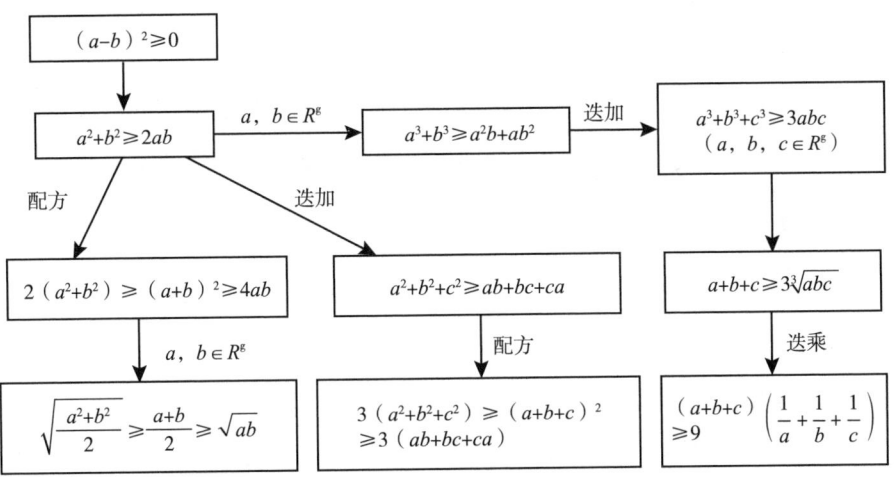

图 1.2 "基本不等式"公式教学

四、灵活运用公式培养学生的应用意识和实践能力

1. 突破思维定式，让学会灵活运用公式

学习和记忆公式的目的是应用．许多学生常把"运用公式"称作"套公式"，好像运用公式只是将已知数据代入计算的简单程序，其实不然，运用公式也要讲究技巧，做到灵活运用．

举个例子，学生在使用三棱锥体积公式的时候，往往喜欢将水平放置的三角形面做底，上面的顶点到它的距离作高，而在某些题目中，选择其他的三角形面做底可能更好，更有利于高的求出，这就是我们前面所提到的等积法。这就需要老师引导学生突破以水平放置的三角形作为底面的思维定式。

摆脱思维定式的束缚，最重要的是让学生去抓住公式的本质而不被表面现象所迷惑。在使用公式时，既要认识公式的标准形式，也要认识其变形形式，学会正用、逆用和变形使用公式。

例 "两角和与差的正切公式"教学

在学习 $\tan(\alpha+\beta)=\dfrac{\tan\alpha+\tan\beta}{1-\tan\alpha\tan\beta}$ 这个公式后，设计以下题组对学生进行训练将帮助学生加深对公式的理解和掌握：

（1）推导 $\tan(\alpha-\beta), \tan 2\alpha, \tan(\alpha+\beta+\gamma)$；

（2）求 $\tan 75°$；

（3）求 $\dfrac{1+\tan 15°}{1-\tan 15°}$；

（4）求 $\tan 20°\tan 40°+\sqrt{3}\tan 20°\tan 40°$。

2. 增强应用意识，提高学生的实践能力

数学公式来源于生活又服务于生活，因此，教师应通过应用问题或建模等形式引导学生将所学公式用于解决实际问题，使学生感受到学习数学的意义，提高其应用意识和实践能力。

例1 "等差、等比数列求和公式的应用"教学

在学习了等差、等比数列的求和公式后，结合住房改革银行按揭贷款问题可安排学生研究下述问题。

某人年初向银行贷款10万元用于买房。

（1）如果他向建设银行贷款，年利率为4%，且这笔借款分10次等额归还（不计复利），每年一次，并从借后次年年初开始归还，问每年应还多少元（精确到1元）？

（2）如果他向工商银行贷款，年利率为4%，按复利计算（即本年的利息计入次年的本金生息），仍分10次等额还清，每年一次，每年应还多少元（精确到1元）？

例2 "基本不等式"的应用

在学习完基本不等式之后，可设计如下的建模问题。如何设计体积一定的圆柱形易拉罐使其用料最省？

设计以上的问题，既使学生学会了如何使用公式，又感觉到生活中到处有数

学，强化了学生的应用意识，使学生了解生活，学以致用，提高了实践能力.除以上所举两例外，还有许多公式都可用于实际.例如学习完正弦、余弦定理及三角公式后，可设计有关的测量问题、交流电、力学等问题.如果在教学中长期坚持这样做，则一定会起到很好的效果.

五、鼓励学生发现和推出一些新公式，培养创新意识

苏联著名的数学家苏霍姆林斯基曾说过："在人的心灵深处，都有一种根深蒂固的需要，这就是希望自己是一个发现者、研究者、探索者.而在青少年的精神世界中，这种需要特别强烈."当前，培养学生的创新能力已经成为教育界的共识.因此，在数学课堂教学中，教师应该为学生搭建培养创新精神和实践能力的平台.

1. 介绍公式发现的背景及思维方法

许多同学在学习数学公式时，认为数学家是天才，是似乎一夜间就能获得如此精美无瑕的成果；反过来，认为自己没有天分而气馁，因此，教师在公式教学中，应该在教学过程中讲一讲公式发现的背景、发现的过程、发现的思维方法如"联想""类比""归纳""对称""几何直观""定性到定量"等.这些有助于激发同学们学习和发现公式的兴趣与情感，培养思考能力、推理能力、分析能力和自信心.

例 "球的表面积公式"教学

在球的表面积公式教学中，不仅要引导学生会通过类比圆面积的推导方法（极限的观点、无限逼近的方法）进行推导.而且应该适当介绍我国古代数学家在解决球的表面积及体积问题中所用的各种方法.了解他们探索公式时的艰辛过程和伟大成就.

2. 引导学生利用直觉思维、类比思维、归纳思维等方法大胆猜测公式

牛顿曾说过："没有大胆的猜想，就做不出伟大的发现."数学上往往是先有猜想，后有证明，数学公式的发现也是如此，因此，教学中应该抓住契机，鼓励学生进行合理地猜想.比如证明公式：

$\sin\left(\dfrac{\pi}{3}-\alpha\right)\sin\alpha\sin\left(\dfrac{\pi}{3}+\alpha\right)=\dfrac{1}{4}\sin 3\alpha$ 后，引导学生利用直觉和类比很容易猜想到以下两个公式：

$\cos\left(\dfrac{\pi}{3}-\alpha\right)\cos\alpha\cos\left(\dfrac{\pi}{3}+\alpha\right)=\dfrac{1}{4}\cos 3\alpha$ 和 $\tan\left(\dfrac{\pi}{3}-\alpha\right)\tan\alpha\tan\left(\dfrac{\pi}{3}+\alpha\right)=\dfrac{1}{4}\tan 3\alpha.$

再让学生加以证明,既提高了学生的逻辑思维能力,又培养了直觉思维.

3. 引导学生对所学公式加以引申、推广和拓展,发现新公式

在公式教学中,有意识地引导学生对所学的公式加以引申和推广(由特殊到一般,由平面到空间,由低维向高维)是发现新公式,培养学生思维能力与创新意识的有效途径. 如学生在学习了 2 个数、3 个数的基本不等式 $a+b \geq 2\sqrt{ab}$, $a+b+c \geq 3\sqrt[3]{abc}(a,b,c \in \mathbf{R}^*)$ 后,很自然会推广到 n 个数的情形:$a_1 + a_2 + \cdots + a_n \geq n\sqrt[n]{a_1 a_2 \cdots a_n}[a_i(i=1,2,\cdots,n) > 0]$.

在教学实践中,我鼓励学生自己推导公式,以下几个公式都是由学生自己推导出来的.

(1) 三角形面积公式

若 $A(x_1, y_1), B(x_2, y_2), C(x_3, y_3)$,则 $S_{\triangle ABC} = \dfrac{1}{2} \begin{vmatrix} x_1 & y_1 & 1 \\ x_2 & y_2 & 1 \\ x_3 & y_3 & 1 \end{vmatrix}$.

(2) 正弦平方差公式

$\sin(A+B)\sin(A-B) = \sin^2 A - \sin^2 B$.

(3) 三面角中的一个公式

一个三棱锥 $S-ABC$,如果 $\angle ASB$、$\angle CSB$ 和二面角 $A-SB-C$ 的大小都确定,那么 $\angle ASC$ 可求,设 $\angle ASB = \alpha, \angle CSB = \beta, A-SB-C$ 的大小为 θ.

则 $\angle ASC = \arccos(\cos\alpha\cos\beta + \sin\alpha\sin\beta\cos\theta)$.

这个公式对于求二面角的平面角特别有用.

以上是对公式教学的一些粗浅的想法,简而言之,就是要求在公式教学中,重视创设情境,发现公式、探索公式、渗透方法、应用实践、培养创新精神的全过程,全面提高学生的能力和综合素质. 对于公式教学的教学实际操作请看下面的教学设计.

第一节　对数换底公式

一、教学目标

引导学生探索对数换底公式;培养学生灵活应用公式,独立解决问题的能力.

二、教学过程

(一) 启疑

师：已知 $\lg 2 = 0.3010$，$\lg 3 = 0.4771$．求 $\log_2 6 = ?$

以新问题引起学生的疑问，启发学生思维

师：像 $\log_2 6$ 这样的对数值，能不能直接用从 $\lg 2$、$\lg 3$ 表示？能不能将以 2 为底的对数，换成以 10 为底的对数呢？这就要学习对数换底公式．什么是对数换底公式呢？怎样由我们所掌握的知识来得到它呢？又如何运用它呢？这就是本节课要解决的问题．

设计意图 通过适当的问题，突出已知知识与未知知识之间的矛盾，以激发学生的学习兴趣和探求解决问题的欲望．

(二) 导思

师：(板书) 设 $a,b > 0$ 且 $a,b \neq 1$，$N > 0$，请大家考虑：$\log_a N$ 与 $\log_b N$ 之间有什么关系？为了找出 $\log_a N$ 与 $\log_b N$ 2 个不同底数的对数之间的关系，请同学们先思考下列问题：

(出示幻灯片)

(1) 是否可以将 $\log_b N$ 中的真数 N 写成以 a 为底的幂的形式？

(2) 将真数 N 表示为以 a 为底的幂以后，$\log_b N$ 的形式会发生什么变化？

(3) $\log_a N$ 是否可用以 b 为底的对数式来表示？

设计意图 学生有了求知的欲望后，教师及时抓住时机，因势利导，针对推导换底公式的 3 个步骤提出 3 个相互联系的问题，以启迪学生，引导思维．然后要求学生自己动脑、动手，一个个去解答．

(三) 探求

学生积极动脑、动手探求前面 3 个问题的答案，在此过程中，教师巡视全班，对个别学生适当指点．几分钟后，绝大部分学生都独立地得出如下的结果：

(1) $\log_b N = \log_b a^{\log_a N}$．(根据对数定义，$N = a^{\log_a x}$)

(2) $\log_b a^{\log_a N} = \log_a N \cdot \log_b a$．(根据幂的对数公式)

(3) $\because \log_b N = \log_a N \cdot \log_b a$．

$\therefore \log_a N = \dfrac{\log_b N}{\log_b a}$．

(根据等式变形规则)

教师请一位学生说出自己的结果.

设计意图 只要学生对旧知识掌握较好,教师引导得当,完全有可能由学生主动去探求新知识,独立地解决新课题.

(四)集中

(组织全班学生对前面3个问题进行讨论.)

生:(学生口述,教师板书.)

$$\because \log_b N = \log_b a^{\log_a N} = \log_a N \cdot \log_b a,$$
$$\therefore \log_a N = \frac{\log_b N}{\log_b a}. \qquad \text{式①}$$

师:上述解答完全正确,观察式①的特征可知:等式两边对数的底数不同了.它揭示出 $\log_a N$ 与 $\log_b N$ 间的确定关系,利用它可以把以 a 为底的对数换成以 b 为底的对数处理.式①叫作"对数换底公式".

对数换底公式是根据对数定义,利用幂的对数公式推导出来的.理解了换底公式的来龙去脉,就能更好地掌握它.

对公式应从左到右和从右到左两个方向去认识、理解、记忆和运用.它还可变形为 $\log_b a \cdot \log_a N = \log_b N$.

设计意图 在学生独立探求的基础上,教师应注意适时地集中,把学生的结论加以概括、系统化,使全班学生都统一到正确的认识上来.

师:(鼓励学生积极探索问题)有没有同学用了其他的推导方法?

生:由 $N = a^{\log_a N}$,两边取以 b 为底的对数,得

$$\log_b N = \log_b a^{\log_a N}.$$
$$\because \log_b N = \log_b a^{\log_a N} = \log_a N \cdot \log_b a,$$
$$\therefore \log_a N = \frac{\log_b N}{\log_b a}.$$

师:这样推导也是正确的,大家再想一想,还有没有其他的方法?

(学生积极思考,交头接耳)

生:老师,我这样推导行不行?

$$\log_a N \stackrel{①}{=} \log_{b^{\log_b a}} b^{\log_b N} \stackrel{②}{=} \frac{\log_b N}{\log_b a}.$$

师:大家看,他这样做行不行?每一个步骤的理由是什么?你把这样做的根据告诉大家.

生：(口述，教师适当帮助解释，板书)

第①步是因为在 $\log_a N$ 中底 a 及真数 N 都是正数，所以可以表示为 b 的幂：

$$a = b^{\log_b a}, N = b^{\log_b N};$$

第②步是利用前面已经学过的公式：

$$\log_{a^k} a^l = \log_{a^k}(a^k)^{\frac{l}{c}} = \frac{l}{k}.$$

师：这种推导方法很好，确实有独特之处，他只用了两步，一个连等式就直接导出了换底公式．(全班气氛活跃，情绪热烈，议论纷纷，课堂学习达到了高潮，大家都感到这是一种有创新的推导方法．)

师：(进一步指出)这种推导方法依据的是对数定义及指数律 $(a^x)^y = a^{xy}$，以上三种方法本质是一致的．其中第一、二种较自然；第三种较灵活，有独创性．

设计意图　中学生的一个重要特点是具有强烈的求知欲和好胜心，这正是教师启发学生进行独立探求和创新活动的心理基础．教学中应该创造条件尽量使学生能有充分发表意见的"自由"，特别要珍惜、鼓励学生的"创新"精神．要善于把学生的智慧、创见等及时地吸收到教学活动中来，以丰富教学内容．这样做，不仅对培养学生的创造性思维能力与发挥他们的潜能具有重大意义，而且有助于实现"教学相长"，不断提高教师自身的教学水平．

(五) 应用

师：前面我们已经用多种方法推出了对数换底公式，下面我们要学习如何用它去解决有关问题．

首先，看一看刚上课时提出的问题：已知 $\lg 2 = 0.3010, \lg 3 = 0.4771$，求 $\log_2 6 = ?$ 根据已知条件，要解决这个问题需要用什么工具？

生(众)：换底公式．

师：换成以几为底的对数最好？

生：用换底公式换成以 10 为底的对数计算最方便．

(学生口述，教师板书)

$$\log_2 6 = \frac{\lg 6}{\lg 2} = \frac{\lg 2 + \lg 3}{\lg 2} = 1 + \frac{0.4771}{0.3010} \approx 2.5850.$$

师：完全对．一般来说，利用换底公式可换成任意满足 $b > 0$ 且 $b \neq 1$ 的底 b，通常换成以 10 为底最方便．利用常用对数，对任何 $N > 0, a > 0, a \neq 1$，我们总可以

求出 $\log_a N$ 的值.这是换底公式的一个重要作用.

下面,再看看换底公式的其他应用.

例 1 设 $\log_{15} 3 = m$,求 $\log_{45} 75$.

例 2 求证:

(1) $\log_{a^x} N = \dfrac{1}{x} \log_a N; (a > 0, a \neq 1, N > 0, x \neq 0)$

(2) $\log_a b \cdot \log_b a = 1. (a, b > 0, a, b \neq 1)$

(教师讲评学生的解答,并小结利用换底公式去解有关计算题和证明题的一般思路和方法,指出例 2 中的两个等式的意义,它们可以作为公式使用).

生甲:老师,对例 2 (2),我这样证明是否可行?

$$\log_a b \cdot \log_b a = \log_b a^{\log_a b} = \log_b b = 1.$$

师:大家看,这样证明行不行?

生乙:我觉得不行,因为换底公式不能这样用.

生丙:我认为可以.这种证法不是用换底公式,而是直接逆用幂的对数性质进行推证,所以也是对的.

(师生讨论,教师小结)

师:通过解上面 2 个例题,我们初步掌握了对数换底公式.在解题时,既要掌握一般的思路和方法,同时也要注意针对其特征,灵活采用特殊的方法,下面,大家再做两个习题.

(板书)

练习

(1) 求证 $\log_a b \cdot \log_b c \cdot \log_c a = 1. (a, b, c > 0, a, b, c \neq 1)$.

(2) 已知 $\log_{18} 9 = a, 18^b = 5$,求 $\log_{36} 45$.

设计意图 从导出公式到解答例题、习题,都是在教师引导下由学生自己完成的,这样做,不仅使学生能较好地掌握和应用换底公式,而且强化了对学生基本解题技能的训练.

教案说明

这节安排了"起疑""导思""探究""集中""应用""总结和作业"六个教学环节.它是在教师引导下通过学生积极思考,主动探究,从而实现教学目的的要求,完成教学任务的一种教学方法.这种教学方法一般适用于那些与前面知识联系紧密的教学内容. 只要学生掌握好旧知识, 再经过分析、综合、归纳、推理就能导出所学内容. 如许多定理、公式、性质、法则的教学, 采用这种教学方法, 学生学习积极性较高, 因而教学效率高, 效果好. 同时对完善学生的认知过程, 提高他们分析解决问题的能力都大有裨益. 在课堂上, 由于学生的大脑处于高度兴奋、积极思维、欲罢不能的状态下, 因而有助于培养和发展学生的创造性思维的能力. 当然, "教学学有法、教无定法", 在教学方法上不能千篇一律, 应根据不同教材、不同学生而定.

第二节 基本不等式单元教学设计

一、基本不等式单元教学设计

基本不等式单元教学设计, 如表 1.1 所示.

表 1.1 基本不等式单元教学设计

单元名称: 基本不等式
单元教学设计说明
《普通高中数学课程标准》（2017 年版）中对本单元的要求是: 掌握基本不等式 $\sqrt{ab} \leqslant \dfrac{a+b}{2}(a,b \geqslant 0)$. 结合具体实例, 能用基本不等式解决简单的最大值或最小值问题. 基本不等式是从实际几何背景抽离出的基本结论, 它同时反过来作为工具解决生活中出现的实际问题, 作为不等关系中的常见模型, 是不等式的下位知识, 同时也是证明其他不等式成立的重要依据. 作为高中数学的预备知识, 基本不等式是初高中数学学习的过渡知识, 具有基础性、工具性等特征, 在教学中, 应逐步引导学生从初中阶段比较具体的数学知识向高中阶段相对抽象的数学知识过渡, 通过对基本不等式的探究过程, 使学生领悟基本不等式成立的条件, 学会利用基本不等式解决简单的最值问题, 并通过基本不等式解决实际问题, 提高提出问题、分析问题、解决问题和应用问题的能力, 体会数形结合、数学建模等数学思想, 进而达到提升逻辑推理、数学运算和数学建模等数学核心素养的目的.   在课堂教学中教师应注意与学生是 "交互主体" 的关系, 日本著名教育家佐藤学教授的 "课堂教学三范畴理论" 认为, 在课堂中, 教师的责任是为学生创造能够使其成为学习活动的主体的应答型的 "互动性学习环境", 变 "灌输中心教学" 为 "对话中心教学". 在本单元的教学中, 教师选取有趣的情境, 渗透数学文

续表

单元教学设计说明
化知识，从而激发学生学习积极性，在师生互动、生生互动中生成新问题、新方法，学生的参与度、思维的活跃度都体现了培养学生创新思维能力的意图.
单元教学背景分析
1. 学习内容分析 　　本单元分为三个课时，第一课时为基本不等式的定义，第二课时为基本不等式的应用（一），利用基本不等式求最值，第三课时为基本不等式的应用（二），通过基本不等式解决实际问题. 　　基本不等式是一种重要而基本的不等式类型，其基本结构是由算术平均值和几何平均值的不等关系所组成，基本不等式的实质就是两个正实数的算术平均值 $\dfrac{a+b}{2}$ 不小于它们的几何平均值 $\sqrt{ab}$，可以借助图像理解两种平均值的几何意义，并通过推导过程加深对于基本不等式"取等"这一条件的理解，此外还可以进一步推广到 n 个正实数的算术平均值 $\dfrac{a_1+a_2+\cdots+a_n}{n}$ 不小于它们的几何平均值 $\sqrt[n]{a_1 a_2 \cdots a_n}$. 学生可以通过"数"与"形"两个不同角度来对两种平均值的大小关系进行推导证明，在形上，通过探究赵爽弦图，发现周长相等的矩形中，正方形的面积最大，利用同圆中的线段，说明弦长不大于直径等，从几何角度对基本不等式进行直观的解释. 在数上，可以采用作差比较法、综合法、分析法等证明基本不等式，以上证明过程都考查了学生对于式子结构的观察以及变形的运算能力. 通过对于基本不等式的应用，例如通过基本不等式求最值问题和解决实际问题，可以让学生进一步理解基本不等式，并掌握一些重要的运算技巧，如配凑法、"1"的妙用等，最终达到提升学生数学抽象、数学运算、数学建模的数学核心素养的目的. 　　2. 学生情况分析 　　学生在初中已经学习了必要的运算方法和几何知识，在高中阶段学习了不等式的性质，具备了一定的知识储备和对题目的分析、转化、推理的能力，我任教的班级是北京市示范高中的普通班，通过日常的教学和考核可以看出，学生基础较为扎实，思维灵活性和思辨性较强，但深刻性和严谨性仍有待提高，数形结合的能力也有待加强，此外面对实际应用问题有畏难情绪，对问题严谨完整的表述能力仍需培养.

续表

单元教学背景分析

3. 教学方式与教学手段说明

采用实际情境导入、问题串引领的讲授法为主要教学方式，创设富有趣味性的问题情境，可以调动学生的学习主动性，使学生积极参与课堂、享受课堂过程，此外具有现实背景的情境可以使学生感受到数学学科的应用价值，培养学生分析问题和解决问题的能力，发展学生数学抽象、数学建模的核心素养．通过讲授式的教学方式，以问题串的手段，引领学生循序渐进、全方位地思考，激发学生求知欲，由被动式学习转为主动式学习．

4. 材料准备

希沃白板、PPT 课件．

5. 前期教学状况、问题、对策等研究说明

在不等式性质的教学中，可以发现学生习惯于从数的角度证明不等式的性质，往往忽视从几何角度进一步认识不等式的性质，为了让学生能够更全面地分析、认识问题，本单元设置问题串的形式，引导学生从数与形两个角度研究基本不等式，培养学生全面分析问题的意识．

学生对于应用题中文字的理解及数据的挖掘存在困难，具有畏难情绪，针对上述情况，我在本单元通过实际情境引入，并在应用中让学生自己创设情境，提出问题，分析问题，进而解决问题，在这个过程中培养用数学的眼光发现问题，用数学的方法解决问题的能力，克服对于应用题的畏惧，感受数学的魅力．

单元学习目标与重点、难点

一、教学目标

（1）知识方面：通过本单元的学习理解基本不等式，了解基本不等式的几何意义，并能通过基本不等式进行简单的证明，掌握利用基本不等式解决最值问题的常用方法，会用基本不等式解决实际问题；

（2）能力方面：通过对问题的探索、研究、归纳，总结出一般性的解题方法和解题规律，提高抽象概括能力和语言表达能力，从生活情境中用数学的眼光发现问题，提升用数学的思维分析问题的能力；

（3）思想方法：通过基本不等式的推导以及对概念的进一步认识，使学生感

续表

单元学习目标与重点、难点
悟数形结合，转化与化归的数学思想方法，通过对例题、变式练习的解决树立转化与化归的数学思想； （4）核心素养：通过在基本不等式及其应用的探究中，发展数学抽象、数学建模、逻辑推理、数学运算的数学核心素养. 二、教学重难点 （1）重点：基本不等式的定义、证明方法和几何解释、用基本不等式解决简单的最值问题和实际应用问题； （2）难点：基本不等式的几何解释，用基本不等式解决简单的最值问题.
单元学习活动设计
本单元由三课时构成，第一课时是基本不等式的定义，第二课时是利用基本不等式求最值，第三课时是基本不等式的实际应用. 学生在问题的驱动下展开思考，在生生互动，师生互动中生成整个单元的教学. 　　一、本单元首先引入一个不等臂天平，左臂长为 L_1，右臂长为 L_2，利用不等臂天平称量物体时，天平右盘称得质量为 a，左盘称得质量为 b，询问学生物体的实际重量.  　　根据学生求得的物体质量，继续追问取平均值 $\dfrac{a+b}{2}$ 作为实际质量可以吗，让学生产生认知冲突，进而继续提问能不能猜想一下二者的大小关系. 有了猜想之后，让学生尝试证明基本不等式，并继续讨论在天平等臂的情况，从而得到基本不等式的定义. 在得到基本不等式定义之后，让说一说对基本不等式的认识，思考 a 和 b 必须都是正实数吗？a 和 b 都是负数行不行？除了正数和负数的情况，如果 a 或 b 是 0 呢？ 　　在学生对基本不等式的代数形式有了一定认识之后，继续提问，能否给出基

续表

单元学习活动设计
本不等式的几何解释呢？培养学生从数与形两个不同角度研究数学问题的意识. 最后通过例题，让学生初步体会基本不等式的应用，通过总结，让学生养成回顾整理、思考的习惯.

二、学生在掌握基本不等式定义之后，通过设置常规例题让学生进一步体会基本不等式的应用. 通过例题已知 $m>0$，求 $\frac{24}{m}+6m$ 的最小值，以及设置追问：对于任意的 m，都有 $\frac{24}{m}+6m>23$，那么 23 是不是 $\frac{24}{m}+6m$ 的最小值呢？让学生体会最值的含义.

变式 1：若 $m<0$，求 $m+\frac{1}{m}$ 的最值？

变式 2：若 $m>1$，求 $m+\frac{1}{m-1}$ 的最小值.

变式 3：若 $m>0$，求 $\frac{2m^2+m+2}{m}$ 的最小值，让学生体会，转化与化归的思想，对分式进行拆分变形或通过加减项的方法配凑成乘积为定值的情况，再利用基本不等式求最小值. 通过表 1.3 的例 2：若 $0<x<\frac{1}{2}$，求 $2x(1-2x)$ 的最大值. 表 1.3 的变式 1，若 $0<x<\frac{1}{3}$，求 $x(1-3x)$ 的最大值. 让学生再一次应用配凑法，并总结出两个正实数，如果它们的和为一个常数，那么这两个正实数的积有最大值. 通过表 1.3 的例 3，已知 $x>0, y>0$，且 $\frac{1}{x}+\frac{9}{y}=1$，求 $x+y$ 的最小值，让学生关注"1"的代换，进一步体会转化与化归的思想.

三、设置探究问题：迎国庆，学校计划用一个 8m 的栅栏在校门口的空地上围成一个矩形花圃，请问如何设计，才能使所围的矩形面积最大？让学生在理解题意的基础上，再通过分析、思考，将实际问题转化为数学模型，再通过数学方法解决实际问题，让学生在解决实际问题过程中，应用基本不等式时，进一步体会基本不等式使用的条件. |
| **单元作业设计** |
| 一、基础性作业

1. 人民教育出版社的《普通高中教科书数学必修第一册》[2019 年 A 版，以 |

续表

单元作业设计

下简称教材（必修一）] 46 页练习的第 1 题

  通过练习的第 1 题，让学生在证明基本不等式变形的过程中，复习不等式的性质，熟悉基本不等式的变形；通过练习第二题，让学生应用基本不等式进行简单的证明，体会基本不等式的实质就是两数之和与两数之积的不等关系；通过练习第 3 题，让学生应用基本不等式求最值，并体会基本不等式适用的条件；通过练习第 4 题，让学生体会一题多解的思想，既可以通过二次函数的性质解决问题，还可以通过式子变形，利用基本不等式解决问题；

  2. 教材（必修一）46 页练习的第 2 题

  通过练习的第 2 题，让学生体会基本不等式在实际中的应用.

  二、提高性作业

  教材（必修一）48 页习题 2.2

  通过第 1 题和第 5 题，让学生应用配凑法，对式子进行适当变形，从而求得最值.

  通过第 6 题和第 8 题，让学生解决较为复杂的应用题，提高解决实际问题的能力，发展数学模型的核心素养.

  三、活动探究作业

  通过基本不等式的单元学习，同学们已经具备了利用基本不等式解决实际问题的能力．除了解决问题外，能够用数学的眼光发现问题，从数学的角度提出问题往往更加重要，基于此项要求，我设计了活动探究，让学生走出课堂，去寻找基本不等式在校园内或是校园外的应用，自己提出问题，分析问题，并给出解决办法.

单元评价设计

  1. 评价内容：基本不等式及其应用

  2. 评价方式

  （1）课上过程性评价：通过课堂提问、例题解答考查学生对配凑法及数形结合思想的理解情况；

  （2）课后作业：通过课后作业的完成情况，对教学目标的达成情况进行评价；

  （3）课后测验：通过对课后测验结果的分析，判断学生的掌握程度；

  （4）个性化答疑：通过对个别学生的访谈，了解学生的掌握情况.

续表

单元评价设计

3. 评价结果及教学质量分析

（1）课堂中学生敢于提出自己对于题目的想法，思维活跃，能够从数形两个不同角度对问题进行分析．课堂的互动还不够充分，可以增加适当设问让更多的学生参与到课堂中来；

（2）课后作业完成认真，简单问题正确率较高，但对于中难题，尤其在综合题目上，存在着对条件的转化不太清楚的问题；

（3）测试结果分析．

题目	评价目标	班级正确率
（1）下列函数中最小值为4的是（　　）． A．$y=4x+\dfrac{1}{x}$ B．当$x>0$时，$y=\dfrac{x^2+2x+5}{x+1}$ C．当$x<\dfrac{3}{2}$时，$y=2x-1+\dfrac{1}{2x-3}$ D．$y=\sqrt{x^2+5}+\dfrac{4}{\sqrt{x^2+5}}$	能够注意到基本不等式的适用条件．	82%
（2）若$x\in(1,+\infty)$，则$y=3x+\dfrac{1}{x-1}$的最小值是_____．	能够利用配凑法解决基本不等式最值问题．	78%
（3）若$x>0$时，$1-x-\dfrac{16}{x}$的最大值是_____．	能够通过观察式子结构，进行合理变形．	70%
（4）已知$x,y\in(0,+\infty)$，且$y+4x=xy$，则$x+y$的最小值为（　　）． A．6　　B．7　　C．8　　D．9	能够通过转化与化归思想，将题目转化为熟悉的题型．	58%
（5）用一段长为16m的篱笆围成一个一边靠墙的矩形菜地（墙的长大于16m），则菜地的最大面积为（　　）． A．64m² 　B．48m² 　C．32m² 　D．16m²	能够利用基本不等式解决实际生活问题．	78%

单元评价设计

本次测试时间为随堂检测，时间为 15 分钟，绝大多数同学能够在规定时间完成所有题目，但仍有个别同学做题速度偏慢，没有全部完成．通过这五道题的考查，可以发现学生对于基本不等式适用条件的理解较好，而第四题错误率最高，这反映出还需要加强学生转化与化归的能力以及加强灵活类型题型的练习，第二、第三、第五题均可以通过基本不等式求最值，利用配凑法对式子变形进行解答．通过随堂测试，可以发现后面还要加强常见变形的练习．

单元整体教学结构图

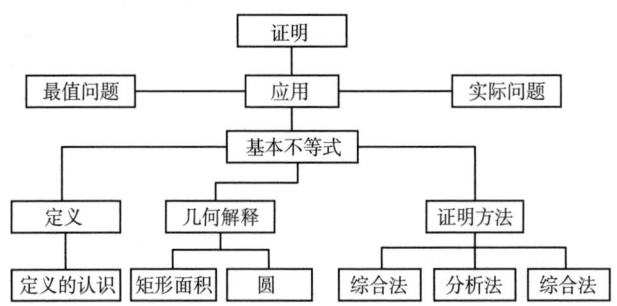

教学设计特色说明与教学反思

本节教学设计强调了数学文化的融入，基本不等式本身具有抽象性，因此学生对于基本不等式常常缺乏兴趣，感受不到基本不等式的作用和意义，针对上述情况，我从实际情境引入，通过引导学生解决实际问题，让学生体会基本不等式的本质和适用条件，再通过基本不等式的应用进一步体会基本不等式的作用，并通过应用加深对于基本不等式的理解．在整个单元的教学过程中注重多角度、多方法思考问题，注重发散学生思维，从"数"与"形"两个方面，让学生理解基本不等式，突破难点．

本节教学设计突出学生主体，通过问题串的形式，引导学生层层深入，形成全面分析问题的习惯．通过课后作业，让学生在掌握知识的基础上，将所学知识应用到实际生活中，增强学生的数学学习兴趣．

本节的教学还存在一些不足之处，例如留给学生思考的时间较少，学生思考不够充分，对于学生回答的问题，还应设置更深刻的追问，让学生做到真正的理解．

二、基本不等式（第一课时）

基本不等式（第一课时），如表 1.2 所示。

表 1.2　基本不等式（第一课时）

课题：基本不等式（第一课时）
指导思想与理论依据
在课程价值方面：基本不等式是在学完不等式的性质之后，对不等式的进一步研究，为今后解决最值问题提供了新的方法，因此基本不等式在知识体系中起了承上启下的作用．   　　在学科素养方面：基本不等式作为从大量数学问题和现实问题中抽象出来的一个模型，在实际生产生活中有着广泛的应用，通过利用基本不等式解决实际问题，可以进一步提升学生的数学建模能力．在基本不等式的推导过程中蕴含了数形结合、演绎推理、分析法证明等数学思想，这在其他不等式的研究中也有着广泛的应用．在基本不等式的推导与探究过程，学生通过观察、分析、归纳猜想、证明等过程，提升了创新思维与数学能力，培养了探索精神与应用意识．
教学背景分析
1. 学习内容分析   　　基本不等式可以从"数"与"形"两个方面进行研究，在"数"上它反映了算术平均数和几何平均数之间的特殊关系，从"形"上则可以通过"周长相等的矩形中，正方形的面积最大""同圆中，半弦长不大于半径"来进行直观的解释，通过数与形两个不同角度的分析让学生理解基本不等式的定义和基本不等式取等的条件，培养学生数形结合的意识．在基本不等式的证明过程中，不仅可以通过分析法，利用不等式的性质证明，还可以通过综合法，直接做差与 0 进行比较，此外还可以通过"赵爽弦图"得到重要不等式，进行变形得到基本不等式，在证明过程中让学生在经历感性认识后再通过严格的证明，上升到理性认识，发展学生的理性思维．   　　2. 学生情况分析   　　我任教的班级是北京市示范高中的普通班，在认知上，学生已经掌握了不等式的基本性质，并能够根据不等式的性质进行数、式的大小比较，也具备了一定的平面几何的基本知识，但是部分学生仍存在表述能力欠佳，自主探究能力有待提高的情况．

续表

教学背景分析

3. 教学方式与教学手段说明

本节课采用启发诱导、探究合作、讲练结合的教学方式，引导学生观察－猜想－证明－归纳－应用，以学生为主体，以基本不等式为主线，从实际问题出发，以希沃白板和多媒体课件作为教学辅助手段，加深学生对基本不等式的理解．

4. 前期准备

借助希沃白板、PPT软件展示引例及变式训练，增大课堂容量，优化课堂结构，提高课堂教学效果．

5. 前期教学状态、问题、对策等研究说明

在前期的教学过程中，学生对于不等式有了初步的认识，但学生对于在实际情境中找到不等关系仍存在困难，因此本节课我通过设置实际情境，引入问题串形式，引导学生发现几何平均数和算术平均数的不等关系．

在不等式性质的学习中，学生通过"数"与"形"两个角度分别对性质进行了证明，但学生对于数形结合思想的认识仍有待提高，因此本节课我通过设计探究，让学生发现基本不等式的几何解释，从"数"与"形"两个角度研究问题，进一步掌握数形结合的思想方法．

在前期学习过程中，学生往往对概念过度忽视，从而导致在应用中出现各种问题，因此本节课，我通过设置问题，引导学生分析定义中的关键词和式子结构，达到深刻理解定义的目的．

教学目标（内容框架）

（1）知识方面：通过本节课教学，使学生理解基本不等式，了解基本不等式的几何意义，并能通过基本不等式进行简单地证明．

（2）能力方面：从实际情境中，用数学眼光发现问题，培养学生的抽象概括能力和语言表达能力，用数学的思维分析问题的能力．

（3）思想方法：通过基本不等式的推导以及对概念的进一步认识，使学生感悟数形结合，转化与化归的数学思想方法．

（4）核心素养：通过情景设置以及在基本不等式的证明过程和几何意义的探究中，发展数学建模、逻辑推理、数学运算的数学核心素养．

教学重难点

（1）重点：理解基本不等式的定义、掌握基本不等式的证明方法和几何解释．

（2）难点：基本不等式的证明和应用基本不等式进行证明．

续表

	教学过程（表格描述）		
教学阶段	教师活动	学生活动	设置意图
情境引入	**问题1** 现有一个不等臂天平，左臂长为 L_1，右臂长为 L_2，利用不等臂天平称量物体时，天平右盘称得质量为 a，左盘称得质量为 b，那么物体的实际重量是？ 学生：设物体质量为 m，利用杠杆原理，列出方程组，$aL_1 = mL_2 \cdots$ ①，$mL_1 = bL_2 \cdots$ ②，通过①除以②，得到 $m = \sqrt{ab}$. 追问：取平均值 $\dfrac{a+b}{2}$ 作为实际质量可以吗？ 学生：不可以. 追问：为什么不可以？如果不相等，能不能猜想一下两者的大小关系？ 学生：可以取两组数据进行猜想，a 和 b 先是分别取 3 和 4，发现 $\sqrt{ab}$ 小于 $\dfrac{a+b}{2}$，再取 2 和 3，发现 $\sqrt{ab}$ 同样小于	学生通过思考、计算出物体的实际质量，并通过归纳猜想、证明，得到算术平均数和几何平均数的大小关系.	通过不等臂天平赋予趣味性的背景，激发学生的兴趣，调动学生的积极性，激发学生解决问题的强烈愿望，并让学生在通过猜想得到感性认识后再通过严格的证明，上升到理性认识.

教学过程（表格描述）				
教学阶段	教师活动	学生活动	设置意图
情境引入	$\dfrac{a+b}{2}$. 追问：有了猜想之后怎么办？ 学生：证明. 追问：怎么证明这个不等式？ 学生：若证明 $\sqrt{ab}<\dfrac{a+b}{2}$，只需证明 $ab<\left(\dfrac{a+b}{2}\right)^2$，只需证 $4ab<a^2+2ab+b^2$，只需证 $a^2-2ab+b^2>0$，只需证 $(a-b)^2>0$，因为 $a\neq b$，显然成立，所以 $\sqrt{ab}<\dfrac{a+b}{2}$ 得证. 追问：刚才我们研究了天平在不等臂的情况，如果天平等臂呢？ 学生：这时候天平左盘和右盘称得的物体的质量 $a=b$，所以 $\sqrt{ab}=\dfrac{a+b}{2}$. **定义** 对于任意正实数 a,b，$\sqrt{ab}\leqslant\dfrac{a+b}{2}$，当且仅当 $a=b$ 时，等式成立，其中 $\dfrac{a+b}{2}$ 叫作算术平均数，$\sqrt{ab}$ 叫作几何平均数. **问题 2** 说一说你对基本不等式的认识？ 学生 1：a 和 b 都是正实数. 追问：a 和 b 必须都是正实数吗？ 学生：因为有根式，所以 a 和 b 不能一正一负. 追问：a 和 b 都是负数行不行？	学生通过思考、计算出物体的实际质量，并通过归纳猜想、证明，得到算术平均数和几何平均数的大小关系.	通过不等臂天平赋予趣味性的背景，激发学生的兴趣，调动学生的积极性，激发学生解决问题的强烈愿望，并让学生在通过猜想得到感性认识后再通过严格的证明，上升到理性认识.

续表

教学过程（表格描述）			
教学阶段	教师活动	学生活动	设置意图
研探新知	学生：如果 a 和 b 都是负数，那么 $\dfrac{a+b}{2}$ 是负数，而 $\sqrt{ab}$ 是正数，显然不成立. 追问：除了正数和负数的情况，如果 a 或 b 是 0 呢？ 学生：可以. **总结** 对于基本不等式，如果 a 或 b 是 0 的话，同样成立，但是此时没有什么研究价值，因为我们只考虑 a 和 b 都是正数的情况. 学生 2：基本不等式只有在 $a=b$ 时，等号成立. **总结** 刚才两位同学通过分析关键词，谈了自己对于基本不等式的认识，从不等式的结构来看，还能有什么认识呢？ 学生 3：不等式两边分别为两个正实数的和与两个正实数的积. **总结** 基本不等式实质上就是几何平均数与算术平均数之间的不等关系. 以后如果遇到式子中包含两个正实数的和与积时，可以考虑基本不等式，但是在应用时要保证不等式两边的次数相同. 追问：基本不等式是两个正实数和与积之间的不等关系，能否对其进行变形？ 学生 4：可以将基本不等式变形为 $a+b \geqslant 2\sqrt{ab}$ 和 $ab \leqslant \left(\dfrac{a+b}{2}\right)^2$.	学生观察基本不等式的定义，分析定义中出现的关键词.	通过分析基本不等式的结构特征，得到基本不等式的代数解释，并通过对定义的分析，加深对基本不等式的理解.

续表

教学阶段	教学过程（表格描述）		
	教师活动	学生活动	设置意图
研探新知	追问：实际上，a 和 b 都只是表示两个正实数的字母，是不是可以用其他的数或代数式代换？ 学生5：把 a 和 b 分别换成 a^2+1 和 b^2+1． 学生6：把 a 和 b 分别换成 a^2 和 b^2，其中 a 和 b 都不为0． **总结** 通过学生6的回答，我们不妨令 a 和 b 都大于 0，那么我们可以得到 $\sqrt{a^2b^2} \leqslant \dfrac{a^2+b^2}{2}$，化简得到 $a^2+b^2 \geqslant 2ab$，这就得到了我们上节课学习的重要不等式．	学生观察基本不等式的定义，分析定义中出现的关键词．	通过分析基本不等式的结构特征，得到基本不等式的代数解释，并通过对定义的分析，加深对基本不等式的理解．
几何解释	**问题3** 能否给出基本不等式的几何解释？ 学生：作一个以 AB 为直径的圆，圆心为 O，过直径上不为圆心的一点 C 作 AB 的垂线与圆 O 交于点 D，AC 长记作 a，BC 长记作 b，那么半径长即为 $\dfrac{a+b}{2}$，连接 OD，$OD=\dfrac{a+b}{2}$，又 $CO=\dfrac{a-b}{2}$，根据勾股定理，$DC=\sqrt{ab}$，因为 DC 为直角 $\triangle DOC$ 的直角边，OD 为直角 $\triangle DOC$ 的斜边，所以 $\sqrt{ab} < \dfrac{a+b}{2}$，当 C 为圆心时，也就是 $a=b$ 时，才有 $\sqrt{ab}=\dfrac{a+b}{2}$．	学生通过做出几何图形，找到表示算术平均数和几何平均数的线段，做出几何解释．	便于学生加深对基本不等式的理解，利用几何解释，即"半径长不小于半弦长．"这样设计，一是凸显几何图形的直观价值，二是引导学生从自然语言、符号语言向图形语言的转换，三是体现知识

续表

教学阶段	教师活动	学生活动	设置意图
几何解释	追问：所以基本不等式的几何解释是? 学生：同一个圆中的半弦长小于等于圆的半径长． **总结** 华罗庚先生说过："形缺数时难入微，数缺形时少直观"，这告诉我们，在研究数学问题时，要从"数"与"形"两个角度同时进行．	学生通过做出几何图形，找到表示算术平均数和几何平均数的线段，做出几何解释．	连贯性和生成性．
知识应用	**例** 已知 a,b 都是正实数，求证 $(a+b)\left(\dfrac{1}{a}+\dfrac{1}{b}\right) \geqslant 4$． 学生1：因为 $(a+b)\left(\dfrac{1}{a}+\dfrac{1}{b}\right)=\dfrac{(a+b)^2}{ab}$，证明 $(a+b)\left(\dfrac{1}{a}+\dfrac{1}{b}\right) \geqslant 4$，即证 $\dfrac{(a+b)^2}{ab} \geqslant 4$，即证 $a^2+2ab+b^2 \geqslant 4ab$，即证 $a^2-2ab+b^2 \geqslant 0$，显然成立，得证． 学生2：$(a+b)\left(\dfrac{1}{a}+\dfrac{1}{b}\right)=1+\dfrac{a}{b}+\dfrac{b}{a}+1$，证明 $(a+b)\left(\dfrac{1}{a}+\dfrac{1}{b}\right) \geqslant 4$，即证 $\dfrac{a}{b}+\dfrac{b}{a} \geqslant 2$，因为 $a>0, b>0$，所以 $\dfrac{a}{b}>0$，$\dfrac{b}{a}>0$，所以 $\dfrac{a}{b}+\dfrac{b}{a} \geqslant 2\sqrt{\dfrac{a}{b} \cdot \dfrac{b}{a}}=2$，得证．	学生应用基本不等式进行证明．	通过例题体会基本不等式的应用．

续表

教学阶段	教学过程（表格描述）		
	教师活动	学生活动	设置意图
归纳总结	**总结** 本节课我们学习了基本不等式的定义，它的实质就是两个正实数的和与积之间的关系，要熟练掌握基本不等式的两种常见变形，在应用基本不等式的过程中要注意 a 和 b 的范围为正实数，当且仅当 $a=b$ 时，等号方能成立；在本堂课的学习过程中，我们是从实际情境中抽象出数，再由数到形，分别从"数"与"形"两个角度研究了基本不等式，在这个过程中体现了数形结合的数学思想.	学生经过回顾、思考，总结本节课所学内容.	培养学生小结反思的学习习惯和总结概括的能力.

作业设计

1．作业

（1）完成教材（必修一），46 页课后练习的第 1、2 题；

（2）完成教材（必修一），49 页习题 2.2 综合运用的第 4 题；

（3）思考重要不等式与基本不等式之间的关系．

2．设计意图

（1）通过前 2 项作业帮助学生巩固本节课所学知识技能与思维方法，培养学生逻辑推理能力；

（2）通过第 3 项作业，延续课堂设置的问题，培养学生探索研究的精神．

学习效果评价设计

1．教师对本学时的学生学习效果评价分析工具设计

（1）根据学生课堂表现进行实时评价．

（2）作业评价．

（3）目标检测评价．

续表

学习效果评价设计
检测评价题目.   ①下列不等式的推导过程中，正确的是_____.   A．若 $x>1$，则 $x+\dfrac{1}{x}\geqslant 2\sqrt{x\cdot\dfrac{1}{x}}=2$.   B．若 $x<0$，则 $x+\dfrac{4}{x}=-\left[(-x)+\left(-\dfrac{1}{x}\right)\right]\leqslant -2\sqrt{(-x)\cdot\left(-\dfrac{4}{x}\right)}=-4$.   C．若 $a,b\in\mathbf{R}$，则 $\dfrac{b}{a}+\dfrac{a}{b}\geqslant 2\sqrt{\dfrac{b}{a}\cdot\dfrac{a}{b}}=2$.   **设计意图**　考查学生对于基本不等式概念的理解.   ②已知 $x>0, y>0$，且 $x+y=8$，证明 $(1+x)(1+y)\leqslant 25$.   **设计意图**　考查学生对于基本不等式的应用.   2．教师对本学时的自身教学效果评价分析工具设计   基于对学生的评价，反思教学过程，总结经验、发现问题，改进教学思路.

三、基本不等式的应用（一），第二课时

基本不等式的应用（一），第二课时，如表 1.3 所示。

表 1.3　基本不等式的应用（一），第二课时

课题：基本不等式的应用（一），第二课时
指导思想与理论依据
在《普通高中数学课程标准》（2017 年版）中，基本不等式要达到的核心素养是通过学习掌握基本不等式及其应用．因此，在基本不等式的教学过程中要加强基本技能的训练，通过转化与化归思想将疑难复杂的具体问题转化为熟悉的通性通法，重点提升数学运算、逻辑推理、数学建模等数学核心素养．
教学背景分析
1．学习内容分析   　　本节的教学内容是在学生掌握了基本不等式定义之后的进一步研究，通过基本不等式求最值是基本不等式的重要应用之一，利用基本不等式求最值是求函数最值的重要工具，基本不等式着重应用两个变形公式，$a+b\geqslant 2\sqrt{ab}$ 和 $ab\leqslant\left(\dfrac{a+b}{2}\right)^2$，

续表

教学背景分析
在利用基本不等式求最值的过程中，若具备"和为定值"或"积为定值"的形式，可直接求解，如果未直接给出"和为定值"或"积为定值"的形式，则需要根据问题的条件以及目标所具有的特征，借助配凑、换元、拆项、"1"的代换等方法求解，考查的形式灵活、技巧性强、思维要求较高，较难下手，应强化学生对于基本不等式求最值的本质理解，重视变化过程中方法的总结，体会转化思想在解题中的应用. 　　2. 学生情况分析 　　本节课面对的对象为高一年级普通班的学生，具有一定的运算能力，但对于灵活的题型具有畏难情绪. 　　3. 教学方式和教学手段说明 　　本节课以学生学习活动为中心，以例题为驱动，教师引领下的习题课学习，为了突破难点，在教学中应加强转化与化归思想的渗透. 　　4. 前期准备 　　借助希沃白板、PPT软件展示引例及变式训练，增大课堂容量，优化课堂结构，提高课堂教学效果. 　　5. 前期教学状态、问题、对策等研究说明 　　由于学生对于函数最值的概念还不清楚，因此学生在求最值问题中会遇到概念障碍，针对以上情况，我在第一道例题之后，设计了一个问题，帮助学生理解函数最值的含义. 　　学生对于灵活性题目具有畏难情绪，不知如何下手，针对上述情况，本节课我设计例题及变式，让学生通过求解问题并总结，掌握利用基本不等式求最值问题的一般方法和规律，提高转化与化归的能力.
教学目标（内容框架）
（1）知识方面　掌握利用基本不等式解决最值问题的常用方法； 　　（2）能力方面　通过对问题的探索、研究、归纳，总结出一般性的解题方法和解题规律，提高抽象概括能力； 　　（3）思想方法　通过对例题、变式练习的解决树立转化与化归的数学思想； 　　（4）数学素养　通过例题练习培养数学运算、逻辑推理等数学核心素养.

续表

教学目标（内容框架）

重点 基本不等式中和式与积式之间的转化.
难点 理解基本不等式的适用条件，合理地应用基本不等式.

教学重难点

（1）重点：基本不等式中和式与积式之间的转化.
（2）难点：理解基本不等式的适用条件，合理地应用基本不等式.

教学阶段	教师活动	学生活动	设置意图
积为定值	例1 已知 $m>0$，求 $\dfrac{24}{m}+6m$ 的最小值. **预设** 因为 $m>0$，所以 $\dfrac{24}{m}>0$，$6m>0$，可以把 $\dfrac{24}{m}$ 和 $6m$ 分别看作基本不等式中的 a,b，直接利用基本不等式得 $\dfrac{24}{m}+6m \geqslant 2\sqrt{\dfrac{24}{m} \cdot 6m}=24$，当且仅当 $\dfrac{24}{m}=6m$，即 $m=2$ 时，等号成立，因此最小值为24. **追问** 对于任意的 m，都有 $\dfrac{24}{m}+6m>23$，那么23是不是 $\dfrac{24}{m}+6m$ 的最小值呢？ **预设** 不是，因为不存在 m，使得 $\dfrac{24}{m}+6m=23$. **总结** 求 $\dfrac{24}{m}+6m$ 的最小值，就是要求一个 $y_0\left(=\dfrac{24}{m_0}+6m_0\right)$，使	学生思考作答.	通过例题，让学生掌握两项积为定值时，利用基本不等式求最值的一般方法，并通过对于变式问题的解决提高转化与化归的能力.

续表

教学阶段	教师活动	学生活动	设置意图
积为定值	$\forall x > 0$，都有 $\dfrac{24}{m} + 6m \geqslant y_0$．同理，当我们求函数最值时，只需要保证两个条件，即存在实数 M，函数值能够取到 M，对于其他任意 x 所对应的函数值都小于等于或大于等于 M，这个 M 就是函数的最大值或者最小值． **追问**：通过这道题，我们可以发现什么规律？ **预设** 两个正实数，如果它们的乘积为一个常数，那么这两个正实数的和有最小值． **问题 1** 这两个实数可以是负数吗？若 $m < 0$，是否可以利用基本不等式求 $m + \dfrac{1}{m}$ 的最值？ **预设** $m + \dfrac{1}{m} = -\left[(-m) + \left(-\dfrac{1}{m}\right)\right]$，因为 $m < 0$，所以 $-m > 0$，利用基本不等式 $(-m) + \left(-\dfrac{1}{m}\right) \geqslant 2\sqrt{(-m) \cdot \left(-\dfrac{1}{m}\right)} = 2$，则 $m + \dfrac{1}{m} \leqslant -2$，当且仅当 $m = \dfrac{1}{m}$ 时，即 $m = 1$（舍）或 $m = -1$ 等号成立，所以 $m + \dfrac{1}{m}$ 有最大值 -2． **问题 2** 这两项的乘积一定要是定值吗？如果代数式中的两项乘积不是定值，是否还可以应用基本不等式？	学生思考作答．	通过例题，让学生掌握两项积为定值时，利用基本不等式求最值的一般方法，并通过对于变式问题的解决提高转化与化归的能力．

续表

教学阶段	教师活动	学生活动	设置意图
积为定值	**变式1** 若 $m>1$，求 $m+\dfrac{1}{m-1}$ 的最小值． **预设** $m+\dfrac{1}{m-1}=m-1+\dfrac{1}{m-1}+1$，因为 $m>1$，所以 $m-1>0$，因此 $m-1+\dfrac{1}{m-1}\geqslant 2\sqrt{(m-1)\cdot\dfrac{1}{m-1}}=2$，所以 $m+\dfrac{1}{m-1}\geqslant 3$，当且仅当 $m-1=\dfrac{1}{m-1}$ 时，即 $m=2$ 或 $m=0$（舍）时，等号成立． **总结** m 与 $\dfrac{1}{m-1}$ 的乘积不是定值，但是可以通过加减项的方法配凑成乘积为定值的情况，再利用基本不等式求最小值． **变式2** 若 $m>0$，求 $\dfrac{2m^2+m+2}{m}$ 的最小值． **预设** $\dfrac{2m^2+m+2}{m}=2m+\dfrac{2}{m}+1$，可以发现因为 $m>0$，则可以利用基本不等式得到 $2m+\dfrac{2}{m}\geqslant 2\sqrt{2m\cdot\dfrac{2}{m}}=4$，所以 $\dfrac{2m^2+m+2}{m}\geqslant 5$，当且仅当 $2m=\dfrac{2}{m}$ 时，即 $m=1$ 或 $m=-1$（舍）时，等号成立． **总结** 关于分式问题，可以对分式进行拆分变形，从而应用基本不等式．	学生思考作答．	通过例题，让学生掌握两项积为定值时，利用基本不等式求最值的一般方法，并通过对于变式问题的解决提高转化与化归的能力．

续表

教学阶段	教师活动	学生活动	设置意图
积为定值	例2 若 $0<x<\dfrac{1}{2}$，求 $2x(1-2x)$ 的最大值. **预设1** 可以把 $2x(1-2x)$ 看作开口向下的二次函数，对称轴为 $\dfrac{1}{4}$，则当 $x=\dfrac{1}{4}$ 是，$2x(1-2x)$ 取得最大值为 $\dfrac{1}{4}$. **预设2** 因为 $0<x<\dfrac{1}{2}$，所以 $2x>0$，$1-2x>0$，在这里把 $2x$ 和 $1-2x$ 分别看作基本不等式中的 a,b，则 $2x(1-2x) \leqslant \left(\dfrac{2x+1-2x}{2}\right)^2 = \dfrac{1}{4}$，当且仅当 $2x=(1-2x)$ 时，即 $x=\dfrac{1}{4}$ 时，等号成立. **追问** 通过这道题，我们可以发现什么规律？ **预设** 两个正实数，如果它们的和为一个常数，那么这两个正实数的积有最大值. **追问** 如果这两个正实数的和不是常数，还能应用基本不等式吗？ **变式** 若 $0<x<\dfrac{1}{3}$，求 $x(1-3x)$ 的最大值. 因为 $0<x<\dfrac{1}{3}$，则 $1-3x>0$，原式 $x(1-3x)=\dfrac{1}{3} \cdot 3x(1-3x)$，利用基本	学生思考作答.	通过例题，让学生掌握两项和为定值时，利用基本不等式求最值的一般方法，并通过对于变式问题的解决提高转化与化归的能力.

110　中学数学公式的教学价值

续表

教学阶段	教师活动	学生活动	设置意图
积为定值	不等式 $3x(1-3x) \leqslant \left(\dfrac{3x+1-3x}{2}\right)^2 = \dfrac{1}{4}$，所以 $x(1-3x)$ 的最大值为 $\dfrac{1}{12}$，当且仅当 $3x=1-3x$，即 $x=\dfrac{1}{6}$ 时，等号成立. **总结** x 与 $1-3x$ 的和不是定值，但是可以通过乘除项的方法配凑成和为定值的情况，再利用基本不等式求最大值.	学生思考作答.	通过例题，让学生掌握两项和为定值时，利用基本不等式求最值的一般方法，并通过对于变式问题的解决提高转化与化归的能力.
"1" 的代换	**例3** 已知 $x>0, y>0$，且 $\dfrac{1}{x}+\dfrac{9}{y}=1$，求 $x+y$ 的最小值. **预设1** 通过 $\dfrac{1}{x}+\dfrac{9}{y}=1$，得到 $y=\dfrac{9x}{x-1}$，代入 $x+y$，实现消元，从而求得最小值. **预设2** 因为 $\dfrac{1}{x}+\dfrac{9}{y}=1$，所以 $x+y=(x+y)\left(\dfrac{1}{x}+\dfrac{9}{y}\right)$，将式子展开得到 $1+\dfrac{9x}{y}+\dfrac{y}{x}+9$，可以发现 $\dfrac{9x}{y}+\dfrac{y}{x} \geqslant 2\sqrt{\dfrac{9x}{y} \cdot \dfrac{y}{x}}=6$，所以 $x+y \geqslant 16$，当且仅当 $\dfrac{9x}{y}=\dfrac{y}{x}$，即 $y=\pm 3x$ 时，等号成立，因为 $x>0, y>0$，所以 $y=-3x$ 舍去．将 $y=3x$ 带入 $\dfrac{1}{x}+\dfrac{9}{y}=1$，解	学生思考作答.	通过对"1"的代换，进一步体会转化与化归的思想.

第二篇　高中数学公式的教学实践　111

续表

教学阶段	教师活动	学生活动	设置意图
"1"的代换	得 $x=4, y=12$，因此当且仅当 $x=4, y=12$ 时，$x+y$ 取得最小值 16. **总结** 通过这道题，我们要关注"1"的代换，通过任何因式乘以1都等于本身的性质，可以实现式子的变形，进而应用基本不等式.	学生思考作答.	通过对"1"的代换，进一步体会转化与化归的思想.
归纳总结	本节课我们通过探究凑项等方法，充分利用基本不等式中的："一正""二定""三相等"三个条件，解决求最值问题，在这个过程中，体现了"不正变正""不定变定"，即转化与化归的思想方法.	学生经过回顾、思考，总结本节课所学内容.	培养学生小结反思的学习习惯和总结概括的能力.

作业设计

1. 书面作业

（1）教材（必修一），48 页练习的 1、2 题；

（2）教材（必修一），48 页习题 2.2 的 5 题.

2. 本节作业

若 $x>1$，$x(1-x)$ 是否有最值？如果没有最值，请尝试对题目中的 $x>1$ 或 $x(1-x)$ 进行更改，使得存在最值.

学习效果评价设计

1. 教师对本学时的学生学习效果评价分析工具设计

（1）根据学生课堂表现进行实时评价；

（2）作业评价；

（3）目标检测评价.

检测评价题目：

① 已知 $x>0, y>0$，$x+2y=1$，则 $\dfrac{x^2+y}{xy}$ 的最小值为（ ）.

A. $3-2\sqrt{2}$　　　　B. $1+2\sqrt{2}$　　　　C. 4　　　　D. 2

续表

学习效果评价设计
②若 $a,b>0$，且 $ab=a+b+3$，求 ab 的取值范围.   2. 教师对本学时的自身教学效果评价分析工具设计   基于对学生的评价，反思教学过程，总结经验、发现问题，改进教学思路.

四、基本不等式的应用（二），第三课时

基本不等式的应用（二），第三课时，如表1.4所示。

表1.4 基本不等式的应用（二），第三课时

课题：基本不等式的应用（二），第三课时
指导思想与理论依据
数据分析和数学建模能力的培养与锻炼是数学学习的一项长期而艰苦的任务，通过具体问题的解决，让学生去感受、体验现实世界和日常生活中存在着的大量的不等量关系，用理性的角度去思考，用数学的观点进行类比、归纳、抽象，使学生感受数学，走进数学，培养学生严谨的数学学习习惯和良好的思维习惯.   在知识生成的过程中，应让学生主动地解决问题，寻找解决思路；让学生在解决问题、提出问题、分析问题的过程中，经历观察、分析、归纳、总结等思维活动，掌握数形结合、转化与化归等思想方法.
教学背景分析
1. 教学内容分析   本节课教学从实际问题出发，设计贴近生活的实际情境，让学生通过分析问题，解决问题，获得成就感，此外，对于基本不等式在实际问题中的研究有利于学生对先前所学知识与方法的复习、应用，进而构建更为完善的知识网络.   2. 学生情况分析   本节课面对的对象为高一年级普通班的学生，他们具有一定的分析问题的能力，但是对于实际问题中数据的挖掘仍存在困难.   3. 教学方式与教学手段分析   本节课采用探究法，以学生为主体，按照观察、阅读、归纳、思考、交流、

续表

教学背景分析

逻辑分析、抽象应用的方法进行启发式教学；教师通过提供问题、素材，并及时点拨，发挥教师的主导作用；设计具有现实情境的问题，激发学生思考，培养学生兴趣.

4. 前期准备

借助希沃白板、PPT 软件，增大课堂容量，优化课堂结构，提高课堂教学效果.

5. 前期教学状态、问题、对策等研究说明

学生对于较多文字的应用题具有畏难心理，不敢下手，因此本节课我从身边常见的情境入手，让学生从简单的应用题开始，增加对于应用题的信心.

教学目标（内容框架）

（1）知识方面. 会用基本不等式解决实际问题.

（2）能力方面. 从生活情境中用数学的眼光发现问题，培养学生的抽象概括能力和语言表达能力，用数学的思维分析问题的能力.

（3）思想方法. 学生在解决问题、提出问题、分析问题的过程中，经历观察、分析、归纳、总结等思维活动，学习数形结合、转化与化归等思想方法.

（4）核心素养. 通过解决实际问题的过程，培养数学建模、逻辑推理、数学运算、直观想象、数据分析、数学抽象的核心素养.

教学重难点

重点、难点 从实际问题中提炼数学问题，并运用基本不等式解决实际问题.

教学过程（表格描述）

教学阶段	教师活动	学生活动	设置意图
创设情境	**探究** 迎国庆，学校计划用一个 8 m 的栅栏在校门口的空地上围成一个矩形花圃，请问如何设计，才能使所围的矩形面积最大？ **预设 1** 设花圃的长为 x，则宽为 $4-x$，所以矩形的面积为 $s=x(4-x)$，其中 x 的范围为 $0<x<4$，	学生经过思考，解决问题.	结合生活情境，提出问题，引起学生兴趣.

续表

教学阶段	教师活动	学生活动	设置意图
创设情境	根据二次函数的性质,当 $x=2$ 时,取得最大值 4. **预设2** 因为 $0<x<4$,所以 $4-x>0$,根据基本不等式,$x(4-x) \leqslant \left(\dfrac{x+4-x}{2}\right)^2=4$,当且仅当 $x=4-x$ 时,即 $x=2$ 时,等号成立,此时有最大值 4. **追问** 你是怎么想到用基本不等式的? **预设** 因为矩形长与宽的和是一个定值. **追问** 应用基本不等式的时候要注意什么? **预设** $a,b>0$. **追问** 能不能回顾一下解决实际问题的步骤? **预设** 首先正确理解题意,再通过分析、思考,将实际问题转化为数学模型,再通过数学方法解决实际问题. **追问** 学校更改预算,现只能定制 9m^2 大小的花圃,这时如何设计才能使得围成花圃的栅栏用料最少? **预设** 设花圃的长为 x,则宽为 $\dfrac{9}{x}$,因为 $x>0$,根据基本不等式,$x+\dfrac{9}{x} \geqslant 2\sqrt{x \cdot \dfrac{9}{x}}=6$,当且仅当 $x=\dfrac{9}{x}$	学生经过思考,解决问题.	结合生活情境,提出问题,引起学生兴趣.

续表

教学阶段	教师活动	学生活动	设置意图
创设情境	时，即 $x=3$ 时等号成立，所以围成花圃的栅栏最小需要 12 m. **追问** 如果场地有限，花圃的长不能超过 2.5 m，这时显然就不能应用基本不等式了，这时还能求最值吗？ **总结** 对于解决实际问题，在应用基本不等式时，要注意基本不等式使用的条件．	学生经过思考，解决问题．	结合生活情境，提出问题，培养学生兴趣．
利润问题	**例** 某书商为提高某套丛书的销量，准备举办一场展销会，据某市场调查，当每套丛书的售价定为 x 元时，销售量可达到 $15-0.1x$ 万套．现出版社为配合该书商的活动，决定进行价格改革，将每套丛书的供货价格分为固定价格和浮动价格两部分．其中固定价格为 30 元，浮动价格（单位：元）与销售量（单位：万套）成反比，比例系数为 10．假设不计其他成本，即销售每套丛书的利润 = 售价 − 供货价格．求： （1）当每套丛书的售价定为 100 元时，书商所获得的总利润． （2）当每套丛书的售价定为多少元时，单套丛书的利润最大？ 解：（1）每套丛书售价定为 100 元时，销售量为 $15-0.1\times100=5$（万	学生通过自主思考，完成例题．	通过例题，让学生进一步体会基本不等式在实际中的应用．

续表

教学阶段	教师活动	学生活动	设置意图
利润问题	套），所以每套丛书的供货价格为 $30+\dfrac{10}{5}=32$（元），故书商所获得的总利润为 $5\times(100-32)=340$（万元）. （2）每套丛书售价定为 x 元时，由 $15-0.1x>0$，得 $x<150$. 设单套丛书的利润为 P 元，则 $P=x-\left(30+\dfrac{10}{15-0.1x}\right)=x-\dfrac{100}{150-x}-30$，因为 $x<150$，所以 $150-x>0$，所以 $P=-\left[150-x+\dfrac{100}{150-x}\right]+120$，又 $150-x+\dfrac{100}{150-x}\geqslant 2\sqrt{(150-x)\cdot\dfrac{100}{150-x}}=20$，当且仅当 $150-x=\dfrac{100}{150-x}$，即 $x=140$ 时等号成立，故每套丛书售价定为 140 元时，单套丛书的利润最大，为 100 元. **总结** 基本不等式在解决实际生产生活中利润问题有着重要作用.	学生通过自主思考，完成例题.	通过例题，让学生进一步体会基本不等式在实际中的应用.
几何问题	例 设矩形 $ABCD(AB>AD)$ 的周长为 24cm，把 $\triangle ABC$ 沿 AC 向 $\triangle ADC$ 折叠，AB 折过去后交 DC 于点 P，设 $AB=x$(cm)，求 $\triangle ADP$ 的最大面积及相应 x 的值. 解：由题意，$AD=12-x$(cm)，设 $PC=a$(cm)，则 $DP=x-a$(cm)，$AP=a$(cm)，而 $\triangle ADP$ 为直角三角形，所以 $(12-x)^2+(x-a)^2=a^2$，所以	学生先通过自主思考，再经过小组合作探究，并分享讨论结果.	通过例题，让学生运用数形结合的方法，进一步体会基本不等式的应用.

续表

教学阶段	教师活动	学生活动	设置意图
几何问题	$a = x + \dfrac{72}{x} - 12$，所以 $DP = 12 - \dfrac{72}{x}(\text{cm})$，所以 $\triangle ADP$ 的面积为 $\dfrac{1}{2} \times AD \times DP = \dfrac{1}{2} \times (12-x) \times \left(12 - \dfrac{72}{x}\right) = 108 - \dfrac{432}{x} - 6x \leqslant 108 - 2\sqrt{\dfrac{432}{x} \cdot 6x} = 108 - 72\sqrt{2}(\text{cm}^2)$，当且仅当 $\dfrac{432}{x} = 6x$ 时，即 $x = 6\sqrt{2}$，此时 $AD = 12 - 6\sqrt{2}(\text{cm})$，满足 $AB > AD$，即 $x = 6\sqrt{2}$ 时，面积最大为 $108 - 72\sqrt{2}(\text{cm}^2)$.	学生先通过自主思考，再经过小组合作探究，并分享讨论结果.	通过例题，让学生运用数形结合的方法，进一步体会基本不等式的应用.
归纳总结	（1）基本不等式在实际问题中有着重要的作用，在应用的过程中要注意基本不等式适用的条件． （2）在解决实际问题时，要注意对于题意的理解和数据的挖掘，提升数学建模的数学核心素养．	学生经过回顾、思考，总结本节课所学内容．	培养学生小结反思的学习习惯和总结概括的能力．

作业设计

教材（必修一）49 页拓广探索的第 7 题

学习效果评价设计

评价方式

1．教师对本学时的学生学习效果评价分析工具设计

（1）根据学生课堂表现进行实时评价．

（2）作业评价．

（3）目标检测评价．

检测评价题目．

练习　为持续推进"改善农村人居环境，建设宜居美丽乡村"，某村委计划在该村广场旁一矩形空地进行绿化．如下图所示，在两块完全相同的长方形上种植绿草

续表

学习效果评价设计

坪，草坪周围斜线部分均摆满宽度相同的花，已知两块绿草坪的面积均为400 m².

（1）若矩形草坪的长比宽至少多9 m，求草坪宽的最大值；

（2）若草坪四周及中间的花坛宽度均为2 m，求整个绿化面积的最小值.

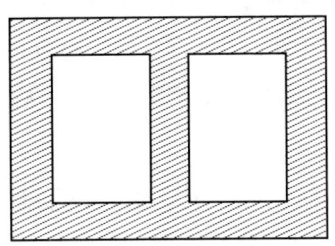

2. 教师对本学时的自身教学效果评价分析工具设计

基于对学生的评价，反思教学过程，总结经验、发现问题，改进教学思路.

第三节　任意角的三角函数的定义

一、教学目标

（1）了解任意角三角函数定义产生的背景和应用；掌握任意角的正弦、余弦、正切的定义；加深对函数一般概念的理解.

（2）通过参与知识的"发现"与"形成"的过程，培养合理猜测的能力，体会函数模型的作用、数形结合思想.培养观察、分析、探索、归纳、类比及解决问题的能力.

（3）在数学史的学习中开阔视野，感受数学文化的熏陶.从中感悟数学概念的合理性、严谨性、科学性.感悟数学的本质，培养追求真理的精神.

二、教学重点

任意角的正弦、余弦、正切的定义.

三、教学难点

任意角的三角函数概念的建构过程.

四、突出重点、突破难点的关键

以数学应用为显性形式，讲数学背景、数学应用；以数学文化为隐性形式，谈数学概念学习的必要性、合理性.

五、教学问题诊断分析

学生虽然已有锐角三角函数的知识和经验，但他们自己在阅读教材时，会产生以下的疑惑：

（1）为什么学习了任意角后就要研究任意角三角函数？

（2）任意角三角函数定义为什么要引入坐标系？

（3）α 的正弦为什么规定用 y 比 r 而不是 y 的绝对值比 r？为此要根据学生的日常生活经验，创设数学应用的问题情境，让学生感受到"数学是自然的""数学更是有用的".

摩天轮这个实际问题的解决有一定难度，学生自己独立处理有困难，放开让学生讨论，方法是多样的，但要花费很多时间，容易偏离本节课的教学中心. 为此，教学中教师有意加强引导，设计了合情推理的教学环节.

在比较 $h = h_0 \pm MP$ 与猜想 $h = h_0 + r \cdot \sin t°$ 后，引出用直角坐标系来定义任意角的三角函数，学生能理解和接受，但自己想不到，教学中要在思考方向上进行适当的点拨. 如"要想二者和谐统一，必须……""在说明 $+MP$ 时，为了表述简洁明了，用怎样的一个量来代替 $+MP$."

三角函数是"从角的集合到比值的集合"的一种对应关系，与学生熟悉的一般函数概念中"数集到数集"的对应关系不尽相同，而且任意一个角所对应的"比值"的唯一性（即与点的选取无关）借助相似形让学生自己感知，教学时需要安排应有的环节以帮助学生理解.

六、教学流程设计

（一）创设情境，探寻规律

[问题]　摩天轮的中心离地面的高度为 h_0，它的直径为 $2r$ 逆时针方向匀速转动，转动一周需要 $360s$，若现在你坐在座舱中，从初始位置点 A 出发，求相对于地面的高度 h 与时间 t 的函数关系式（图1.3）.

教师：让我们想象一下整个运动过程，高度 h 是怎样变化的？

生甲：开始高度 h 先渐渐增高至最高点，再渐渐降低至最低点，然后再渐渐增高，最后回到初始位置；

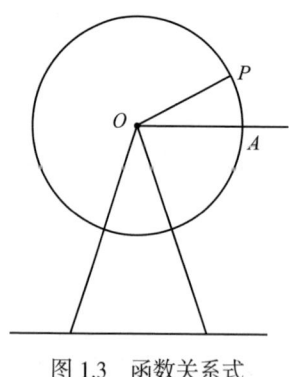

图1.3　函数关系式

第二周，第三周……周而复始．呈现"周期现象"．

教师：应该用怎样的一个函数模型来刻画呢？不妨让我们先从一个简单具体情形入手．例如过了20秒后，你离地面的高度为多少？

学生：$h = h_0 + r \cdot \sin 20°$．

教师：人距离地面的高度 $h = h_0 + MP$ 其中 h_0 是不变量，MP 表示点 P 到水平位置 OA 的距离，是变量．可以通过点 P 旋转 $\angle POA$ 的大小，利用初中所学的锐角三角函数来计算（图1.4）．

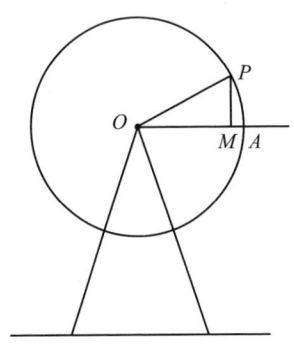

图1.4 点 P 旋转 $\angle POA$

的确，随着时间 t 的变化，点 P 的位置在变化，角度 $\angle POA$ 在变化，进而 MP 的值随之变化．

教师：进一步，再计算几个，比如 $t = 50$ 或 $t = 70$．

学生：过了 50s，$h = h_0 + r \cdot \sin 50°$ 过了 70s，$h = h_0 + r \cdot \sin 70°$．

教师：一般地，过了 t 秒呢？

学生：我们自然会想到 $h = h_0 + r \cdot \sin t°$．

教师：这样猜想合情，但合理吗？

师生：随着摩天轮的转动，角度也不知不觉地推广到了任意角．对任意角 α，$\sin \alpha$ 该如何定义呢？

（二）逐层递进，完善定义

教师：当时间为 t 秒时，猜想：$h = h_0 + r \cdot \sin t°$ 形式简洁，让我们实在不愿舍弃．于是与 $h = h_0 + |MP|$ 比较，要想两者和谐统一，必须有：$r \cdot \sin t° = \pm |MP|$，即

$$\sin t° = \frac{\pm MP}{r}．$$

师生小结：如图1.5所示点 P 在圆周上转动时，$\angle AOP$ 随之变化．

任一个 $\angle AOP$，对应着唯一点 P，进而有唯一的 $|MP|$，得到：

$$\sin \angle AOP = \frac{\pm MP}{r}．$$

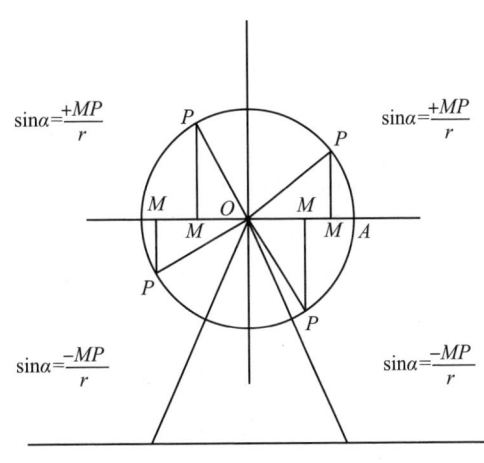

图1.5 点 P 在圆周上转动

教师：不过这样表述，在说明 ±|MP| 时，还是不够简洁明了．

教师：MP 何时取正值，何时取负值？根据这些特点，用怎样的一个量来替代 +|MP|，可以使上面的表述更简洁？它的绝对值与 MP 长度相等，符号在第一、二象限是正的，在第三、四象限却是负的．

至此，直角坐标系的引入水到渠成！

学生：引入直角坐标系，用点 P 的纵坐标 y 来替代 |MP| 或 −|MP|．

（三）巩固新知，深化理解

定义 1 设 α 是一个任意角，它的终边与半径为 r 的圆交于点 $P(x,y)$，那么：

$$\sin\alpha = \frac{y}{r},\ \cos\alpha = \frac{x}{r},\ \tan\alpha = \frac{y}{x}(x \neq 0)$$

问题 1 当是锐角时，此规定与初中定义是否吻合？

问题 2 圆的半径 r 大小有限制吗？

问题 3 半径 r 取值多少时，会使得比值更加简洁？

结论 可以考虑取 $r = 1$，此时的圆我们称之为单位圆．

定义 2 设 α 是一个任意角，它的终边与单位圆交于点 $P(x,y)$，那么：

$$\sin\alpha = y,\ \cos\alpha = x,\ \tan\alpha = \frac{y}{x}(x \neq 0)$$

小结 任意角三角函数的以上两种的定义方式是等价的，都是表示点 P 的纵坐标与 $|OP|$ 的比值．只是在单位圆的背景下，$|OP| = 1$，越发显示出了数学应有的简洁美！

看书后追问：为什么称它们为"函数"呢？

例 1 求 $\dfrac{5\pi}{3}$ 的正弦、余弦和正切值．

例 2 已知角 α 的终边经过点 $P_0(-3,-4)$，求角 α 的正弦、余弦和正切值．

（四）归纳总结，注重渗透

教师：本节课通过对实际问题的解决，学习了任意角的三角函数的概念；数学的定义是严谨、合理和科学的，更是有"生命力的"．

▮▮▮ 教学反思

从课堂实施的角度看：完成了教学预设目标，达成了预期的效果．从学生接受的角度看：己与教师融在一起，师生一起探讨任意角的三角函数的代数定义；在与定义的接触过程中，学生大胆表现自我，用自己的语言去表述定义，对定义的最终达成起到了推动作用．教师非常尊重学生，用鼓励的语言去激励学生，学生在教师的点拨下，能够顺利回答问题，师生的配合程度较高．

从课堂反馈看，学生接受知识非常自然，从而感受到数学定义不仅是严谨，合理和科学的，而且更是合情合理，有"生命力的"！

第四节 函数 $y = A\sin(\omega x + \varphi)$ 的图像和性质单元设计

函数 $y = A\sin(\omega x + \varphi)$ 的图像和性质单元设计，如表 1.5 所示．

表 1.5 函数 $y = A\sin(\omega x + \varphi)$ 的图像和性质单元设计

单元（主题）名称：函数 $y = A\sin(\omega x + \varphi)$ 的图像与性质
单元（主题）指导思想与理论依据
三角函数 $y = A\sin(\omega x + \varphi)$ 是特殊的函数，是研究度量几何的基础，作为函数的下位知识，基本遵从函数的图像与性质的研究路径：现实背景－函数概念－图像－性质－应用．函数 $y = A\sin(\omega x + \varphi)$ 的图像与性质的本质是周期现象的直观表示与代数表示，也是函数图像与性质研究的延续，函数的图像是周期现象的直观几何体现，函数的性质是周期变化规律的代数表现．本单元蕴含着三个重要的数学思想方法："模型思想、数形结合思想、转化与化归思想．"如求解三角函数图像与性质问题时，一般是把形式复杂的函数转化为 $y = A\sin(\omega x + \varphi) + b$ 的形式，然后将 $\omega x + \varphi$ 视为一个角 α，进而借助基本三角函数 $y = \sin \alpha$ 的性质来解决问题． 　　高三的一轮复习效率至上，因此可以采用单元主题一轮复习新模式，采取问题引领、典例分析、以题梳点、以题熟点、以题梳法、以题熟法，即通过典型例题梳理知识点以及数学方法，加强对概念、原理、方法等的深层次理解；师生通过课堂构建知识、方法、思维逻辑图，使学生记忆由"碎片化"走向"结构化"，进行思维概括，此外重点内容可以寻求微专题进行突破，重点内容重点落实，课堂结束之后进行分层次练习与检测，关注学生的差异，力求不同层次的学生有不同的收获． 　　提高学生的复习备考效率就要摒弃"灌输"的教学方式．日本著名教育家佐藤学教授的"课堂教学三范畴理论"认为，在课堂中，教师与学生的关系是"交互主体"关系，教师的责任是为学生创造能够使其成为学习活动的主体的应答型

续表

单元（主题）指导思想与理论依据
的"互动性学习环境"，变"灌输中心教学"为"对话中心教学". 在本单元的教学中，教师选取适当的例题并进行合理的变式，力求让学生进一步理解已学知识，并会灵活应用，在师生互动、生生互动中生成新问题、新方法，学生的参与度、思维的活跃度都体现了培养学生创新思维能力的意图. 此外，在教学中可以融合信息技术，直观动态地呈现 A，ω，φ 的实际意义及其对函数 $y=A\sin(\omega x+\varphi)$ 图像的影响，以此达到突破教学难点的作用.

单元（主题）教学背景分析
一、教学内容分析及课时分配 1. 本单元的教学主要内容与课程标准、教材、学科知识等的关联 （1）课标要求.《普通高中数学课程标准》（2017 年版）中对本单元的要求是：用几何直观和代数运算的方法研究三角函数的周期性、奇偶性（对称性）、单调性和最大（小）值等性质. （2）教材版本. 本单元内容出自人民教育出版社的《普通高中教科书数学必修第一册》（2019 年 A 版）第五章第六节（5.6）——函数 $y=A\sin(\omega x+\varphi)$. （3）学科知识关联. 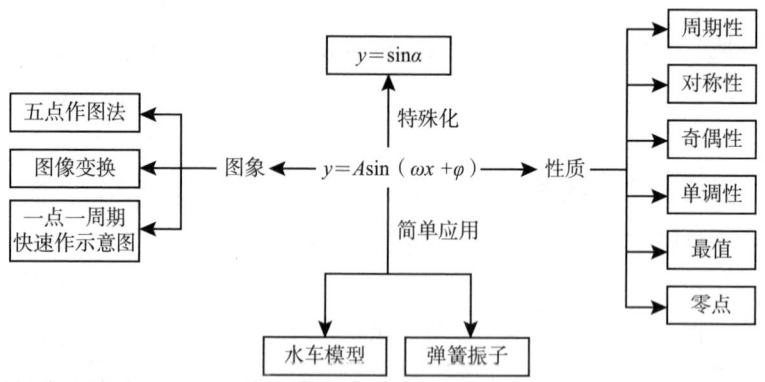 函数 $y=A\sin(\omega x+\varphi)$ 的图像作法众多，其中我们最常用的是五点法作图，此外图像变换法较为直观，而通过一点一周期绘制函数图像则最为快捷，一点一周期方法通过先描出函数的一个最大值或最小值对应的点，借助周期，每隔四分之一个周期描一个点，从而做出一个完整周期的函数图像，三角函数的性质可以借

续表

单元（主题）教学背景分析

助函数图像得到，其中周期性、奇偶性、对称性是三角函数的基本性质，利用这些性质，可以架设由未知到已知、由复杂到简单的桥梁，求解三角函数 $y=A\sin(\omega x+\varphi)$ 的图像与性质问题时，一般是把 $\omega x+\varphi$ 视为一个角 α，从而达到简化的目的，进而借助基本三角函数 $y=\sin\alpha$ 的性质来解决问题．现实世界存在着大量周期现象，函数 $y=A\sin(\omega x+\varphi)$ 就是刻画这种现象的基本而有效的数学模型，研究清楚它们的图像和性质，就为研究其他周期变化现象做好了准备．

2. 教育教学功能和价值

化归是数学的重要思想方法，函数 $y=A\sin(\omega x+\varphi)$ 与函数 $y=\sin x$ 都是匀速圆周运动的数学模型，具有一般与特殊的关系．教学中通过"思考"引导学生从已知出发探求未知，遵循从简单到复杂、从特殊到一般的研究思路．

通过学习三角函数图像与性质，可以帮助学生进一步熟悉函数的图像与性质的研究路径；另外，引导学生感受周而复始运动现象的变化规律及相应性质，培养学生的数学抽象、逻辑推理、直观想象和数学建模等素养．

本单元（主题）的课时分配情况及每课时的主要内容．

函数 $y=A\sin(\omega x+\varphi)$ 的图像与性质教学分两课时完成：

第一课时：函数 $y=A\sin(\omega x+\varphi)$ 在给定区间中的最值问题；

第二课时：函数 $y=A\sin(\omega x+\varphi)$ 的周期性、单调性、奇偶性与对称性．

二、学生情况分析

本堂课之前学生已经复习了正弦函数、余弦函数的概念、图像与性质，并掌握了参数 A、ω、φ 对函数图像的影响，这为求函数 $y=A\sin(\omega x+\varphi)$ 的图像与性质奠定了基础．

高三年级的学生已具备一定的分析、转化、推理的能力．我任教的班级是北京市示范高中的普通班，通过日常的教学和考核可以看出，学生基础比较扎实，思维灵活性和思辨性较强，但深刻性和严谨性仍有待提高，数形结合的能力也有待加强，此外面对动态问题仍有畏难情绪，对问题严谨完整的表述能力仍需培养．本单元的内容对学生的思维能力要求较高．学生在研究函数 $y=A\sin(\omega x+\varphi)$ 性质时，遇到的第一个困难是方法的选择，第一种方法是直接做出 $y=A\sin(\omega x+\varphi)$ 的图像，借助图像研究函数性质，另一种方法是通过换元

续表

单元（主题）教学背景分析
思想，将函数 $y = A\sin(\omega x + \varphi)$ 转化为正弦函数 $y = \sin x$，进而研究函数性质，对此我们可以引导学生运用两种方法分别进行研究，比较二者优缺点，从而达到突破难点的目的．

单元（主题）教学目标		
单元教学目标	单元教学目标的分解	课时分布
掌握求函数 $y = A\sin(\omega x + \varphi)$ 在给定区间中最值的过程．	通过对三角函数图像进行平移伸缩变换掌握参数 A, ω, φ 对函数图像的影响．	第一课时
	掌握函数 $y = A\sin(\omega x + \varphi)$ 图像的三个作图方法，并理解各方法的优缺点．	第一课时
	通过变换参数，掌握换元法或直接通过观察 $f(x)$ 图像求给定区间中最值的方法．	第一课时
掌握研究函数 $y = A\sin(\omega x + \varphi)$ 奇偶性、对称性、单调性、周期性的一般方法．	能够利用换元法研究函数性质	第二课时
	能够掌握 A, ω, φ 对函数性质的影响．	第二课时
经历求函数 $y = A\sin(\omega x + \varphi)$ 在给定区间的最值的过程，体会数形结合的数学思想．通过问题导向的互动式、启发式、探究式、体验式课堂教学，激发学生主动参与、主动探索的意识，使学生始终在动态过程中去感受知识、巩固知识、运用知识．	学生能够合理地作出函数图像，并借助图像，通过数形结合来分析和解决问题．	第一课时 第二课时
	师生能够在课堂上积极有效地互动，课堂活跃有序，学生思维得到充分调动．	第一课时 第二课时

续表

单元（主题）教学过程设计

本主题由两课时构成，第一课时是函数 $y = A\sin(\omega x + \varphi)$ 在给定区间中的最值问题，第二课时是函数 $y = A\sin(\omega x + \varphi)$ 的周期性、单调性、奇偶性以及对称性．

下面是这两个课时的主要问题线索和活动设计，学生在问题的驱动下展开思考，在生生互动，师生互动中生成整个单元的教学．

课时内容	主要问题线索和设计意图
$y = A\sin(\omega x + \varphi)$ 在给定区间中的最值问题（一课时）	问题1 函数 $y = 2\sin\left(2x + \dfrac{\pi}{3}\right)$ 的最值是什么？ 例1 函数 $y = 2\sin\left(2x + \dfrac{\pi}{3}\right)$，$x \in \left[-\dfrac{\pi}{4}, \dfrac{\pi}{4}\right]$ 的最值是什么？ **设计意图** 通过例题让学生掌握函数 $y = A\sin(\omega x + \varphi)$ 在给定区间中求最值的两个基本方法，并体会数形结合的运用． 问题2 我们刚才研究了确定的三角函数在确定区间的最值问题，如果把函数解析式中或者区间端点中的定值变为字母，使函数图像变化起来，会对最值产生什么影响呢？ 变式1 若 $f(x) = 2\sin\left(2x + \dfrac{\pi}{3}\right) \geqslant -1$，$x \in \left[-\dfrac{\pi}{4}, m\right]$，求 m 的取值范围． **设计意图** 让学生体会题目中隐含的最值问题，并能够将题目转化为最值问题． 问题3 我们从变式1发现随着区间端点的移动会对三角函数最小值产生影响，那它对最大值有影响吗？它是怎么影响最值的呢？ 变式2 求函数 $y = 2\sin\left(2x + \dfrac{\pi}{3}\right)$，$x \in \left[-\dfrac{\pi}{4}, m\right]$ 的最值． **设计意图** 运用数形结合的数学思想，体会区间变化对函数最大值、最小值带来的影响． 问题4 通过变式2，我们发现区间端点的变化会使我们截取函数图像不同的部分，最大值也会出现不同的次数，那么如果我们固定区间端点，变换解析式是否也会对

续表

课时内容	主要问题线索和设计意图
$y=A\sin(\omega x+\varphi)$ 在给定区间中的最值问题（一课时）	最大值出现的次数产生影响呢？ **变式 3** $y=\sin\omega x$ 在区间 $[0,2]$ 上至少出现 3 次最大值，则正数 ω 的最小值为_____. **设计意图** 让学生通过运用数形结合的数学思想，体会参数 ω 变化对函数图像横向伸缩带来的影响，体会参数变化对函数最值带来的影响. **问题⑤** 前面几道题都是函数在给定闭区间的最值问题，那是不是说函数 $y=A\sin(\omega x+\varphi)$ 在给定闭区间内一定有最大值和最小值呢？ **变式 4** $y=\sin(2x-\varphi)$ 在 $x\in\left(-\dfrac{\pi}{4},\dfrac{\pi}{4}\right)$ 上存在最小值，求 φ 可能的取值（　　）. A. $-\dfrac{\pi}{3}$　　B. $\dfrac{4\pi}{3}$　　C. $\dfrac{\pi}{3}$　　D. 0 **设计意图** 让学生通过运用数形结合的数学思想，体会参数 φ 对函数图像平移带来的影响，体会参数变化对函数最值带来的影响. **问题⑥** 通过本节课，你有什么收获？ **设计意图** 培养学生小结反思的学习习惯和总结概括的能力. **问题⑦** 我们可以研究函数 $y=2\sin\left(2x+\dfrac{\pi}{3}\right)$ 的哪些性质呢？ **设计意图** 通过让学生回顾函数的性质，直接引出本节课的内容. **问题⑧** 具体的研究方法是什么？ **设计意图** 让学生简单回顾上节课的研究方法，并指出应该从数与形两个角度研究函数，为后面的例题提供理论依据和方法指导.

续表

课时内容	主要问题线索和设计意图
$y = A\sin(\omega x+\varphi)$ 在给定区间中的最值问题（一课时）	**问题9** 如果我们改变解析式中各个参数，它对这些性质产生什么影响呢？ **问题10** 如果我们给这个函数添加一个定义域的限制，它对性质又会有什么影响呢？ **问题11** 如果已知函数的性质，能否反过来求出参数的取值范围？ **例2** 能使"函数 $y = 2\sin\left(\omega x+\dfrac{\pi}{3}\right)$ 在区间 $\left[\dfrac{\pi}{2},\pi\right]$ 上单调递减"是真命题的一个正数的值为_____． **设计意图** 培养学生的逆向思维，进一步体会参数对函数性质带来的影响． **问题** 这节课都学到了什么，有哪些收获？ **设计意图** 培养学生小结反思的学习习惯和总结概括的能力．
单元（主题）学习效果评价及作业设计	

1．评价目标

（1）掌握用换元法解决三角函数问题的一般方法．

（2）会求函数 $y = A\sin(\omega x+\varphi)$ 在给定区间中的最值问题．

（3）掌握求解函数 $y = A\sin(\omega x+\varphi)$ 的性质问题．

（4）能够通过函数 $y = A\sin(\omega x+\varphi)$ 的性质求解参数的取值问题．

（5）掌握用数形结合的思想解决函数 $y = A\sin(\omega x+\varphi)$ 问题的方法．

2．评价内容

三角函数 $y = A\sin(\omega x+\varphi)$ 的图像与性质．

3．评价方式

（1）课上过程性评价：通过课堂提问、例题解答考查学生对换元法及数形结合思想的理解情况；

（2）课后作业：通过课后作业的完成情况，对教学目标的达成情况进行评价；

（3）课后测验：通过对课后测验结果的分析，判断学生的掌握程度；

（4）个性化答疑：通过对个别学生的访谈，了解学生的掌握情况．

续表

单元（主题）学习效果评价及作业设计		

4．评价结果及教学质量分析

（1）课堂中学生敢于提出自己对于题目的想法，思维活跃，能够从数形两个不同角度对问题进行分析；课堂的互动还不够充分，可以增加适当设问让更多的学生参与到课堂中来；

（2）课后作业完成认真，简单问题正确率较高，但对于中难题，尤其在综合题目上，存在着对条件的转化不太清楚的问题；

（3）测试结果分析．

题目	评价目标	班级正确率
（1）已知函数 $y=\sin(\varpi x+\varphi)\left(\varpi>0,\|\varphi\|<\dfrac{\pi}{2}\right)$ 的部分图像如图所示，则（　　）． A．$\varpi=1, \varphi=\dfrac{\pi}{6}$　　B．$\varpi=1, \varphi=-\dfrac{\pi}{6}$ C．$\varpi=2, \varphi=\dfrac{\pi}{6}$　　D．$\varpi=2, \varphi=-\dfrac{\pi}{6}$	会通过函数图像求函数解析式．	88%
（2）设函数 $f(x)=\cos\left(\omega x-\dfrac{\pi}{6}\right)(\omega>0)$，若 $f(x)\leqslant f\left(\dfrac{\pi}{4}\right)$ 对任意的实数 x 都成立，则 ω 的最小值为　　　．	能够将恒成立问题转化为最值问题；会通过换元法求函数最值．	82%
（3）若函数 $f(x)=4\sin\left(2x+\dfrac{\pi}{3}\right)$ 在 $\left[-\dfrac{\pi}{3},b\right]$ 上的最小值和最大值分别为 $-2\sqrt{3}$ 和 4，则实数 b 的取值范围是（　　）． A．$\left[\dfrac{\pi}{12},+\infty\right)$　B．$\left(-\infty,\dfrac{\pi}{12}\right]$　C．$\left(-\dfrac{\pi}{3},\dfrac{\pi}{12}\right)$　D．$\left[\dfrac{\pi}{12},\dfrac{\pi}{2}\right)$	会通过换元法、数形结合求参数的取值范围．	70%

续表

单元（主题）学习效果评价及作业设计		
题目	评价目标	班级正确率
（4）若函数 $f(x)=\sin\omega x\ (\omega>0)$ 在区间 $\left[\dfrac{\pi}{3},\dfrac{\pi}{2}\right]$ 单调递减，则 ω 的取值范围是_____．	会通过单调性求参数范围．	52%
（5）已知函数 $f(x)=A\sin\left(\omega x+\dfrac{\pi}{4}\right)(A>0,\omega>0)$ 在区间 $[0,1]$ 上至少出现 2 次最大值，则 ω 的取值范围是_____．	会通过周期性求参数范围．	67%

本次测试时间为随堂检测，时间为 15 分钟，绝大多数同学能够在规定时间完成所有题目，但仍有个别同学做题速度偏慢，没有全部完成．通过这五道题的考查，可以发现学生通过图像求解析式的正确率较高，而第四题错误率最高，这反映出还需要加强对于单调性的练习，第二、第三、第五题均可以通过换元法，利用数形结合进行解答，其中第二、第三题是关于最值的问题，正确率较高，第四题是关于周期性的问题，正确率相对较低．通过随堂测试，可以发现后面还要加强除了最值以外其他性质的练习．

通过对学生的针对性答疑，部分学生对于用换元法进行解题理解不到位，比如求给定区间最值问题时，有的同学采取先求出函数的单调区间，然后再求出函数的最值，实际上通过换元，函数就转化为了标准的正弦函数，同时伴随着定义域的变化，即求在新的定义域下的正弦函数的最值问题，从而避免了对于单调性的讨论；同时还存在着一部分同学对于数形结合的思想运用得不熟练的情况．

5. 作业设计

（1）求函数 $y=3\sin\left(2x+\dfrac{\pi}{6}\right)+4$，$x\in\left[0,\dfrac{\pi}{2}\right]$ 的最值．

（2）已知函数 $f(x)=A\sin(\omega x+\phi)\left(A>0,\omega>0,|\phi|<\dfrac{\pi}{2}\right)$ 的部分图像如图所示．

①求 $f(x)$ 的解析式；

②若对于任意的 $x\in[0,m]$，$f(x)\geqslant 1$ 恒成立，求 m 的最大值．

单元（主题）学习效果评价及作业设计

（3）已知函数 $f(x) = 2\sin\left(2x - \dfrac{\pi}{3}\right) + 1$，$x \in \left[\dfrac{\pi}{4}, \dfrac{\pi}{2}\right]$.

①求 $f(x)$ 的最大值和最小值；

②若不等式 $|f(x) - m| < 2$ 在 $x \in \left[\dfrac{\pi}{4}, \dfrac{\pi}{2}\right]$ 上恒成立，求实数 m 的取值范围.

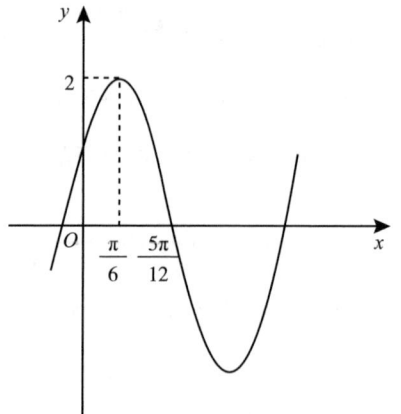

单元作业设计说明：课后作业共包含三道解答题，分别考查了函数在给定区间的最值问题；利用函数图像求解析式问题；利用换元法和数形结合思想解决函数最值问题中的参数问题. 题目由易到难，关注到了不同水平程度的学生，让基础较差的同学能够通过作业掌握解决函数 $y = A\sin(\omega x + \varphi)$ 问题的一般方法，同时让程度较好的同学有所思考，有所突破.

本单元（主题）教学特色分析

1. 设置参数使函数图像由静态转为动态

通过将函数 $y = A\sin(\omega x + \varphi)$ 或区间中的定值变为字母，使得函数图像由静态转化为动态，这对学生数形结合的能力要求相应提高，这需要教师引导，使学生在图像变化过程中寻找解题思路.

2. 重视基本活动经验，强化落实基本方法

通过让学生选取合适的作图方法，并注意作图的细节，体会不同作图方法的优缺点；分别采取直接观察函数 $f(x)$ 的图像和换元法，让学生体会解决三角函数性质问题的基本方法；通过让学生把函数解析式中或者区间端点中的定值变为字母，使函数图像变化起来，从而体会参数对函数图像带来的影响.

3. 渗透数学思想，提升逻辑素养

通过例题的精选让学生掌握函数 $y = A\sin(\omega x + \varphi)$ 在给定区间中求最值的两个基本方法，并体会数形结合思想的运用；让学生体会题目中隐含的最值问题，并能够将题目中的恒成立问题转化为最值问题，体会转化与化归的数学思想. 使学生经历由静态到动态、由具体到抽象的过程，提升逻辑推理的数学素养.

续表

本单元（主题）教学特色分析
4．充分发挥数学的德育、智育、美育功能 通过了解三角函数丰富的现实背景，并利用三角函数的图像与性质解决实际问题，渗透数学文化，感受数学的魅力．
第一课时 [函数 $y=A\sin(\omega x+\varphi)$ 在给定区间中的最值问题] 的教学目标、教学重点、教学难点

一、教学目标

（1）经历求函数 $y=A\sin(\omega x+\varphi)$ 在给定区间中最值的过程，掌握换元法或直接通过观察 $f(x)$ 图像求给定区间中最值的方法．

（2）经历求函数 $y=A\sin(\omega x+\varphi)$ 在给定区间的最值的过程，使学生体会数形结合的数学思想．

（3）通过问题导向的互动式、启发式、探究式、体验式课堂教学，激发学生主动参与、主动探索的意识，使学生始终在动态过程中去感受知识、巩固知识、运用知识．

二、教学重难点

重点　通过数形结合研究函数 $y=A\sin(\omega x+\varphi)$ 在给定区间内的最值问题．

难点　借助图像，通过数形结合求函数 $y=A\sin(\omega x+\varphi)$ 参数的取值范围．

第一课时的教学过程			
教学阶段	教师活动	学生活动	设计意图
问题引入	**问题1**　函数 $y=2\sin\left(2x+\dfrac{\pi}{3}\right)$ 的最值是什么？ 预设：最大值为2，最小值为 -2．	学生经过思考，得到问题的答案，最大值为2，最小值为 -2．	考查学生是否理解了参数 A 对函数图像的影响．
	问题2　对于学生来讲并不困难，学生回答得比较顺利，于是我进一步地追问如下． **追问**　你是怎么求出来的？	学生经过思考回答：因为 $y=\sin\left(2x+\dfrac{\pi}{3}\right)$ 的	

续表

教学阶段	教师活动	学生活动	设计意图
问题引入	为了进一步强调参数 A 对函数图像带来的影响，我对学生的回答进行了总结如下． **总结** 这里 $A>0$，A 起到的作用就是图像纵向的伸缩．	最大值和最小值分别为 1 和 -1，分别乘以 2 就是 2 和 -2．	考查学生是否理解了参数 A 对函数图像的影响．
	追问 最大值和最小值分别在何时取得？ 学生最初的回答为当 $2x+\dfrac{\pi}{3}=\dfrac{\pi}{2}$ 时，函数取得最大值，于是我进一步提问：只有一个点吗？学生很快自己纠正了自己的错误．	学生回答：令 $2x+\dfrac{\pi}{3}=\dfrac{\pi}{2}+2k\pi$，$k\in\mathbf{Z}$，解出 x，最大值在 $x=\dfrac{\pi}{12}+k\pi$，$k\in\mathbf{Z}$ 处取得，令 $2x+\dfrac{\pi}{3}=\dfrac{3\pi}{2}+2k\pi$，$k\in\mathbf{Z}$，解出 x，最小值在 $x=\dfrac{7\pi}{12}+k\pi$，$k\in\mathbf{Z}$ 处取得．	
例题精讲	**例** 函数 $y=2\sin\left(2x+\dfrac{\pi}{3}\right)$，$x\in\left[-\dfrac{\pi}{4},\dfrac{\pi}{4}\right]$ 的最值是什么？	学生回答：借助函数 $f(x)$ 图像，求出函数在 $x\in\left[-\dfrac{\pi}{4},\dfrac{\pi}{4}\right]$ 最值．	通过例题让学生掌握函数 $y=A\sin(\omega x+\varphi)$ 在给定区间中求最值的两个基本方法，并体会数形结合的运用．
	函数图像作图方法的选取往往影响做题的速度，为了了解学生的作图习惯，并提出改进意见，进行了追问，学生选取了一点一周期的方法，较为快捷地做出了函数图像． **追问**：你是如何作出函数图像的？	学生回答：先描出一个最大值的点，然后再向右描出同一周期中的其他 4 个关键点，借助周期性画出函数在全体实数的图像，并找到函数在 $x\in\left[-\dfrac{\pi}{4},\dfrac{\pi}{4}\right]$ 的图像．	

续表

教学阶段	教师活动	学生活动	设计意图
例题精讲	第一位同学采取了直接做出函数图像的方法，为了让学生给出换元法求给定区间最值的做法，我继续提问． 追问　还有没有其他方法？ 总结　通过这道题我们应该掌握求函数 $y=A\sin(\omega x+\varphi)$ 在给定区间中最值的两个基本方法：直接观察函数 $f(x)$ 的图像和换元法．这两种方法有各自的优点，直接利用函数 $f(x)$ 的图像可以更为直接地读出 x 的值，换元法则可以将复杂的函数图像转化为我们熟悉且简单的函数图像．在这里区间的限制决定了需要截取 $x\in\left[-\dfrac{\pi}{4},\dfrac{\pi}{4}\right]$ 的图像，因此在求最值的过程中，也要始终注意数形结合的数学思想．	令 $u=2x+\dfrac{\pi}{3}$，则 $u\in\left[-\dfrac{\pi}{6},\dfrac{5\pi}{6}\right]$，所以当 $u=-\dfrac{\pi}{6}$ 时，即 $x=-\dfrac{\pi}{4}$ 时，函数 $y=2\sin\left(2x+\dfrac{\pi}{3}\right)$ 取得最小值为 -1，当 $u=\dfrac{\pi}{2}$ 时，即 $x=\dfrac{\pi}{12}$ 时，函数 $y=2\sin\left(2x+\dfrac{\pi}{3}\right)$ 取得最大值为 2． ——	通过例题让学生掌握函数 $y=A\sin(\omega x+\varphi)$ 在给定区间中求最值的两个基本方法，并体会数形结合的运用． ——

续表

教学阶段	教师活动	学生活动	设计意图
区间变换	**问题3** 刚才研究了确定的三角函数在确定区间的最值问题，如果把函数解析式中或者区间端点中的定值变为字母，使函数图像变化起来，会对最值产生什么影响呢？ **变式1** 若 $f(x)=2\sin\left(2x+\dfrac{\pi}{3}\right)\geqslant -1$，$x\in\left[-\dfrac{\pi}{4},m\right]$，求 m 的取值范围．	学生经过思考回答：借助换元法，将题目转化为函数 $y=2\sin u$ 在区间 $u\in\left[-\dfrac{\pi}{6},2m+\dfrac{\pi}{3}\right]$ 上最小值大于或等于 -1 的问题． 答案： $-\dfrac{\pi}{4}<m\leqslant\dfrac{5\pi}{12}$	（1）运用数形结合的数学思想，体会区间变化对函数最大值、最小值带来的影响． （2）让学生体会题目中隐含的最值问题，并能将题目转化为最值问题．
	针对变式1，我想让同学们对换元法与直接利用函数 $f(x)=2\sin\left(2x+\dfrac{\pi}{3}\right)$ 图像的方法的优缺点进行比较，于是我继续追问． **追问** 是否还有其他方法．	学生回答：直接利用刚才已经画出的函数 $f(x)=2\sin\left(2x+\dfrac{\pi}{3}\right)$ 的图像，令 $f(x)=-1$，求出 x 的值．	—
	学生的回答还是不够准确，于是我继续问道： **追问** 令 $f(x)=-1$ 时，x 有无数多个值，取哪个值呢？	学生回答：取比 $x=-\dfrac{\pi}{4}$ 大的并且是最近的 x 的值，当 $x>-\dfrac{\pi}{4}$ 时，函数 $f(x)$ 的值将会小于 -1．	—
	总结 这道题表面上没说最值，但的确考查了最值问题，我们可以将题目转化为函数在	—	—

续表

教学阶段	教师活动	学生活动	设计意图
区间变换	区间 $x\in\left[-\dfrac{\pi}{4},m\right]$ 的最小值大于或等于 -1．在这里区间端点的移动，只是影响了我们截取函数在哪一部分的函数图像，我们可以通过移动区间右端点，借助函数 $f(x)$ 图像，利用数形结合，求出 m 的取值范围．	—	—
	问题4 我们从变式1发现随着区间端点移动会对三角函数最小值产生影响，那它对最大值有影响吗？它是怎么影响最值的呢？ **变式2** 求函数 $y=2\sin\left(2x+\dfrac{\pi}{3}\right)$，$x\in\left[-\dfrac{\pi}{4},m\right]$ 的最值． 在学生口述解题过程中，教师同时通过多媒体演示，动态展示函数最值的变化情况．	学生回答： ① 当 $-\dfrac{\pi}{4}<m\leqslant\dfrac{\pi}{12}$ 时，最小值为 $f\left(-\dfrac{\pi}{4}\right)=-1$，最大值为 $f(m)=2\sin\left(2m+\dfrac{\pi}{3}\right)$；	—

续表

教学阶段	教师活动	学生活动	设计意图
区间变换	② ③ ④	② 当 $\frac{\pi}{12} < m \leqslant \frac{5\pi}{12}$ 时，最小值为 $f\left(-\frac{\pi}{4}\right) = -1$，最大值为 $f\left(\frac{\pi}{12}\right) = 2$； ③ 当 $\frac{5\pi}{12} < m \leqslant \frac{7\pi}{12}$ 时，最小值为 $f(m) = 2\sin\left(2m + \frac{\pi}{3}\right)$，最大值为 $f\left(\frac{\pi}{12}\right) = 2$； ④ $m > \frac{7\pi}{12}$ 时，最小值为 $f\left(\frac{7\pi}{12}\right) = -2$，最大值为 $f\left(\frac{\pi}{12}\right) = 2$.	—
	追问 当 $m > \frac{7\pi}{12}$ 时，最大值、最小值始终都不变了吗？	学生回答：不变，因为函数的最大值和最小值分别是 2，-2.	—
	总结 这道题区间端点的移动同样影响着我们截取函数图像的哪一部分，我们可以借助数形结合讨论在这一部分图	—	

续表

教学阶段	教师活动	学生活动	设计意图
区间变换	像中的最值问题．在这里我们同样可以利用换元法，讨论函数 $y=2\sin u$ 在区间 $u\in\left[-\dfrac{\pi}{6}, 2m+\dfrac{\pi}{3}\right]$ 上的最值问题，这时我们需要讨论的是 $2m+\dfrac{\pi}{3}$ 和 $\dfrac{\pi}{2}$、$\dfrac{7}{6}\pi$ 和 $\dfrac{3}{2}\pi$ 的关系．	—	—
解析式变换	**问题5** 通过变式2，我们发现区间端点的变化会使我们截取函数图像不同的部分，最大值也会出现不同的次数，那么如果我们固定区间端点，变换解析式是否也会对最大值出现的次数产生影响呢？ **变式3** $y=\sin\omega x$ 在区间 $[0,2]$ 上至少出现3次最大值，则正数 ω 的最小值为_____． 在这里学生出现了典型的错误，他们认为一个周期中只出现一次最大值，所以至少需要三个周期，于是我通过GeoGebra动态演示函数图像，让学生更为直观地进行观察． **追问** 观察图像，周期再大一点儿可以吗？	学生回答：至少需要三个周期，所以 $3\times\dfrac{2\pi}{\omega}\leqslant 2$． 学生回答：周期可以再大一点，不过至少需要二又四分之一个周期．	让学生通过运用数形结合的数学思想，体会参数 ω 变化对函数图像横向伸缩带来的影响；体会参数变化对函数最值带来的影响，并体会三角函数存在最值的条件．

第二篇 高中数学公式的教学实践

教学阶段	教师活动	学生活动	设计意图
解析式变换	**总结** 通过这道题我们要体会 ω 对函数图像的影响，ω 通过使函数图像产生横向的伸缩进而影响函数的周期，因此会导致函数最大值出现的次数发生变化．在处理相关问题时要注意数形结合的运用．此外我们还可以通过换元法，令 $t=\omega x$，则 $t\in[0,2\omega]$，转化为 $y=\sin t$ 在 $t\in[0,2\omega]$ 上至少出现 3 次最大值，则 $2\omega\geqslant\dfrac{\pi}{2}+2\cdot 2\pi$，所以 $\omega\geqslant\dfrac{9}{4}\pi$．	—	让学生通过运用数形结合的数学思想，体会参数 ω 变化对函数图像横向伸缩带来的影响；体会参数变化对函数最值带来的影响，并体会三角函数存在最值的条件．
	问题⑥ 前面几道题都是函数在给定闭区间的最值问题，那是不是说函数 $y=A\sin(\omega x+\varphi)$ 在给定闭区间内一定有最大值和最小值呢？	学生回答：一定存在最大值和最小值，因为函数是连续的，并且区间是闭区间．	
	追问 我们变换一下条件，比如把闭区间改为开区间，函数是否还有最小值呢？ **变式 4** $y=\sin(2x-\varphi)$ 在 $x\in\left(-\dfrac{\pi}{4},\dfrac{\pi}{4}\right)$ 上存在最小值，求 φ 可能的取值（　　）． A. $-\dfrac{\pi}{3}$　　B. $\dfrac{4\pi}{3}$ C. $\dfrac{\pi}{3}$　　D. 0	学生回答：分别将几个选项带入，画出函数图像，观察哪个函数在区间 $x\in\left(-\dfrac{\pi}{4},\dfrac{\pi}{4}\right)$ 上存在最小值．	

续表

教学阶段	教师活动	学生活动	设计意图
解析式变换	**追问** 这个方法是可以的，但是画出四个函数图像比较麻烦，有没有其他办法呢？ 除了刚才两位同学的做法，我们还可以通过代数法求解，若函数 $y=\sin(2x-\varphi)$ 在 $x\in\left(-\dfrac{\pi}{4},\dfrac{\pi}{4}\right)$ 上存在最小值，则 $2x-\varphi=-\dfrac{\pi}{2}+2k\pi, k\in\mathbf{Z}$ 在 $x\in\left(-\dfrac{\pi}{4},\dfrac{\pi}{4}\right)$ 上有解，即 $x=-\dfrac{\pi}{4}+k\pi+\dfrac{\varphi}{2}\in\left(-\dfrac{\pi}{4},\dfrac{\pi}{4}\right), k\in\mathbf{Z}$，所以 $\varphi\in(-2k\pi,\pi-2k\pi), k\in\mathbf{Z}$，当 $k=0$ 时，$\varphi\in(0,\pi)$，C 成立.	学生1，采用换元法，令图像固定不动，区间运动，令 $u=2x-\varphi$，则 $u\in\left(-\dfrac{\pi}{2}-\varphi,\dfrac{\pi}{2}-\varphi\right)$，当 $\varphi=\dfrac{\pi}{3}$ 时，$u\in\left(-\dfrac{5\pi}{6},\dfrac{\pi}{6}\right)$，当 $u=-\dfrac{\pi}{2}$，即 $x=-\dfrac{\pi}{12}$ 时，函数 $y=\sin(2x-\varphi)$ 取得最小值. 学生2，区间固定不定，令图像平移，$y=\sin 2x$ 图像向右平移 $\dfrac{\varphi}{2}$ 个单位，当 $\varphi=\dfrac{\pi}{3}$，则 $x=-\dfrac{\pi}{12}$ 时取得最小值.	让学生通过运用数形结合的数学思想，体会参数 ω 变化对函数图像横向伸缩带来的影响；体会参数变化对函数最值带来的影响，并体会三角函数存在最值的条件.
小结反思	**问题7** 通过本节课，请你从知识和思想方法层面说说你都有哪些收获？	内容上，函数 $y=A\sin(\omega x+\varphi)$ 中参数 A、ω、φ 以及区间端点对最值的影响. 方法上，解决函数 $y=A\sin(\omega x+\varphi)$ 在给定区间最值问题的两个基本方法：换元法和直接通过观察函数 $f(x)$ 图像. 思想：数形结合.	培养学生小结反思的学习习惯和总结概括的能力.

第五节　平面向量数量积的坐标表示教学设计

平面向量数量积的坐标表示教学设计，如表 1.6 所示．

表 1.6　平面向量数量积的坐标表示教学设计

课题：平面向量数量积的坐标表示	
高中	一年级
教材	书名：《普通高中教科书数学必修第二册》[2019 年 A 版，以下简称教材（必修二）] 出版社：人民教育出版社
教学目标及教学重点、难点	
本节研究平面向量数量积的坐标表示及数量积坐标表示的应用．利用向量坐标表示的概念、数量积的运算律及定义推导出数量积的坐标表示，应用体现在向量模及夹角的坐标表示．在这个过程中，感受将向量数量积的运算转化为向量坐标的运算过程，从数与形两方面对向量的夹角进行认识，感受向量数量积数与形的双重属性，提升直观想象、数学抽象和数学运算等素养．	

教学过程（表格描述）		
教学环节	主要教学活动	设置意图
引入	这节课我们一起来学习面向量数量积的坐标表示．前面我们利用向量坐标表示的概念，探究了平面向量的加法、减法以及数乘的坐标表示，今天我们继续利用向量坐标表示的概念，探究数量积的坐标表示．	开门见山，点明本节课的主题．
新课	**环节 1　推导数量积的坐标表示** 已知 a 的横、纵坐标分别是 x_1, y_1，向量 b 的横、纵坐标分别是 x_2, y_2，怎样用 a，b 的坐标表示 a，b 的数量积呢？ 由平面向量的坐标表示的概念可知：	解决这个问题的关键，一是用向量坐标表示的概念去表示向量 a，b；二是运用数量积的运算律；三是利用数量积的定义．

续表

教学环节	主要教学活动	设置意图
新课	$a=x_1\boldsymbol{i}+y_1\boldsymbol{j}, b=x_2\boldsymbol{i}+y_2\boldsymbol{j}$. 这里 $\boldsymbol{i},\boldsymbol{j}$ 分别是与 x,y 轴同向的单位向量. $\boldsymbol{a}\cdot\boldsymbol{b}=(x_1\boldsymbol{i}+y_1\boldsymbol{j})\cdot(x_2\boldsymbol{i}+y_2\boldsymbol{j})$ 所以 $=x_1x_2\boldsymbol{i}^2+x_1y_2\boldsymbol{i}\cdot\boldsymbol{j}+x_2y_1\boldsymbol{j}\cdot\boldsymbol{i}+y_1y_2\boldsymbol{j}^2.$ 又 $\boldsymbol{i}^2=1, \boldsymbol{i}\cdot\boldsymbol{j}=\boldsymbol{j}\cdot\boldsymbol{i}=0, \boldsymbol{j}^2=1$, 所以 $\boldsymbol{a}\cdot\boldsymbol{b}=x_1x_2+y_1y_2.$ 也就是说，两个向量的数量积等于它们对应坐标的乘积的和.	可将向量的数量积运算归结为向量坐标的运算，从而实现向量运算的完全数量化. 注意符号语言与文字语言的等价性.
	环节2 数量积的坐标表示的应用1：向量模的坐标表示 　　探究完数量积的坐标表示，自然而然地想到数量积的坐标表示的应用，那么从哪些角度去探究其应用呢？ 　　我们知道向量既有大小又有方向，那么我们就可以从大小（模）和方向两条路径来探究坐标表示的应用. 　　若 $\boldsymbol{a}=(x,y)$, 则 $\boldsymbol{a}^2=\boldsymbol{a}\cdot\boldsymbol{a}=|\boldsymbol{a}|^2=x\cdot x+y\cdot y=x^2+y^2,$ 或 $|\boldsymbol{a}|=\sqrt{x^2+y^2}.$ 　　如果表示向量 $\boldsymbol{a}$ 的有向线段的起点和终点的坐标分别为 $(x_1,y_1),(x_2,y_2)$, 那么 $\vec{a}=(x_2-x_1, y_2-y_1),$ $|\vec{a}|=\sqrt{(x_2-x_1)^2+(y_2-y_1)^2}.$ （平面内两点间距离公式）	采用特殊化的思想：令 $\boldsymbol{a}=\boldsymbol{b}$, 即 $x_1=x_2=x, y_1=y_2=y$ 推出 $|\boldsymbol{a}|^2=x\cdot x+y\cdot y=x^2+y^2$, 进而得到模的坐标表示，从而推导出平面内两点之间的距离公式.
	环节3 数量积的坐标表示的应用2：两向量夹角余弦值的坐标表示	用坐标表示两个向量的夹角余弦值.

第二篇　高中数学公式的教学实践　143

续表

教学环节	主要教学活动	设置意图
新课	**一般情形** 设 a,b 都是非零向量，$a=(x_1,y_1)$，$b=(x_2,y_2)$，θ 是 a 与 b 的夹角，根据向量数量积的定义及坐标表示可得 $\cos\theta=\dfrac{a\cdot b}{|a||b|}=\dfrac{x_1x_2+y_1y_2}{\sqrt{x_1^2+y_1^2}\cdot\sqrt{x_2^2+y_2^2}}$. **特殊情形** 设 $a=(x_1,y_1)$，$b=(x_2,y_2)$，则 $a\perp b\Leftrightarrow x_1x_2+y_1y_2=0$. **环节4** 两向量夹角余弦值的坐标表示及余弦函数的有界性产生柯西不等式 $\cos\theta=\dfrac{a\cdot b}{|a||b|}=\dfrac{x_1x_2+y_1y_2}{\sqrt{x_1^2+y_1^2}\cdot\sqrt{x_2^2+y_2^2}}$. 与 $|\cos\theta|\leqslant 1$ 结合产生柯西不等式： $(x_1x_2+y_1y_2)^2\leqslant(x_1^2+y_1^2)(x_2^2+y_2^2)$.	用坐标表示两个向量垂直的充要条件． 研究夹角问题，遵循从一般到特殊的原则，特殊情形包含在一般情形之中． 体会向量在几何基本元素与代数运算之间的桥梁与纽带作用．
例题	**例题** 若 $A(1,2)$，$B(2,3)$，$C(-2,5)$. （1）判断 $\triangle ABC$ 的形状？证明你的猜想； （2）求 $\cos B$； （3）过点 A 作 $AD\perp BC$ 于点，求点 D 的坐标．	例题（1）是已知三点的坐标，判断以这三点为顶点的三角形的形状；第二问求 $\angle B$ 的余弦值分三步，第一步求 $\overrightarrow{BA}\cdot\overrightarrow{BC}$；第二步求 $|\overrightarrow{BA}|\cdot|\overrightarrow{BC}|$；第三步利用数量积除以模的乘积所得的商就是 $\angle B$ 的余弦值； 解决例题（3）有一定的难度，从数上看去建立方程组，从形上看利用数量积的几何意义．

续表

教学环节	主要教学活动	设置意图
例题	[问题] 你能用向量的方法证明两角差的余弦公式：$\cos(\alpha-\beta)=\cos\alpha\cos\beta+\sin\alpha\sin\beta$ 吗？	利用向量的坐标推导两角差的余弦公式，并在其中感受"利用几何图形建立直观，通过代数运算刻画规律"是这一章的核心所在． 总之，有了运算，向量的力量无限；没有运算，向量就只是一个路标．
总结	本节讲了两方面的内容探究，其一探究了平面向量数量积的坐标表示； 其二探究了平面向量数量积的坐标表示的应用：首先探究了向量模的坐标表示，推导出平面内两点之间的距离公式； 其次探究了两个向量夹角余弦值的坐标表示，得到两个向量垂直的充要条件． 体会向量是联系"代数方法"与"几何基本元素"的桥梁与纽带．	对知识和方法进行总结提升．
作业	（1）分别在平面直角坐标系中做出下列各组点，猜想以 A,B,C 为顶点的三角形的形状，然后给出证明． ① $A(-1,-4),B(5,2),C(3,4)$； ② $A(-2,-3),B(19,4),C(-1,-6)$． （2）求证：以 $A(1,0),B(5,-2),C(8,4),D(4,6)$ 为顶点的四边形是一个矩形．	这两道作业题是选自教材（必修二）的练习题，分别是对课上例题的巩固练习．

第六节　直线的倾斜角和斜率

一、教学内容分析

1. 本节主要内容、课程标准要求与课时分配

直线是平面几何中已经研究过的图形，本章用解析几何的方法再研究，可以使学生体会解析几何方法的特点．本章首先在平面直角坐标系中，探索确定直线位置的几何要素；然后用代数方法刻画直线的斜率，在此基础上，建立直线的方程；初步感悟平面解析几何蕴含的数学思想（图 1.6）．

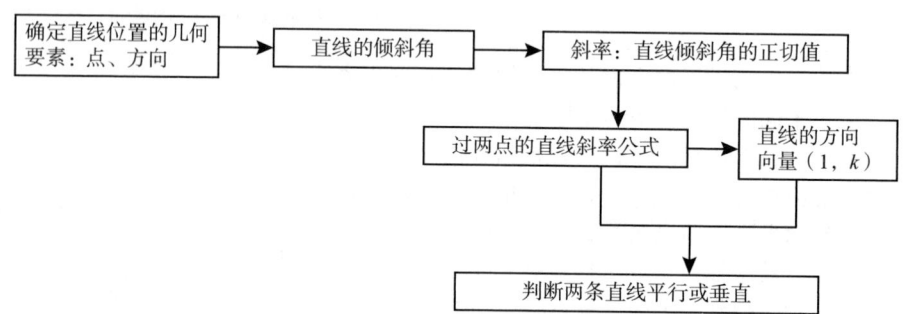

图 1.6　本节知识框架

课程标准要求，图形研究基本问题主要有两个方面，一是能从不同角度描述图形，例如，对直线来说，可以从几何角度描述，即"两点确定一条直线"；可以从解析几何角度，即"在平面直角坐标系中，每个二元一次方程表示一条直线"；二是从向量积和角度，即"给定一个点和一个非零向量，可以唯一确定过此点与向量平行的直线"．而是研究图形之间的关系，其中最主要的关系是图形之间位置关系和度量关系，如对于直线之间位置关系有相交（垂直）、平行；度量关系有距离、角度等，并进一步发展学生的数学运算素养和直观想象素养．评价要求与课时分配，如表 1.7 所示．

表 1.7　评价要求与课时分配

知识单元	核心知识	评价要求			课时分配
		理解	理解	掌握	
直线的倾斜角和斜率	直线的倾斜角和斜率	—	√	—	1

续表

知识单元	核心知识	评价要求 理解	评价要求 理解	评价要求 掌握	课时分配
直线的倾斜角和斜率	过两点的直线斜率的计算公式	—	—	√	1
	两条直线平行或垂直的判定	—	√	√	1

2. 本节课的作用与地位分析

平面解析几何是中学数学中独具特色的一部分．它的基本思想是用代数方法解决几何问题．解析几何学习的根本任务就是深刻领会"平面解析几何"的基本思想，把握"平面解析几何"这部分内容思维特点与方法．平面解析几何研究的是几何问题，要得到的也是几何的结论．但它使用的方法却不是几何问题中常用的演绎推理的思维方法，而是用代数的知识和方法去解决．因此，直线这个几何对象要代数化，也就是在平面直角坐标系中建立它们的方程．当然，这是最基本的代数化，随着问题的深入，我们还要将各种不同情况下的几何元素之间的关系所体现出来的几何特征进行代数化．由于本节课是解析几何的起始课，一定要从解析几何思维的高度去理解问题，初步体会建立直线方程的代数化观点以及用代数的方法研究直线间的位置关系的方法，为后续的圆及圆锥曲线的学习打好基础．

3. 编写教材的意图

（1）突出坐标法，让学部学生初步感悟用坐标法研究几何图形性质的程序性和普适性．在用坐标法研究几何图形性质的过程中，常常把图形看成点的集合或点运动形成的轨迹．点是构成图形的基本元素，在平面直角坐标系中，用有序数对表示一个，有序数对表示唯一的一个点．也就是说，点与有序数对一一对应．用点的坐标刻画直线的几何特征，就得到它们的点(x,y)满足的规律，这个规律用代数表达式$f(x,y)=0$表示，就建立了直线的方程．由直线上每个点的坐标(x,y)都满足方程，以方程的解为坐标的点都在直线上，确立了直线与其方程之间的关系．直线可以由方程表示，相应的方程表示直线，从而可以由直线方程研究与它们相关的几何性质．这种研究几何图形性质的过程，教材用一个非常形象的词"三步曲"来概括，第一步：建立适当的平面直角坐标系，用坐标和方程表示问题中的几何元素，把平面几何问题转化为代数问题；第二步：通过代数运算解决代数问题；第三步：把代数运算的结果"翻译"成几何结论."三步曲"说的是坐标法解决几何问题的程序性. 普适性是指一旦直线方程确定，那么它们的主要几何性质如距离、角度等，原则上可以由它们的方程得到.

（2）强调两点间的距离公式、过两点的直线斜率公式的基础地位. 距离和角度是欧式几何中两个基本的度量，平面解析几何的研究对象是平面几何图形，刻画距离和角度是平面解析几何的基本任务. 两点间的距离公式、过两点的直线斜率公式，是平面解析几何中刻画距离和角度的两个基本公式，这两个公式在平面解析几何的学习中具有基础地位，它们是几何图形代数化的起点和重要工具.

一点和一个方向可以确定一条直线，而方向可以用角度刻画. 在平面直角坐标系中研究直线，直线的几何特征是经过其上任意两点，直线的倾斜角不变，这就是直线上的点在运动变化过程中保持不变的东西. 而倾斜角无法直接用直线上任意两点的坐标定量刻画，这时需要转化，倾斜角的正切值可以用直线上任意两点的坐标定量刻画. 这种定量刻画为研究直线带来方便. 教材把直线倾斜角的正切值定义为直线的斜率 $k = \tan\alpha = \dfrac{y_2 - y_1}{x_2 - x_1}$. 这样，斜率 k 完全刻画了直线的几何特征，并用 $(1, k)$ 表示这条直线的一个方向向量.

因为利用两条直线斜率的关系可以判断他们平行或垂直的位置关系，为了突出过两点的直线斜率公式的基础地位，教材在建立直线方程之前用它；判断两条直线平行或垂直的问题.

（3）注重信息技术与数学课程的深度融合，提高教学的实效. 以计算机技术发挥重要支撑作用的应用数学的发展是当今数学发展的一个重要特征. 数学课程中运用信息技术已成为必然的选择. 结合有关概念教学，利用信息技术更形象、直观地显示概念的本质属性和特征，为学生更好地理解数学提供帮助.

二、学情分析

1. 教学内容的分析

直线的倾斜角是这一章所有概念的基础，而这一章的概念核心是斜率，理解二者之间的关系将是学好此章的关键；过两点的直线的斜率公式要讲透两点，其一是斜率的表象是一种 $k = \dfrac{\triangle y}{\triangle x}$ 的比值，要让学生理解这种表达式，为两条直线垂直时斜率有何关系、导数的概念作好铺垫；其二是斜率的本质是与所取的点无关.

2. 学生情况分析

学生情况是北京市示范高中高一学生，数学基础较好；选用的课本是人民教育出版社出版的《普通高中教科书数学必修第二册》(2019年A版)，学生对"用代数方法研究图形的几何性质"的方法还不太适应，教师要逐级渗透．

3. 前期教学状况、问题、对策

高中学生刚接触解析几何，对这门课的学习还缺乏足够的耐心．为了打消学生学习解析几何的顾虑，我利用手持技术——TI图形计算器，将直观的图形呈现在学生面前，让"形"的直观激发学生的求知欲，从而体会技术所带来的学习的快乐！

4. 教学方式与教学手段说明

本节课采取了启发引导与师生互动的教学方式，在讲解新知的过程中，教师创设问题情境，让学生主动探究；在教师的启发与手持技术的帮助下，学生体会到了新知与旧知的联系，感受到学习带来的快乐．

本节课采取多媒体教学与手持技术相结合的手段，在教师的展示下，使学生感受到斜率在研究直线中所起到的作用，进而知道"形"的气场！

5. 前期准备

多媒体技术平台、TI图形计算器．

三、教学目标与重难点

知识与技能　使学生理解倾斜角与斜率的概念，了解二者之间的关系，会求过已知两点的直线的斜率．

过程与方法　通过对倾斜角与斜率的探讨，培养学生转化的思想，提高解决问题的能力．

情感、态度与价值观　在探索倾斜角与斜率的关系过程中，明确倾斜角的变化对斜率的影响，并在其中体验严谨的治学态度．

教学重点与难点

重点　倾斜角、斜率、过两点的直线的斜率公式．

难点　斜率．

对难点的处理　先从简单的过原点的直线入手，再从倾斜角为锐角、钝角的情况去分析．

四、教学过程

教学过程,如表 1.8 所示.

表 1.8 教学过程

过程		情景创设	学生活动	教师活动	设计说明
新知的引入	提出问题	在平面直角坐标系内,任意画出一条直线.	学生按照老师要求画直线.	指导学生完成练习.拿同学的作品展示,提问:有什么不同吗?	学生在教师"问题串"的引导下去思考,引导学生在两点确定一条直线的基础上,认识到"一点和一个方向"也可以唯一确定一条直线,方向是直线的一个重要几何要素.
	再问	决定直线的位置有哪些条件呢?	生甲:直线的位置不同.	针对学生回答,进行适当点拨.	
	追问	还有没有其他确定一条直线的方法?	生乙:两点确定一条直线.	指明思考方向.	
概念的讲解		下面我们利用直角坐标系进一步研究确定直线位置的几何要素,观察下图中经过定点 P 的直线束,它们的区别是什么?你能利用直角坐标系中的一些元素将这些直线区分吗?	学生可能会指出这些直线的方向不同,也可能会说这些直线与 x 轴所成的角不同.	教师可以引导学生思考以平面直角坐标系中坐标轴为基准,规定直线的方向,并用直线的方向与 x 轴形成的角刻画直线的方向,在此基础上引入倾斜角的概念.	让学生通过观察过同一点的不同位置的直线,并强调以直角坐标系为参照系,探究区分不同位置直线的方法,引导学生感受在直角坐标系中利用倾斜角刻画直线方向的合理性.

150　中学数学公式的教学价值

续表

过程	情景创设	学生活动	教师活动	设计说明
概念的讲解	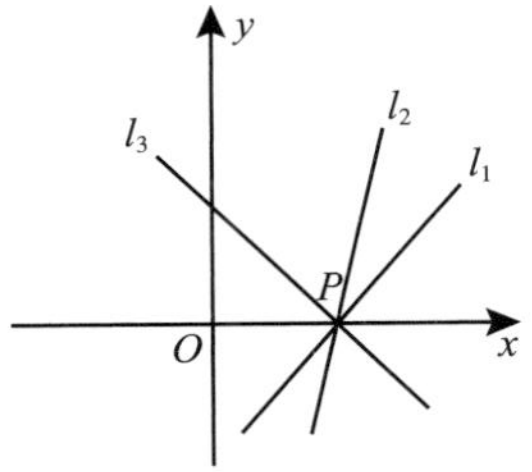 (图①: 坐标系中过P点的三条直线 l_1, l_2, l_3) 让学生任画一条直线并标记倾斜角(图①).	—	(1) 倾斜角的定义: 在平面直角坐标系中, 直线 l 与 x 轴相交时, x 轴正方向与直线 l 向上方向之间所成的角;	—
	发现一同学画了一条与 x 轴平行的直线却标记不出倾斜角, 问同学为什么?	学生按要求画直线.	教师巡视纠错.	—
		学生回答.	注: 当直线 l 与 x 轴平行时, 倾斜角为 $0°$.	—
	提问: 倾斜角的范围是什么? (让学生自己去解决) 日常生活中, 我们用坡度来刻画的"倾斜程度", 坡度即坡面的铅直高度和水平长度的比; 为了用坐标的方法刻画直线的倾斜角, 引入直线的斜率概念 (也可以从一次	学生独立解决. 学生按要求画直线. 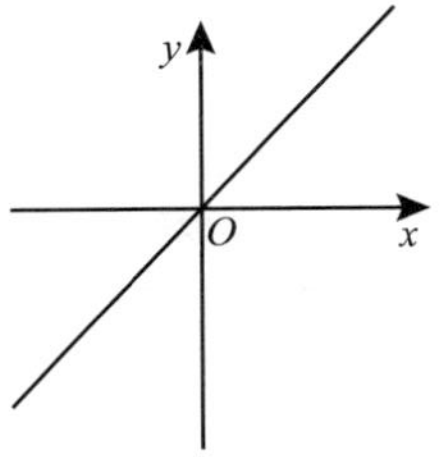 (图①: 坐标系中一条斜线)	(2) 倾斜角的范围: $0° \leq \alpha < 180°$.	借助信息技术的直观, 引导学生讨论在直角坐标系中直线的倾斜角取值的各种情况, 进一步确认用倾斜角刻画一条直线倾斜程度的合理性.

第二篇 高中数学公式的教学实践 151

续表

过程	情景创设	学生活动	教师活动	设计说明
概念的讲解	函数的解析式 $y=kx+b$ 引入，其中的 k 就是斜率． 让学生任意画一条直线，类比坡度的方法，用坐标的方法刻画"直线的坡度"——斜率．	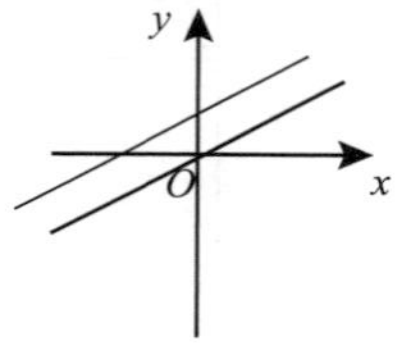 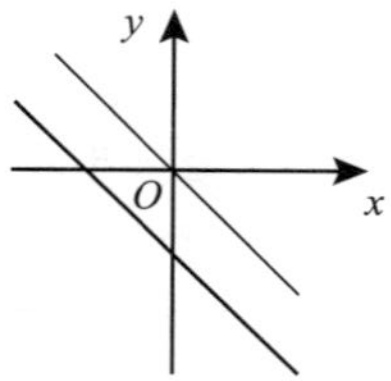 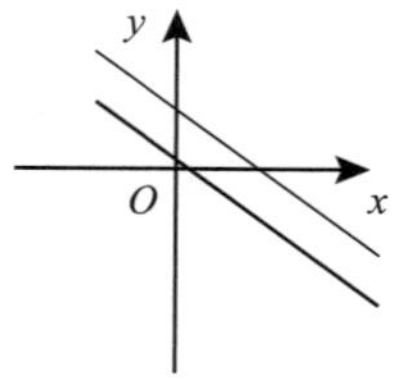 ②③④	教师必须告诉学生：若倾斜角（$\alpha \neq 90°$）相等，则斜率也相等． 图①，图②，图③，图④．对于不过原点的直线，总可以作一条过原点并且与它平行的直线，由于两直线平行，倾斜角相等．因此，只需研究过原点的直线的斜率；	通过对特殊问题一般化的抽象得到倾斜角的正切值，即斜率的计算公式，并通过师生对该公式意义的分析，发现它正是我们寻求的刻画直线方向的代数表达．

152　中学数学公式的教学价值

续表

过程	情景创设	学生活动	教师活动	设计说明
概念的讲解	倾斜角为 $0°\leqslant\alpha<90°$ 的直线的斜率（运用信息技术）	⑤ ⑥ ⑦	对于图⑤，图⑥指明：倾斜角 $\alpha=90°$，斜率不存在； 对于图⑦指明：倾斜角 $\alpha=0°$，斜率为 0；	这种形式能直接参与代数运算，实现用代数方法处理几何问题的目的．

续表

过程	情景创设	学生活动	教师活动	设计说明
概念的讲解	再问：若倾斜角为锐角，求斜率的取值范围；若倾斜角在锐角内变化，斜率如何变化？ 倾斜角为 $90°<\alpha<180°$ 的直线的斜率（运用信息技术）．	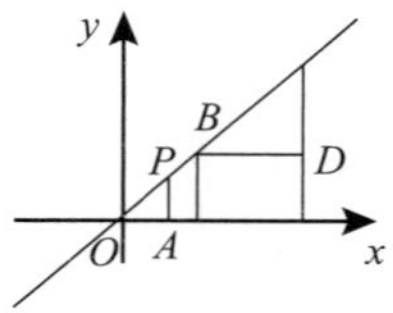 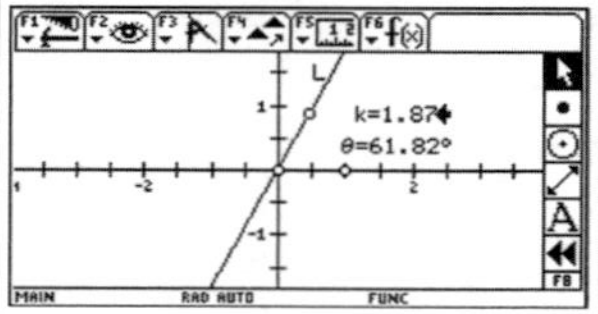	注：$A(1,0), P(1,k)$ 教师定义：当横坐标 x 从 0 增加到 1 时，纵坐标 y 从 0 增加到 k，称 k 为直线的斜率； 提问：由此定义，你能发现斜率的其他形式的定义吗？ 教师设计课件，利用图形计算器这一媒体，通过直观、动态地展示，加深学生对二者之间关系的认识；	结合正切函数的概念及其单调性，帮助学生认识随着倾斜角的变化，斜率的变化情况，理解其中斜率不存在的情况，使得学生对倾斜角和斜率的概念有更清晰的认识．
	提问 若倾斜角在钝角内变化，斜率如何变化？	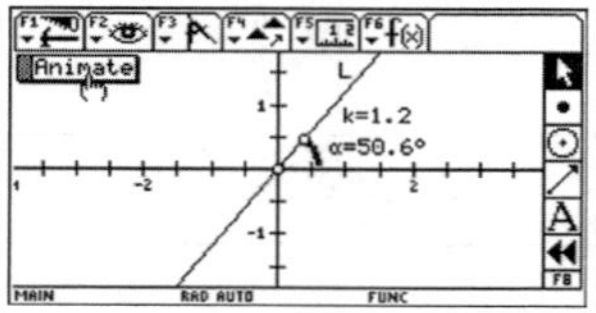	注：$A(1,0), P(1,-k)$ 教师定义：当横坐标 x 从 0 增加到 1 时，纵坐标 y 从 0 减小到 $-k (k>0)$，称 $-k$ 为直线的斜率． 教师引导学生从二者的关系、取值范围及变化趋势去总结．	

154　中学数学公式的教学价值

续表

过程	情景创设	学生活动	教师活动	设计说明
概念的讲解	**学生小结** 过两点的直线斜率的计算公式 已知：直线 l 上的两个不同点 $P_1(x_1,y_1), P_2(x_2,y_2)$，其中 $x_1 \neq x_2$，求斜率 $k=?$	任何一条直线都有倾斜角，但未必有斜率；若一条直线有斜率，则必有倾斜角.	教师补充 $\tan(180°-\alpha)$ $=-\tan\alpha$ **教师要强调** $\triangle x = x_2 - x_1$ 为 x 的改变量和 y 的改变量； $k=\dfrac{\triangle y}{\triangle x}=\dfrac{y_2-y_1}{x_2-x_1}$ $(x_1 \neq x_2)$. 注：①若 $\triangle x = 1$，则 $k=\triangle y$，即 x 的变化量为 1 时，斜率 k 就是 y 的变化量，为两条直线垂直时斜率之间的关系作铺垫. ②强调比值的形式改变量的符号，为导数的概念做好准备.	利用斜率公式和直线的方向向量的坐标表示，建立二者之间的联系，为今后相关问题的解决奠定基础.
例题的讲解	**学生小结** 过两点的直线斜率的计算公式	当倾斜角 $0° \leq \alpha < 90°$ 时，斜率是非负的，	**例1** 求下列直线的斜率： 直线 l 的倾斜角为 $60°$；直线	通过例题帮助学生巩固掌握斜率公式，熟悉斜

续表

过程	情景创设	学生活动	教师活动	设计说明
例题的讲解	已知：直线 l 上的两个不同点 $P_1(x_1,y_1), P_2(x_2,y_2)$，其中 $x_1 \neq x_2$，求斜率 $k = ?$	倾斜角越大，直线的斜率就越大；当倾斜角 $90° < \alpha < 180°$ 时，斜率是负的，倾斜角越大，直线的斜率越大；$\alpha \neq 90°, k = \tan\alpha$。学生联想到初中所学的锐角三角函数可猜测斜率是倾斜角的正切值。力争让学生自己探究。 例1、例2由学生自己完成，可以请两位同学上讲台板书解答过程，思考题为备选题，视学生学情而定，可以师生共同完成。	PQ过点 $P(2,3), Q(6,5)$；直线 AB过点 $A(-3,5), B(4,-2)$。 例2 如下图，已知 $A(3,2), B(-4,1), C(0,-1)$，求直线 AB, BC, CA的斜率，并判断这些直线的倾斜角是锐角还是钝角。 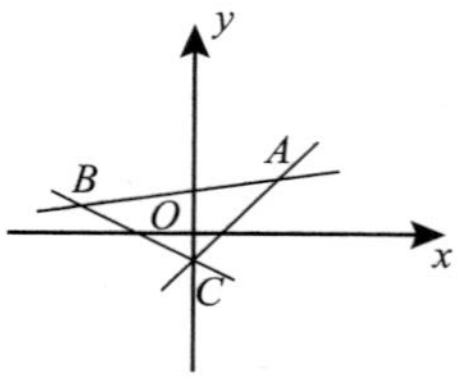 思考题：直线 l 过点 $M(1,0)$，且与以 $P(2,1), Q(-1,2)$为端点的线段 PQ有公共点。 （1）直线 l倾斜角的取值范围是_____ （2）直线 l斜率的取值范围是_____。	率大小与倾斜角的关系；思考题是为基础比较好的学生设计的，也可留作学生课后思考讨论。

续表

过程	情景创设	学生活动	教师活动	设计说明
课堂小结、布置作业	引导学生回顾本节课所学知识，对象与结论、研究的基本思路与思想进行梳理.	一个学生梳理，其他同学补充，师生再一起整理本节课研究问题的基本流程框图． 了解思想 ⇄ 探究问题 定义倾斜角 ⇑ 形成斜率概念	教师结合框图，总结本节课蕴含的主要数学思想方法：类比联想、分类讨论、坐标法、数形结合思想．	通过对本节课所学知识，特别是研究过程反思与整理的意识与习惯，让学生了解解析几何的起源与坐标法思想，对倾斜角、斜率两个概念的发现一探究的过程与方法有清晰的认识．

第二篇 高中数学公式的教学实践

五、学习效果评价设计

1. 基本知识、基本技能的评价

（1）在平面直角坐标系中，结合具体图形，让学生说倾斜角及斜率的取值范围；亦可教师说倾斜角、斜率的范围，让学生去画直线（初步在学生的脑海里构建数与形的紧密联系）．

（2）理解直线的倾斜角和斜率的概念，经历用代数方法刻画直线斜率的过程，记忆、掌握过两点的直线的斜率的计算公式，采用"课堂上提问或练习"的评价．

2. 学习能力的评价

学生对"数"与"形"的理解是分割、支离的，对几何图形的理解还停留在直观感知的层面上，教师应帮助学生经历如下的过程：首先将几何问题代数化，用代数的语言描述几何要素及其关系，进而将几何问题转化为代数问题；处理代数问题；分析代数结果的几何含义，最终解决几何问题，帮助学生树立"由形到数、再由数到形"的思想．

3. 学习过程的评价

本节课学生参与的程度较高，十多位学生发言，表达自己的想法，学生学习数学的欲望较强，但对"数与形紧密结合的思想"还理解不到位．

4. 学科思维品质的评价

由课堂提问及小测验来完成评价．本节课后进行反馈检测，检测目的（由于时间关系，限时 10 分钟）．

（1）考查学生对直线方向与斜率大小关系的了解情况．

（2）考查学生对倾斜角与斜率关系以及过两点的直线斜率公式的掌握情况．

（3）考查学生利用斜率证明三点共线的能力．

（4）考查学生对倾斜角与斜率关系、过两点的直线斜率公式以及特殊角的正切值的掌握情况．

（5）考查学生对倾斜教育斜率关系以及过两点的直线斜率公式的掌握情况．

① 如图 1.7 所示，若直线 l_1, l_2, l_3 的斜率分别是 k_1, k_2, k_3，则（　　）．

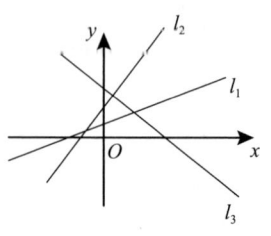

A．$k_1 < k_2 < k_3$　　　　B．$k_3 < k_1 < k_2$

C．$k_3 < k_2 < k_1$　　　　D．$k_1 < k_3 < k_2$

图 1.7　斜率

②若过 $A(4,y), B(2,-3)$ 两点的直线的倾斜角为 $\dfrac{3\pi}{4}$，则 $y = ($ $)$.

A．-1　　　　　B．-5　　　　　C．1　　　　　D．5

③已知 $A(1,1), B(2,-3), C(a,9)$ 三点共线，则 a 的值为（   ）.

A．-6　　　　　B．6　　　　　C．-1　　　　　D．8

④已知点 $A(1,\sqrt{3}), B(-1,3\sqrt{3})$，则直线 AB 的倾斜角是（   ）.

A．60°　　　　B．30°　　　　C．120°　　　　D．150°

⑤已知 $A(1,2)$，在 y 轴上求一点 P，使直线 AP 的倾斜角为 120°，P 点的坐标为（   ）.

⑥已知点 $A(-3,4)$，$B(2,2)$，直线 $mx+y+m+2=0$ 与线段 AB 相交，则实数 m 的范围为_____.

参考答案：

① B　　② B　　③ C　　④ C　　⑤ $P(0, 2+\sqrt{3})$　　⑥ $m \in (-\infty, -\dfrac{4}{3}] \cup [3, +\infty)$

六、本次教学设计的特点

本节"倾斜角与斜率"的教学，属于问题驱动模式，学生在教师创设问题情境的熏陶下，主动地去探究，借助图形计算器营造出研究问题的氛围，教学方法采用师生互动式；而"过两点的直线的斜率公式"的教学则采用"学生探索、教师适时讲解"的方法．

七、教学反思

学生对于公式 $\tan(180°-\alpha) = -\tan\alpha$ 充满疑问，最好应把三角函数定义介绍给学生；在直线与方程的教学中，教师应帮助学生经历如下的过程：首先将几何问题代数化，用代数的语言描述几何要素及其关系，进而将几何问题转化为代数问题；处理代数问题；分析代数结果的几何含义，最终解决几何问题．这种思想应贯穿直线与方程一章教学的始终，帮助学生不断地体会"数形结合"的思想方法．

第七节　点到直线的距离公式的推导

一、教学依据

（1）依据课程标准要求，通过本单元（直线与方程）学习，学生能够初步将几何问题代数化,并进行代数求解,在运算的过程中,体会转化与化归的数学思想方法,体会利用逻辑推理优化数学运算.

(2)教学中,依据本单元内容的定位和教育价值,应重点提升数学运算、逻辑推理核心素养.

(3)本节课突出点到直线距离公式的发现、探索和证明的过程,尤其是让学生不断探索、发现、思考、确定思路方案和具体的操作流程,不断地采取验证、完善,最后形成切实可行的点到直线的距离公式证明方法,增强每一位学生解决问题的信心、耐心细致和锲而不舍的探究精神,以利于学生长远的发展和成长,通过数学课程的学习,提高从数学角度发现和提出问题的能力、分析和解决问题的能力(图 1.8).

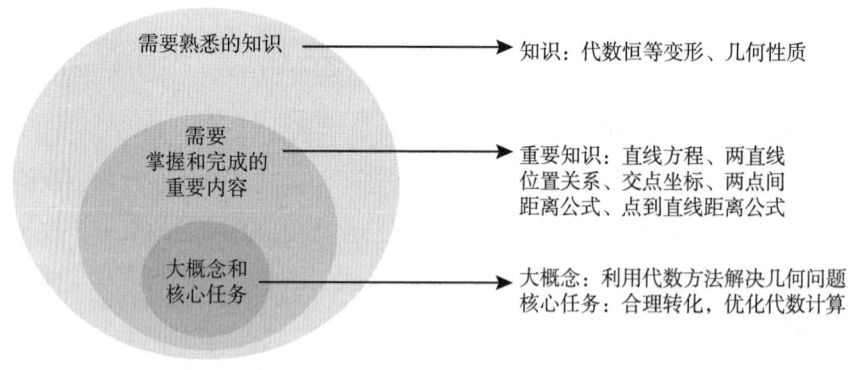

图 1.8　教学依据

二、教材分析

所用教材为人民教育出版社出版的《普通高中教科书数学必修第一册》(2019 年 A 版)第二章"直线与圆的方程"第四节"直线的交点坐标与距离公式"中的"点到直线的距离",是高中解析几何中研究直线与方程问题的最后一个内容,在解析几何的知识体系中处于承上启下的地位:一方面,可以使学生形成完整的"直线"部分的知识体系;另一方面,点到直线的距离在之后的判定直线与圆的位置关系、求曲线上的点到直线的距离以及代数、解析几何中都有着重要和广泛的应用,所以"点到直线的距离公式"是平面解析几何的一个重要知识点. 此外,这一内容有着丰富的教育价值,本节课是在学生已经全面学习了直线方程、两直线的位置关系的基础上,通过充分挖掘其中所蕴含的数学思想方法,引导学生展开数学联想,有效地激发学生思维,通过多方面、多角度的探究与交流,使得公式的推导成为培养学生能够灵活地运用所学的数学知识和数学方法来解决具体的数学问题的一个良好契机,而且还培养学生在遇到困难时寻求解决问题的策略和战胜困难的耐心、信心.

三、学情分析

学生是北京五中直升班的同学,数学基础较好,思维较发散,因此本教学设计立足于学生认知心理中的共性和学生学习解析几何中常见困难,引导学生感悟解析几何的基本思想方法,即把代数作为一种工具和手段研究和解决几何问题,由数解形,由形辅数,培养学生的求简意识,形成解题的优化策略.

四、知识结构

知识结构,如图 1.9 所示.

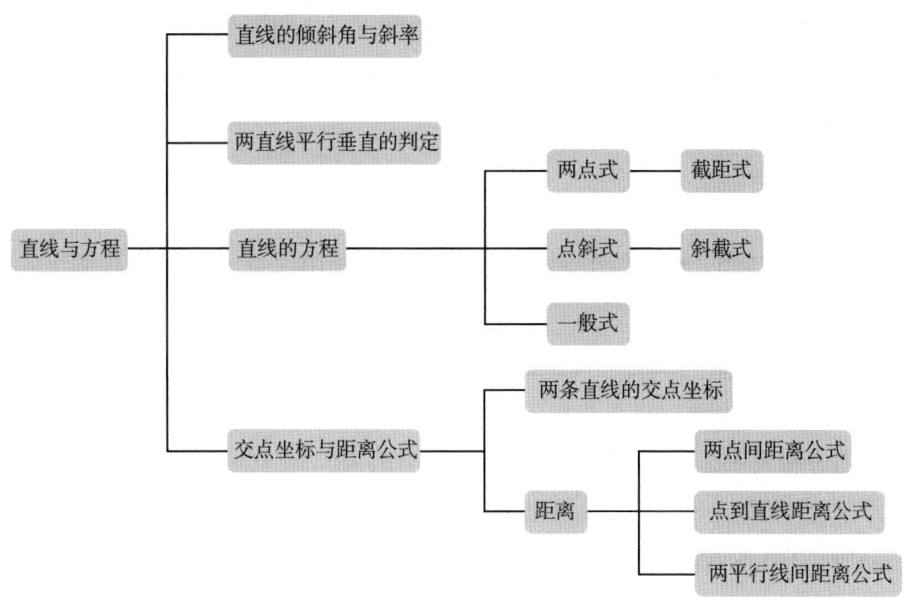

图 1.9　知识结构

五、目标分析

知识目标　理解点到直线距离公式的推导过程,掌握点到直线距离公式.

能力目标　通过对公式推导方法的探究与发现,提高观察、思考、分析和归纳能力,体会转化与化归的数学思想方法,积累解析几何问题中优化代数运算的基本方法.

情感态度价值观　通过自主探究与相互交流增强数学技能和实际动手能力,

培养数学思维的灵活性,并从中感悟解决困难的过程中策略选择的重要性.

核心素养　通过几何、代数两个方向的转化,优化代数运算,提高数学运算的核心素养,初步体会运算是一种演绎推理,能够综合利用运算方法解决数学问题.

教学重点　引导学生探究交流,多种方法推导出点到直线距离公式.

教学难点　点到直线距离公式的计算过程.

六、教学策略

本节课的教学内容是推导点到直线的距离公式,突出公式的发现、探索和证明的过程,尤其是让学生不断探索、发现、思考、确定思路方案和具体的操作流程,不断地采取验证、完善,最后形成切实可行的点到直线的距离公式证明方法.本节课的设计思路是把学生了解和经历公式的探究过程成为思维提升、思维训练的良好素材,增强每一位学生解决问题的信心、耐心细致和锲而不舍的探究精神,有利于学生长远的发展.

七、教学过程

1. 问题引入

我们在前面的学习中初步体会到解析几何使用代数方法研究和解决几何问题,

问题1　点与直线有几种位置关系?如何用代数表达?

首先在坐标平面上将点和直线进行代数描述:点 P 用有序数对 (x_0, y_0) 表示,直线 l 用方程表示,从一般性出发表示为 $Ax + By + C = 0$(A, B 不全为 0).

当点在直线上 $\Leftrightarrow Ax_0 + By_0 + C = 0$;点不在直线上 $\Leftrightarrow Ax_0 + By_0 + C \neq 0$

问题2　点不在线上时,如何刻画点与直线间的远近程度呢?

预设答案　可以用点到直线的距离,即垂线段的长度去刻画.

我们在初中已经学习了用几何的方法做出垂线段,今天我们尝试用代数方法研究点与直线的距离.

设计意图　从学生刚学过的知识出发,说明要继续用代数方法研究点到直线的距离问题,直接给出点的坐标和直线方程,点明本节课的研究课题和研究方法,开门见山,让学生快速进入研究状态.

2. 公式推导

问题1　如何求垂线段 PQ 的长度?需要几个关键步骤?

预计：①求直线 PQ 的方程；②联立两直线，求点 Q 的坐标（图 1.10）；③求 $|PQ|=\sqrt{(x_p-x_q)^2+(y_p-y_q)^2}$.

预设追问 为什么直线用一般式，不是斜截式呢？

因为我们要推导的是一般性结论，斜截式不能表示直线垂直于 x 轴的情况.

思路有了，方案也有了，下面该实施了，请大家预估一下是否好算呢？为什么？

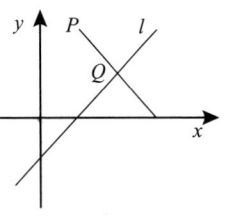

图 1.10 公式推导

预计：字母多，可能不好算.

这是解析几何问题在解题过程中我们经常遇到的一种情况，想得很好，但不好算. 但解析几何就是要用代数方法解决几何的问题，所以计算不可回避. 而且计算形式越是复杂，就越要小心谨慎，关注细节，下面我们分步计时计算，引导学生逐步进行计算：

直线 PQ 的方程是什么？

预计：学生会写成 $y-y_0=\dfrac{B}{A}(x-x_0)$.

还有没有同学补充？

预计：学生会提出要分类讨论.

我们在计算时要经常想一想问题的目标，我们寻求直线 PQ 的方程的目的是为了什么？

预计：与直线 l 的方程联立，求点 Q 的坐标.

这时直线 l 的方程是一般式，为了方便计算，大家觉得这个形式是否有必要简化？

改进：$Bx-Ay-Bx_0+Ay_0=0$.

这两个方程哪一个更好？为什么？

预计：第二种从计算形式上看比较简单. 如果是第一种方程形式，还需要考虑 $A=0, B\neq 0$ 和 $A\neq 0, B=0$ 两种情况. 但如果是第二种方程形式，具有一般性，不用再考虑分类.

如何解这个方程组？是代入消元还是加减消元？

既然要加减消元，为了在计算中减少移项所带来的麻烦，我们不妨把常数项移到方程的右边.

由方程组 $\begin{cases} Ax+By=-C \\ Bx-Ay=Bx_0-Ay_0, \end{cases}$

加减消元解得 $\begin{cases} x = \dfrac{B^2 x_0 - ABy_0 - AC}{A^2 + B^2} \\ y = \dfrac{A^2 y_0 - ABx_0 - BC}{A^2 + B^2} \end{cases}$,

所以交点 $Q\left(\dfrac{B^2 x_0 - ABy_0 - AC}{A^2 + B^2}, \dfrac{A^2 y_0 - ABx_0 - BC}{A^2 + B^2}\right)$.

是否要展开计算，不展开有什么方法？（整理以后可以提公因式）

代入两点间的距离公式：

$|PQ|^2 = \left(\dfrac{B^2 x_0 - ABy_0 - AC}{A^2 + B^2} - x_0\right)^2 + \left(\dfrac{A^2 y_0 - ABx_0 - BC}{A^2 + B^2} - y_0\right)^2$,

$= \left(\dfrac{-A^2 x_0 - ABy_0 - AC}{A^2 + B^2}\right)^2 + \left(\dfrac{-B^2 y_0 - ABx_0 - BC}{A^2 + B^2}\right)^2$,

$= \dfrac{A^2(Ax_0 + By_0 + C)^2}{(A^2 + B^2)^2} + \dfrac{B^2(Ax_0 + By_0 + C)^2}{(A^2 + B^2)^2}$,

$= \dfrac{(Ax_0 + By_0 + C)^2}{A^2 + B^2}$.

$\therefore |PQ| = \dfrac{|Ax_0 + By_0 + C|}{\sqrt{A^2 + B^2}}$.

由于我们所设的点和直线是代数形式都具有一般性，我们把这个结果叫作点到直线的距离公式.

这个问题解题思路是把点到直线的距离转化为点到点的距离，从中体会转化与化归的思想方法.

设计意图 把点到直线距离问题转化为两点间的距离是学生最容易想到的. 上述运算过程并没有涉及比较深奥的运算技巧，但计算相对烦琐. 由于这是学生学习解析几何以来第一次遇上比较大的计算，因此分步带领学生计算可以对计算中细节问题及时进行点拨，帮助学生总结，为今后的计算做铺垫，同时鼓励学生坚定信心，敢于计算.

我们从运算角度解决了形的问题，由于垂足 Q 的坐标表示比较复杂，从而导致运算很烦琐. 这也是解析几何问题的特点之一，好想的问题未必好算，这对我们的计算能力是个挑战. 因此解析问题的求解一定要有求简意识. 一般来说，要使计算过程简单，一定要充分挖掘几何图形中的性质.

问题② 用定义法求解点线距离公式复杂吗？为什么？

如果能够避开求垂足 Q 的坐标，不妨退回去分析点 P 坐标的几何意义. 点 P

的坐标是如何定义的呢？

预计：过 P 向两轴引垂线，通过垂足在两轴上的坐标，得到点 P 的坐标 (x_0, y_0).

随着学生的回答做出直线 $x = x_0, y = y_0$，发现这两条直线与直线 l 相交，记交点 M, N，这对问题的解决有什么帮助呢？

问题③　还有其他方法吗？组内讨论下.

预设方法，面积法

预计：PQ 是这个直角三角形斜边的高，可以使用等面积法计算（图 1.11）.

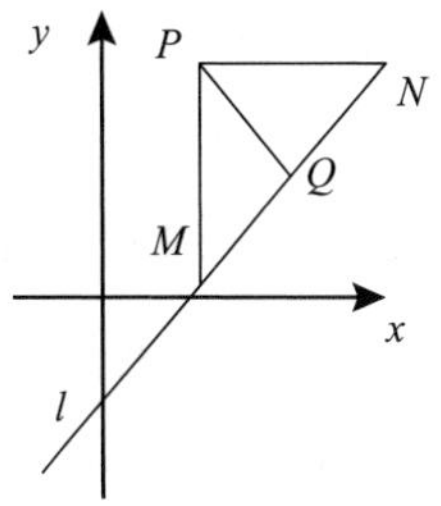

那么这时的问题回到了形的角度，这样是否可以简化问题求解呢？为什么？

预计：因为 M 的坐标的横坐标为 x_0、N 纵坐标为 y_0，因此 M, N 的坐标比较好求，再求出 $|MN|$ 即可.

图 1.11　面积法

可以解得：$M\left(x_0, -\dfrac{Ax_0 + C}{B}\right), N\left(-\dfrac{By_0 + C}{A}, y_0\right)$.

所以 $|PM| = \left|\dfrac{Ax_0 + By_0 + C}{B}\right|$，$|PN| = \left|\dfrac{Ax_0 + By_0 + C}{A}\right|$，

$|MN| = \sqrt{|PM|^2 + |PN|^2} = \dfrac{\sqrt{A^2 + B^2}}{|A||B|} |Ax_0 + By_0 + C|$.

在 Rt△MPN 中，PQ 是斜边上的高，

∴ $|PQ| = \dfrac{|PM| \cdot |PN|}{\sqrt{|PM|^2 + |PN|^2}} = \dfrac{|Ax_0 + By_0 + C|}{\sqrt{A^2 + B^2}}$.

另解：倒数勾股定理，$\dfrac{1}{|PQ|^2} = \dfrac{1}{|PM|^2} + \dfrac{1}{|PN|^2}$

这个结论和刚才得到的结果是一致的，那是不是说明这个问题已经得到解决了呢？

预计：不可以，在求 $|PM|$ 和 $|PN|$ 时，除以 $|A|, |B|$，从代数上默认 $A \neq 0, B \neq 0$ 了，因此要对 $A = 0, B \neq 0$ 或 $A \neq 0, B = 0$ 进行补充说明.

从几何角度解释，就是当直线垂直于两轴时，无法构造出直角三角形.

当 $A = 0, B \neq 0$ 时，根据图像可得点 P 到直线 l 的距离等于 $\dfrac{|Ax_0 + C|}{|A|}$；同理，当 $A \neq 0, B = 0$ 时，点 P 到直线 l 的距离等于 $\dfrac{|By_0 + C|}{|B|}$，此时公式都成立.

这个方法从图形出发，构造直角三角形，利用等面积求解，这种解决问题的

方法是数学中一种重要方法：数形结合法．而且从问题的完备性出发，这个问题中我们要对于直线做了分类讨论，使结论更具有一般性，这种方法称为分类讨论．

设计意图 在课堂教学中注意引导学生考虑问题的完整性和思维的严谨性，特别是涉及字母运算中应该考虑其"有意义"条件，运用"分类讨论"方法进行处理．并通过对图形的充分分析让学生体会并感受到数形结合的数学意义．

预设方法，斜化直转化法

回顾这种方法，发现通过几何构造可以使问题得到简化．那么简化的思路从何而来呢？这里的直角三角形构造是一种巧合吗？

我们回到问题的求解目标：$|PQ|=\sqrt{(x-x_0)^2+(y-y_0)^2}$，这里求的是 x_p-x_q 与 y_p-y_q 的平方和，如果我们重新审视 $x-x_0$ 与 $y-y_0$，你会有什么样的联想呢？

点拨，把括号改为模长符号，画出图形，在几何上 $|x-x_0|$ 与 $|y-y_0|$ 常常转化为一个直角三角形两条直角边，而且在代数结构上（图 1.12）$\dfrac{y-y_0}{x-x_0}=k_{PQ}$

所以 $|PQ|=\sqrt{(x-x_0)^2+k^2(x-x_0)^2}=\sqrt{1+k^2}\,|x-x_0|$

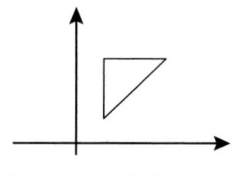

图 1.12 斜化直转化法

这样我们把"斜线段"转化与坐标轴平行的"直线段"，也就是将平面上的距离问题转化为与坐标轴上的长度问题，这种"斜化直"的求简意识实质上就是一种降维的想法，使得我们计算中的难度降低，这种方法我们今后在求长度的问题中会用到．

预设方法，设为不求方法

从形的角度，通过深入分析几何关系，可以简化运算．那么代数计算可以简化吗？从数的角度再来观察 $|PQ|=\sqrt{(x-x_0)^2+(y-y_0)^2}$ 有没有什么简化计算的方法呢？刚出的计算中我们已经认识到：因为垂足 Q 的坐标表示比较复杂，从而导致运算很烦琐．如果不具体地求出 Q 点坐标，只要从 $x-x_0$ 和 $y-y_0$ 入手就可以了．

投影：所以 l 的方程写成：$B(x-x_0)+A(y-y_0)=-(Ax_0+By_0+C)$

PQ 的方程写成：$B(x-x_0)-A(y-y_0)=0$

通过①^2＋②^2，得到 $(A^2+B^2)\left[(x-x_0)^2+(y-y_0)^2\right]=(Ax_0+By_0+C)^2$，就可以得到距离公式了，这样从目标结构分析，通过这种"设而不求"和"整体代入"的方法可以极大地简化计算．

设计意图 引导学生反思变换过程，适度"暗示"，从中获得"简化"的启发，调整思维，优化思路，并在垂足的意义与距离表达式之间架设思维桥梁，从而体验到"整体化"思想和"设而不求"运算技巧.

这个问题我们从不同的角度审视，就会产生各种不同的想法，当然我们对问题的理解决定了我们的解题策略，只要我们在求解过程中注意求简的目标，调整策略，问题就可以得到解决.

当然这个问题还有很多种不同的解法，比如说在对图形分析中发现有一个很重要的位置关系：垂直，而垂直关系在解析几何中是一种很重要的位置关系，垂直可以让我们产生的联想也很多，像我们刚才运用的斜率之积为 -1，那你还可以想到什么？

预设方法，法向量法

解题目标中从 $x-x_0$ 和 $y-y_0$ 的认识就可以构造出向量，在前面的学习中我们知道向量应用之一就是解决有关距离的问题，在那么这个问题可否从向量角度进行分析呢？

预计：可能会有个别学生想到向量的投影，如果没有想到，给予适当的提示，留作课后思考（图 1.13）.

设点 $Q(x,y)$ 是直线 l 上任意一点，得 $\overrightarrow{PQ}=(x-x_0,y-y_0)$，直线 l 的一个法向量为 $\vec{n}=(A,B)$，点 P 就是 $\overrightarrow{PQ}$ 在 $\vec{n}$ 方向上的投影的绝对值. 设 $\overrightarrow{PQ}$ 与 $\vec{n}$ 的夹角为 θ，得 $\overrightarrow{PQ}\cdot\vec{n}=|\overrightarrow{PQ}|\cdot|\vec{n}|\cdot\cos\theta$，得到点 P 到 l 的距离为

$$|\overrightarrow{PQ}|\cdot\cos\theta=\frac{|\vec{n}\cdot\overrightarrow{PQ}|}{|\vec{n}|}=\frac{|A(x-x_0)+B(y-y_0)|}{\sqrt{A^2+B^2}}$$

∵ P 点在直线 l 上，∴ $Ax+By+C=0$，从而

$$d=\frac{|Ax+By-Ax_0-By_0|}{\sqrt{A^2+B^2}}=\frac{|Ax_0+By_0+C|}{\sqrt{A^2+B^2}}$$

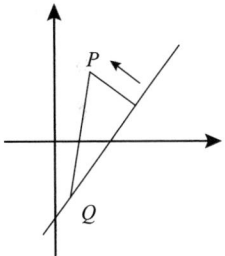

图 1.13 法向量法

设计意图 向量是一种重要的数学工具，是沟通数与形的桥梁. 利用向量巧妙地证明了点到直线的距离公式，避免了代数运算，显示了向量具有代数、几何"双重身份"的妙用.

预设方法，直线标准参数方程法

今天我们对点 P 与直线 l 的距离问题的解决是建立在我们对点到直线定义的理解上完成的，当然这种定义是一种静态定义，还可以用运动观点来理解为：点 P 与直线 l 上的点的连线中距离最小值，这里就从函数的角度理解这个问题. 在

之前我们学习过，直线的参数方程.

预设：可能有个别同学会想到，参数方程中的 t 表示距离很方便，点 P 与直线 l 上的点的连线中距离最小值，即 $|t|$ 的最小值. 适当提示，留作课后思考

设 Q 是直线 l 上任意一点，

则直线 PQ 的参数方程为 $\begin{cases} x = x_0 + t\cos\theta \\ y = y_0 + t\sin\theta \end{cases}$；

联立直线 PQ 和 l：

$A(x_0 + t\cos\theta) + B(y_0 + t\sin\theta) + C = 0$，

$t = \dfrac{-Ax_0 - By_0 - C}{A\cos\theta + B\sin\theta}$.

$|PQ| = |t| = \dfrac{|Ax_0 + By_0 + C|}{|A\cos\theta + B\sin\theta|} \geq \dfrac{|Ax_0 + By_0 + C|}{\sqrt{A^2 + B^2}}$.

当且仅当 $\dfrac{B}{A} = \tan\theta$，"=" 成立，即 PQ 和 l 垂直时，$|t|$ 取得最小值 $\dfrac{|Ax_0 + By_0 + C|}{\sqrt{A^2 + B^2}}$.

预设方法，利用三角形相似去求距离

预设：如图 1.14 所示，过点 $P(x_0, y_0)$ 作 $PQ \perp l$ 于点 Q，$PP' \parallel x$ 轴，交 l 于点 $P'\left(x_0, \dfrac{-Ax_0 - C}{B}\right)$，$|PP'| = \left|y_0 + \dfrac{Ax_0 + C}{B}\right| = \dfrac{|Ax_0 + By_0 + C|}{|B|}$；在 l 上取点 R，$|RT| = 1$，$TS \parallel x$ 轴交 l 于点 S，则 $|ST| = \left|\dfrac{A}{B}\right|$；则 $|RS| = \dfrac{\sqrt{A^2 + B^2}}{|B|}$.

而 $\triangle RST \sim \triangle PP'Q$，则 $\dfrac{|RT|}{|PQ|} = \dfrac{|RS|}{|PP'|}$，

即 $\dfrac{1}{|PQ|} = \dfrac{\frac{\sqrt{A^2 + B^2}}{|B|}}{\frac{|Ax_0 + By_0 + C|}{|B|}} = \dfrac{\sqrt{A^2 + B^2}}{|Ax_0 + By_0 + C|}$；

故 $|PQ| = \dfrac{|Ax_0 + By_0 + C|}{\sqrt{A^2 + B^2}}$.

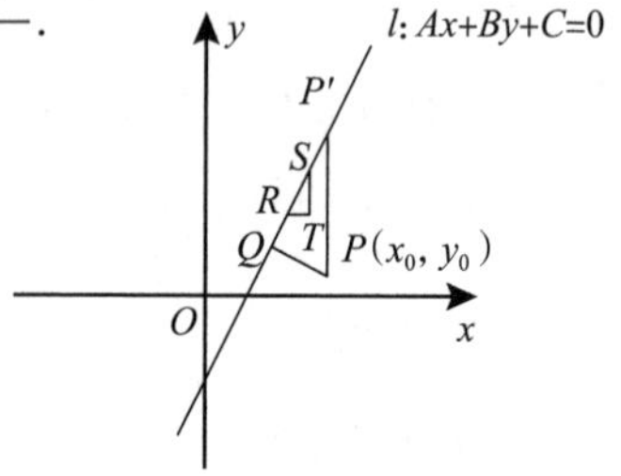

图 1.14 利用三角形相似去求距离

▎**小结**

我们今天用代数的方法研究了几何问题，得到了点到直线的距离公式，公式并不复杂，但所承载的解析几何内容却很丰富，需要运用到所学的解析几何基础知识，并且问题的解决方法对今后研究解析几何问题具有普遍性的指导作用. 特别是在公式的推导过程中我们运用到了转化与化归、数形结合、分类讨论的数学思想方法.

解析几何问题的解决离不开数学计算，要学好解析几何，就必须过好计算关.在计算中要加入逻辑推理，始终关注计算目标，优化计算过程，处理好计算细节.遇到困难算不下去时，不要着急，冷静分析，是算错了？还是转化得不好，有没有其他优化的方法.保持耐心，坚定信心.解析几何问题的解决，不仅考查了我们的数学思维，还考查了我们的意志品质.正所谓，山重水复疑无路，柳暗花明又一村，谋定而后动，知止而有得，相信我们不断坚持努力，终将有所收获.

第八节　等差数列前 n 项和公式的探索

一、教学内容

等差数列的前 n 项公式.

二、教学目标

（1）在问题情境中，经历等差数列前 n 项和公式的探究与推导过程，能分析倒序相加法的特点，说明等差数列前 n 项和公式的结构特征，准确解释等差数列的通项公式与前 n 项和公式的关系，说出等差数列前 n 项和公式与一元二次函数之间的共性与差异，发展数学运算和逻辑推理素养.

（2）能借助推导等差数列前 n 项和公式的过程，说明等差数列前 n 项和公式的来龙去脉，能说出等差数列的性质在推导前 n 项和公式中的作用，能解释在推导前 n 项和公式的过程中蕴含的数学思想方法.

三、教学中的重点、难点

重点　等差数列前 n 项和公式的推导.

难点　首尾配对方法的应用，对项数 n 进行分类讨论，从分类讨论到倒序相加的过渡，发现平均数 $\dfrac{a_1+a_n}{2}$.

四、教学过程设计

（一）创设情境，提出问题

引导语　在前面的学习中，我们已经学习了等差数列的定义和通项公式，并探索了等差数列的一些基本性质，你能回顾一下这些知识吗？

师生活动　学生独立思考、作答，教师板书通项公式与性质"当 $m+n=p+q$ 时，$a_m+a_n=a_p+a_q$."然后揭示课题：接下来利用这些知识探究等差数列

的前 n 项和公式，我们从数太和门至太和殿御路石的总数开始．

问题情境 上个月，我们去故宫研学，你数过太和门至太和殿御路石一共有多少块吗？石块总数与自然数列有什么关系？（55 块）

$1+2+3+\cdots+10=55$．

追问 你会求 $1+2+3+\cdots+100=$？

展示甲同学用下面的方法迅速算出了正确答案：

$(1+100)+(2+99)+\cdots+(50+51)=101\times 50=5050.$

甲同学的算法实际上解决了等差数列：$1,2,3,\cdots,n,\cdots$ 　　　式①

前 100 项的求和问题．

问题 用一般的眼光看具体问题是发现数学规律的重要思想．从一般的角度看同学甲求和的方法，你能说说高斯同学甲在求和过程中利用了数列①的什么性质？这个方法的实质是什么？

师生活动 教师引导学生发现高斯巧算的"秘密"，其求和过程用的就是首尾配对法，即利用性质 $a_1+a_{100}=a_2+a_{99}=\cdots=a_{50}+a_{51}$，通过配对凑成相同的数，变"多步求和"为"一步相乘"，实现了"化和为积"．

设计意图 从故宫太和门至太和殿御路石的总数引例，是激发中华民族自豪感的绝佳时机！并适时引导学生回顾定义和性质，激活本课所需的知识；提示学生"用一般的眼光看具体问题"，引导他们从一般的等差数列角度看自然数数列，促使学生发现自然数列求和的算法中蕴含的数学思想，提炼出将"不同数的求和"化归为"相同数的求和"的本质，为推导等差数列的求和公式做好准备．

追问 你能用甲同学的方法求 $1+2+3+\cdots+100+101$ 的结果吗？与 $1+2+3+\cdots+100$ 相比你有什么发现？

师生活动 教师强调，虽然我们可以用很多方法求出这个和（同学们可以在课后尝试），但这里要求用甲同学的方法．学生通过探索可以发现，用甲同学的方法计算，"首尾配对"后，中间项 51 是单独的．

设计意图 通过追问使学生认识到，用甲同学的方法求数列的和，需要考虑项数是奇数还是偶数，为后面一般化问题的讨论做好准备．

（二）从特殊到一般推导求和公式

问题① 将上述问题推广到一般，即如何用甲同学的方法求 $S_n=1+2+3+\cdots+n$ 的结果？

师生活动 学生在前面具体问题的引导下,可以想到需对 n 进行奇偶分析:

(1)当 n 是偶数时,直接运用甲的算法求解;

(2)当 n 为奇数时,因为直接进入抽象的讨论不容易得到结果,所以可以让学生从 n 取具体奇数进行分析,这时仍然要提醒学生"用一般的眼光看具体情况",要留下过程,要从项与项的关系进行思考,这样才能从中发现规律、得到结果.这样做才体现了代数中研究问题的根本方法,归纳法.

例 $1+2+\cdots+101 = 50\times(1+101)+51$,把 50 和 $(101-1)$ 联系起来,有 $50 = \dfrac{101-1}{2}$,

这是配成的"对数";把 51 和 $(1+101)$ 联系起来,有 $51 = \dfrac{1+101}{2}$,说明"配对"以后剩余的中间一项正好是首尾两项的等差中项.

于是
$$1+2+\cdots+101 = 50\times(1+101)+51 = 50\times(1+101)+\dfrac{1+101}{2} = \dfrac{101\times(1+101)}{2}.$$

同理:
$$1+2+\cdots+103 = 51\times(1+103)+52 = 51\times(1+103)+\dfrac{1+103}{2} = \dfrac{103\times(1+103)}{2}.$$
$$1+2+\cdots+105 = 52\times(1+105)+53 = 52\times(1+105)+\dfrac{1+105}{2} = \dfrac{105\times(1+105)}{2}.$$

……

让学生按照这样的方法多算几次,就可以从中发现规律:

当 n 为奇数时,

(1)可以配成 $\dfrac{n-1}{2}$ 对,剩余的中间项是首尾两项的等差中项 $\dfrac{1+n}{2}$.

(2)$1+2+\cdots+n = \dfrac{n-1}{2}(1+n)+\dfrac{1+n}{2} = \dfrac{n(n+1)}{2}$.

设计意图 将具体数列推广到一般,分奇偶两种情况求 $1+2+3+\cdots+n$,渗透分类与整合、化归与转化的思想方法.对 n 取奇数时的讨论,通过从具体到抽象的过程,不仅使学生发现规律、得出公式,而且能培养他们的代数思维和符号推理能力.

追问 我们发现,无论 n 取奇数还是偶数,得到的公式的形式都是一样的,这就启发我们想到设法避免对 n 分奇、偶进行讨论.如何避免呢?

师生活动 在学生稍作思考后,教师可以进行引导:对得出的结果的意义进行再分析,往往可以使我们进一步理解问题的实质,并从中发现改进方法的思路. 对公式 $S_n = 1+2+3+\cdots+n = \dfrac{n(n+1)}{2}$ 进行变形,

可得 $2S_n = 2(1+2+3+\cdots+n) = n(n+1)$,

它相当于把 S_n 加两次,而结果变成 n 个 $(n+1)$ 相加. 你能把 $2(1+2+3+\cdots+n)$ 也写成 n 个 $(n+1)$ 相加的形式吗?

接着让学生继续探究(必要时教师可以加强引导),得出下面的方法:

$$\begin{array}{l} S_n = 1 \quad +2 \quad +3 \quad +\cdots +n \\ +S_n = n \quad +(n-1) +(n-2)+\cdots +1 \\ \hline 2S_n = (n+1)+(n+1) \quad +(n+1)+\cdots +(n+1) \end{array}$$

这就把 $2(1+2+3+\cdots+n)$ 写成 n 个 $(n+1)$ 相加的形式,从而可得求和公式.

教师再指出,这个方法的本质是:无论是奇数个项相加还是偶数个项相加,通过"顺序""倒序"加两次,都变成了偶数个项相加,从而避免了奇偶讨论.

接着,教师带领学生对公式 $1+2+3+\cdots+n = \dfrac{n(n+1)}{2}$ 进行再认识. 如果对 $1+2+3+n = \dfrac{n(n+1)}{2}$ 的两边同除 n,可得 $\dfrac{1+2+\cdots+n}{n} = \dfrac{n+1}{2}$.

说明 $\dfrac{n+1}{2}$ 是 $1,2,\cdots,n$ 这 n 个自然数的平均数. 再把公式写成

$$1+2+3+\cdots+n = \dfrac{n(n+1)}{2} = n \cdot \dfrac{n+1}{2} = \underbrace{\dfrac{n+1}{2}+\dfrac{n+1}{2}+\cdots+\dfrac{n+1}{2}}_{n\text{个}}.$$

这样就可以清楚地看到这个过程蕴含的数学思想:

利用数列 $1,2,\cdots,n$ 的平均数 $\dfrac{n+1}{2}$,把不同数的求和转化成相同数的求和. 如果我们用更一般的眼光看这个公式,还可以发现如下规律.

(1)所求的和可以用首项、末项和项数来表示;

(2)数列中任意的第 k 项与倒数第 k 项的和都等于首项与末项的和;

(3)数列 $1,2,\cdots,n$ 的平均数是 $\dfrac{n+1}{2}$.

设计意图 这个"追问"的解决是突破难点的关键. 这里注重在一般思路上引导,启发学生对得出的重要结果从过程和结论两个角度进行反思,并在方法上了启发:将公式变形后,对等式两边的式子的意义进行解释,最后把问题聚焦到"把 $2(1+2+3+\cdots+n)$ 写成 n 个 $(n+1)$ 相加的形式"上,从而得出"倒序相加"这

个巧妙方法. 接着, 对获得的公式进行辨析, 发现 $\frac{n+1}{2}$ 的特殊意义, 从而使学生更深刻认识等差数列的特点, 在后续解决与等差数列相关的问题时, 能够重视这个平均数作用. 最后, 从更一般的意义上归纳出公式所反映的规律, 从而把代数思维的教学落在实处, 可以使学生体会发现一个具体公式中蕴含的代数规律的方法.

问题② 上述方法的妙处在哪里? 这种方法适用于求任意等差数列 $\{a_n\}$ 的前 n 项和吗?

师生活动 先由学生针对一般的等差数列进行分析, 再进行全班交流, 在此基上师生一起总结, 得出"倒序相加"方法, 然后让学生独立推导一般的等差数列前 n 项求和公式. 具体结果如下:

倒序相加法的妙处在于将 $1+2+3+\cdots+n$ "倒序" 为 $n+(n-1)+\cdots+1$, 利用上述规律(2)(3)以及算两次的思想, 将两式相加, 从而把 n 个不同数的求和转化为 n 个相同数的求和.

因为 $a_1+a_n=a_2+a_{n-1}=\cdots a_n+a_1$, 它由数列 $a_1,a_2,\cdots,a_n$ 的 "顺序" 和 "倒序" 两两依次配对而得, 所以倒序相加法完全适用于一般的等差数列前 n 项和公式的推导, 即 $S_n=a_1+a_2+a_3+\cdots+a_n$, 式②

$S_n=a_n+a_{n-1}+a_{n-2}+\cdots+a_1.$ 式③

式② + 式③,

得: $2S_n=\underbrace{(a_1+a_n)+(a_1+a_n)+(a_1+a_n)+\cdots+(a_1+a_n)}_{n\text{个}}=n(a_1+a_n).$

由此得, 等差数列 $\{a_n\}$ 的前 n 项和的公式为

$S_n=\dfrac{n(a_1+a_n)}{2}.$ 式④

将式④变形为 $\dfrac{S_n}{n}=\dfrac{a_1+a_n}{2}.$

发现 $\dfrac{a_1+a_n}{2}$ 是 $a_1,a_2,\cdots,a_n$ 的平均数.

追问 除了上述方法, 你还有其他推导等差数列前 n 项和公式的方法吗?

师生活动 先由学生独立推导, 再把有代表性的结果在全班拍照展示. 主要是两种方法.

由 $a_n=a_1+(n-1)d$ 及 $1+2+\cdots+(n-1)=\dfrac{n(n-1)}{2}$, 推出

$S_n=na_1+\dfrac{n(n-1)}{2}d.$ 式⑤

（1）将通项公式 $a_n = a_1 + (n-1)d$ 代入 $S_n = \dfrac{n(a_1 + a_n)}{2}$，同样推出式⑤.

（2）将（1）中的结果展开，可得
$$S_n = \dfrac{d}{2}n^2 + \left(a_1 - \dfrac{d}{2}\right)n.$$

设计意图　从特殊到一般，在充分讨论前 n 个正整数求和公式推导过程中蕴含的数学思想和倒序相加法的本质的基础上，学生就比较容易联想到利用等差数列的性质 $a_1 + a_n = a_2 + a_{n-1} = \cdots a_n + a_1$，通过倒序相加将不同数的求和转化为相同数 $\dfrac{a_1 + a_n}{2}$ 相加.

追问　等差数列 $\{a_n\}$ 的前 n 项和公式 $S_n = \dfrac{d}{2}n^2 + \left(a_1 - \dfrac{d}{2}\right)n$ 与一元二次函数有什么联系？

师生活动　通过小组合作讨论，教师引导学生发现公式③是二次式. 当 $d \neq 0$ 时，S_n 可以看成二次函数 $y = \dfrac{d}{2}x^2 + \left(a_1 - \dfrac{d}{2}\right)x (x \in \mathbf{R})$ 当 $x = n$ 时的函数值，其几何意义是一条过坐标原点的抛物线上的均匀分布的点；当 $d = 0$ 时，S_n 的图像是一条直线上的均匀分布的点；当 $d > 0$ 时，S_n 的图像是一条开口向上的过坐标原点的抛物线上的均匀分布的点；当 $d < 0$ 时，S_n 的图像是一条开口向下的过坐标原点的抛物线上的均匀分布的点.

设计意图　通过从"形"的角度解释等差数列的前 n 项和公式，探究公式与二次函数的关系，使学生深入理解公式，从而培养学生思维的灵活性、发散性和深刻性.

（三）探索公式的图形解释

问题　根据以往研究代数公式的经验，用几何图形直观表达代数公式，有利于我们理解公式，例如初中的完全平方和公式、高中的基本不等式等，我们都构造过图形解释. 观察等差数列前 n 项和公式的结构特征，你能构造图形表达这些公式吗？

师生活动　通过小组合作讨论，教师引导学生从求和公式的结构特征入手分析，结合前面探究活动得到的启发，总结归纳如下：

类比梯形面积公式，建立公式与几何图形之间的联系：公式④的几何解释为如图 1.15 所示的梯形面积，其中 a_1、a_n 分别表示该梯形的上底和下底，n 表示梯形的高；公式⑤的几何解释为如图1.16所示的梯形面积，它与公式④的几何解释的差别在于该梯形被分割成两部分面积（一个三角形和一个平行四边形）.

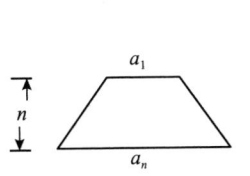 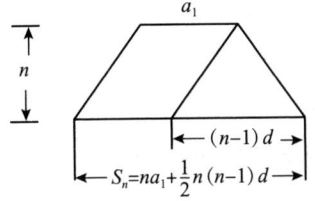

图1.15　探索公式的图形解释①　　图1.16　探索公式的图形解释②

追问　实际上，不仅求和公式可以用图形进行解释，倒序相加这一巧妙的方法也可以用图形进行直观解释，你能想到吗？

师生活动　先由学生独立思考，请有想法的学生发言，然后师生一起总结得出结果. 例如，对于在推导 $1+2+3+\cdots+n=\dfrac{n(n+1)}{2}$ 时所用的倒序相加方法，可以用如图1.17所示的图形进行解释：一个三角形由 n 层相同大小的石子组成，底层有 n 颗，往上依次减少1颗，顶层有1颗. 将其倒置成另一个三角形，并和前面的三角形平移拼接形成一个平行四边形. 可知平行四边形图案共 n 行，每行石子的颗数都是 $(n+1)$，共有 $n(n+1)$ 颗石子. 所以原三角形图案中共有 $\dfrac{n(n+1)}{2}$ 颗石子.

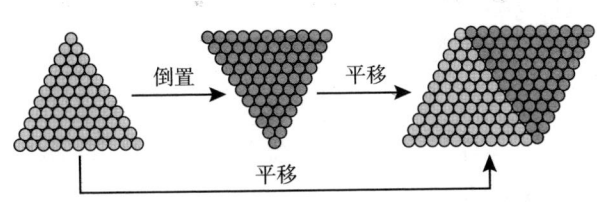

图1.17　探索公式的图形解释③

设计意图　通过对公式的几何解释，实现公式的多元联系表示，从而加深对公式的理解，发展直观想象素养.

（四）理解公式，综合应用

例　已知 $\{a_n\}$ 是等差数列.

（1）若 $a_1=7$，$a_{50}=101$，求 S_{50}；

（2）若 S_n 是其前 n 项和，且 $S_{10}=50, S_{50}=10$，求 S_{60}.

思考题：已知 $\{a_n\}$ 是等差数列. 若 $a_4>6, a_5<10$，求 S_3 的取值范围.

设计意图　通过等差数列前 n 项和三个公式的应用帮助学生巩固对公式的理

解，强化方程思想，提升学生的数学运算素养．

（五）课堂小结，归纳提升

问题 请同学们回顾本节课的学习内容，并回答下列问题：

（1）推导等差数列的前 n 项和公式时，用了哪些巧妙的方法？包含了哪些数学思想？

（2）等差数列的前 n 项和公式有几种形式？它们与等差数列前 n 项的平均数、通项公式有什么关系？

师生活动 让学生先总结，再进行全班交流、互动，教师点评学生的总结，并及时补充完善．通过课堂小结，要使学生在如下几点上提高认识：

（1）明确推导等差数列求和公式所要解决的问题对形成推导方法有重要意义．

（2）在公式的推导过程中，等差数列的定义、通项公式和性质等有基本的重要性．

（3）代数的研究中，归纳是根本大法，探索 $1+2+\cdots+n$ 的过程对推导一般等差数列求和公式具有重要的启发性，要从中归纳出一般性方法，就要注意用一般性的眼光观察推导过程，从中得到解决一般问题的启发．

（4）"倒序相加"非常巧妙地利用了等差数列的性质，利用前 n 项的平均数将不同数的求和转化为相同数的求和，这个方法只有在"等差"的特性下才奏效，因为由这个特性才有前 n 项的平均数是首末两项的等差中项．

（5）代数中，对公式进行适当变形有助于发现蕴含在其中的"奥秘"．

（6）代数和几何相互为用，可以提高对代数问题的认识深度，等等．

设计意图 小结本节课学习内容和思想方法，体会这些思想方法的同时，为后面公式的应用奠定基础．

（六）目标检测设计

已知函数 $f(x)=\dfrac{4^x}{4^x+2}(x\in \mathbf{R})$.

（1）若 $x_1+x_2=1$，试求 $f(x_1)+f(x_2)$ 的值；

（2）利用倒序相加求和法计算 $f(0)+f\left(\dfrac{1}{n}\right)+f\left(\dfrac{2}{n}\right)+\cdots+f\left(\dfrac{n-1}{n}\right)+f(1)$ 的值．

设计意图 考查学生对倒序相加法的迁移能力．

（七）布置作业

人民教育出版社的《普通高中教科书数学选择性必修第二册》（2020年A版）24页，习题4.2，1～4题．

第九节 "数形结合思想在等差数列中的应用"的教学设计

"数形结合思想在等差数列中的应用"的教学设计，如表 1.9 所示.

表 1.9 "数形结合思想在等差数列中的应用"的教学设计

科目	数学	课题	数形结合思想在等差数列中的应用
教师：许文军			班级：高一（7）
学情分析	高一（7）是直升班，学生对理科有着天生的热爱，他们思维活跃，乐于展示自己的思维过程，但对细节的把握不够准确，需要训练思维的深刻性. 在本节课的教学中我希望能够搭建师生、生生交流的平台，通过不同解题思路的碰撞，激发对问题本质的认识.		
教学目标	（1）通过问题的引领，培养合理推测、直觉想象的能力，体会等差、等比数列性质的运用； （2）通过展示学生的思维过程，培养学生敢于质疑、善于思考的理性精神，感受数形结合思想； （3）在对一般问题的提炼中，渗透数学抽象、逻辑推理的核心素养，感悟数学的统一与和谐之美.		
教学中的重点难点	**重点** 用数学思想、数学观点去解决问题. **难点** 对数列进行定性与定量的综合分析.		
教学模式	自主探索、合作交流式.		
教学设计			
教学过程			设计意图
（一）创设情境，启发思考 [问题] 设等差数列 $\{a_n\}$ 的前 n 项和为 S_n，若 $S_3 = S_9$，你能得到什么结论？			从函数的角度去认识等差数列的前 n 项和 S_n.

教学过程	设计意图
（二）展示过程，培养素养 **预案 1** 若 $\begin{cases}a_1<0\\d>0\end{cases}$，$S_n$ 与 n 的关系如下图所示，则 S_n 的最小值为 S_6. 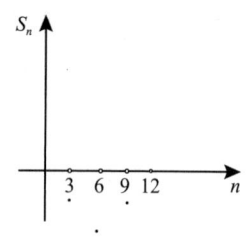 **预案 2** 若 $d>0$，则 $S_{12}=0$. 且当 $1\leqslant n\leqslant 12$ 时，$S_n\leqslant 0$. $a_6<0,a_7>0$. **预案 3** $3a_1+\dfrac{3\times 2d}{2}=9a_1+\dfrac{9\times 8d}{2}$，$a_1=-\dfrac{11}{2}d$. 若 $d>0$，则 $a_1<0$；且 $S_{12}=12a_1+\dfrac{12\times 11d}{2}=-66d+66d=0$. **预案 4** 若 $d=0$，则 $a_1=0$；S_n 与 n 的关系如下图所示： 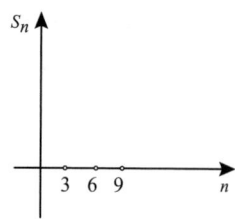 **问题** 等差数列 $\{a_n\}$ 的前 n 项和为 S_n，若 $S_m=S_k(m<k,m,k\in\mathbf{N}^*)$，你能得到什么结论？ **预案 1** $S_{m+k}=0$.	从函数"形"的角度去理解等差数列的前 n 项和 S_n. 培养学生数形结合思想的运用. $d<0$ 的情形，课下研究. 不同解题思路的交锋，见证着性质的灵活运用，也激发着学生更深刻地认识.

续表

教学过程	设计意图
预案2 若 m,k 的奇偶性相同,且 $d>0, a_1<0$,则 $1 \leqslant n \leqslant m+k$ 时,$S_n \leqslant 0$. $a_{\frac{m+k}{2}}<0, a_{\frac{m+k}{2}+1}>0$. S_n 的最小值为 $S_{\frac{m+k}{2}}$.	改变题目的条件,获得新问题,思考哪些结论变了,哪些结论未变.
预案3 若 m,k 的奇偶性不同,且 $d>0, a_1<0$,则 $1 \leqslant n \leqslant m+k$ 时,$S_n \leqslant 0$. $a_{\frac{m+k-1}{2}}<0, a_{\frac{m+k+1}{2}}=0$. S_n 的最小值为 $S_{\frac{m+k-1}{2}}$ 或 $S_{\frac{m+k+1}{2}}$.	培养学生敢于质疑的精神.
可先通过 $S_3 = S_8$ 进行观察,再推广到一般. **问题** 设等差数列 $\{a_n\}$ 的前 n 项和为 S_n,若 $S_3 > S_9$,你能得到什么结论? **预案1** 若 $d=0$,则 $a_1 < 0$;且前 n 项和的最大值为 S_1. **预案2** 若 $d>0$ 且 $a_1<0$ 时,对称轴横坐标 >6;$a_6<0$;$S_{12}<0$. **预案3** 若 $d<0$ 且 $a_1>0$ 时,对称轴横坐标 <6;$a_7<0$;$S_{12}<0$. **预案4** 若 $d<0$ 且 $\frac{1}{2}-\frac{a_1}{d}<0$ 时,对称轴在 y 轴左侧.	从"形"与"数"的角度去看等比数列的项与项数的关系.
(三)课堂小结,认知升华 从解答本节课的几个问题中,谈谈你的感受!	深化数列的函数本性.
(四)课后作业,强化落实 **问题** 设等比数列 $\{b_n\}$ 的公比为 q,从"数"与"形"两个角度寻求 $\{b_n\}$ 是单调数列的充要条件.	把课堂上的思考延续到课下.

▮▮▮ **教学反思**

在数列的教学中，学生愿意从"数"的角度去分析问题和解决问题，往往忽视"形"的分析，换句话说，"数"与"形"是割裂的．为了解决这一状况，设计本节课，主旨为"条件尽量少，产生的结论尽可能多"的开放性逆向思维习题课，不求例题数量，但求思维含量．学生在回答第一道例题时，有些拘谨放不开，我适时地引导学生，启迪他们在"形"上进行突破，此时的学生的表现超过我的预期；在总结例 1 时，引导学生如何改变题目的条件形成新问题，学生在"等"与"不等"之间，体会着"形"与"形"之间的差异，感受着"数形结合"思想带来的便利．感觉题目更开放些，可能效果更好．

第十节　等比数列的概念

▮▮▮ **一、教学目标**

（1）理解等比数列的定义，并能以方程思想作指导，理解和运用它的通项公式．

（2）逐步体会类比、归纳的思想，进一步培养学生概括、抽象思维等能力．

（3）培养学生严密的思维习惯，促进个性品质的良好发展．

重点　等比数列概念的形成及通项公式的应用．

难点　对概念的深刻理解．

▮▮▮ **二、教学过程设计**

（一）引入新课

师：前面我们已经研究了一类特殊的数列——等差数列，今天我们一起研究第二类新的数列——等比数列．

（板书）等比数列

（二）讲解新课

师：等比数列与等差数列在名字上非常类似，只有一字之差，一个是差，一个是比，你能否仿照等差数列，举例说明你对等比数列的理解．

（要求学生能主动利用类比思想，通过具体例子说明对概念的理解）

生：数列 1，3，9，27，…

师：你为什么认为它是等比数列呢？

生：因为这个数列相邻两项的比都是相等的，所以是等比数列．

（先引导学生用自己的语言描述等比数列的特征，但暂时不作评论，以防限制其他学生的思维）

师：这是你对等比数列的理解，不过这个例子中的项是一项比一项大，能否再举一个一项比一项小的．

生：数列 $1, \dfrac{1}{3}, \dfrac{1}{9}, \dfrac{1}{27}, \cdots$

师：你对等比数列的理解呢？

生：数列中每一项与前一项的比都是同一个常数．

师：他们对等比数列理解基本相同的，能否再换个样子，举一个例子．

生：数列 $\dfrac{1}{2}, -\dfrac{1}{4}, \dfrac{1}{8}, -\dfrac{1}{16}, \cdots$

（若理解没有什么变化，就不必让学生再重复了）

师：下面再举例子又增加点要求，既然要去研究它，说明它一定有实际应用价值，那么能否再举一个生活中的等比数列例子．

生：如生物学中细胞分裂问题：1 个细胞经过一次分裂变为 2 个细胞，这两个细胞再继续分裂成为 4 个细胞．这样分裂继续下去，细胞个数从 1 到 2 到 4 到 8，把每次分裂后所得细胞个数排列好可形成一个数列 1，2，4，8，16，$\cdots$ 这个数列就是等比数列．

师：这个例子举得很好，不仅能够发现生活中的数学问题，还能把数学知识应用在其他学科，其实等比数列的应用是非常广泛的，说明它确有很高的研究价值．

说了这么多，也发现了等比数列的特征，能否试着给等比数列下个定义呢？

生：如果一个数列的每一项与前一项的比都等于一个常数，那么这个数列就叫作等比数列．

师：作为定义这种叙述还有一点不足，为保证这样比都作得出来，这每一项应从数列的第二项起，否则第一项没有前一项，也就做不出这个比，调整之后，再找一位同学准确描述一下等比数列．

生：如果一个数列，从第二项起，每一项与前一项的比都等于一个常数，那么这个数列叫作等比数列．

师：好，就把它作为等比数列的定义记录下来．

（1）定义．如果一个数列，从第二项起，每一项与前一项的比都是同一个常数，那么这个数列叫作等比数列，这个常数叫作公比，记作 q（板书）．

（教师在叙述的同时，再强调为突出所做出的比都相等，应写为同一个常数更准确）

师：记住这句话并不难，关键是如何理解它，并利用它解决问题，先回到刚才几个例子看它们是否是等比数列，如果是，公比是多少？

生：这几个数列都是等比数列，它们的公比分别为 $3, \frac{1}{3}, -\frac{1}{2}$ 和 2.

师：好，公比会找了，再来看这样一件事，等比数列从定义上与等差数列有很多密切关系是我们想到，有没有这样的数列，它既是等差数列也是等比数列呢？

生：有，如数列 $1,1,1,1,\cdots$ 是一个以 0 为公差的等差数列，也是以 1 为公比的等比数列．

师：除了这个数列外，还能再举一个吗？

生：数列 $\frac{1}{2},\frac{1}{2},\frac{1}{2},\frac{1}{2},\cdots$ 是公差为 0 的等差数列也是公比为 1 的等比数列．

师：他们举的例子都是对的，而且从例子中数列的特征，使我们联想到，形如 $a,a,a,\cdots a(\in \mathbf{R})$ 的数列好像都满足既是等差又是等比数列，是这样吗？

（可让学生作短暂的讨论，再找学生回答）

生：形如 $a,a,a,\cdots$ 这样的数列一定是等差数列（这一点可以由等差数列的定义加以证明）．但它未必是等比数列．

师：能具体解释一下吗？

生：当 $a=0$ 时，数列每一项均为零，都不能作比，因此不是等比数列，$a\neq 0$ 时，此数列是等比数列．

师：这个回答非常准确，通过对这个问题的研究，对于我们进一步认识等比数列有什么帮助吗？从中得到什么启示吗？

生：等比数列中的每一项都不能为零，因为在定义中，数列中每一项都要做分母，所以均不能为零．

师：这一点实际上是隐含在定义的叙述之中的，从另一个角度上讲，数列各项均不为零是这个数列成等比数列的什么条件呢？

生：是必要非充分条件．

师：这是我们对等比数列进一步理解得到第一点共识.

（2）对定义的理解（板书）.

① "$a_n \neq 0$" 是数列 $\{a_n\}$ 成等比数列的必要非充分条件.

师：这一点是对等比数列的项的特殊要求，这与等差数列也是不同的.

下面从另外一个角度研究一下定义，数学定义一般都是用文字语言叙述表达的，但是在使用时往往需要符号化，因此下面试用数学符号语言来描述它？

生：$\dfrac{a_2}{a_1}=q, \dfrac{a_3}{a_2}=q, \dfrac{a_4}{a_3}=q, \cdots$ 这样的比有很多.

师：这种描述过于具体，能否用简单的一个式子来概括这么多个比的等.

生：用 $\dfrac{a_{n+1}}{a_n}=q(n\in \mathbf{N}^*, q$ 为非零常数$)$

师：由于 n 可取任意自然数，故 a_{n+1} 可表示数列中每一项，a_n 可表示相应的前一项，因此这一个比可以代表无数多个比的相等，所以这个式子与定义是等价的.

② $\{a_n\}$ 是等比数列 $\Leftrightarrow \dfrac{a_{n+1}}{a_n}=q(n\in \mathbf{N}^*, q$ 为非零常数$)$（板书）.

师：这个比式也可作为我们判断一个数列 $\{a_n\}$ 是否是等比数列的依据. 这样我们就完成了对等比数列的定义的研究、回顾一下研究过程. 主要做了这样两件事：一是利用类比方法得到了等比数列的定义；二是得用抽象概括将定义翻译为符号语言，并能利用它证明一个数列是否是等比数列.

下面要进一步研究等比数列，必须先搞清怎么表示一个等比数列，要表示数列，需先确定这个数列，确定一个等比数列几个条件呢？

生：两个条件.

师：哪两个条件？

生：可以是首项和公比.

师：如果等比数列 $\{a_n\}$，首项为 a_1 公比为 q，你会用什么方法来表示这个等比数列呢？

生：可以表示为 $a_1, a_2, a_3, a_4 \cdots$ 这是常用的列举法.

师：刚才举例时用的就是这种表示方法，除此之外，还有其他表示法吗？

生：已知 a_1，且 $\dfrac{a_{n+1}}{a_n}=q(n\in \mathbf{N}^*, q$ 为非零常数$)$. 这是递推表示法.

师：这两种表示法各有所长，但使用最方便的还是通项公式法. 即如果已知

$\{a_n\}$ 是等比数列，首项是 a_1，公比是 q，如何用 n 的解析式表示数列中的第 n 项呢？

（3）等比数列的通项公式（板书）.

①已知等比数列 $\{a_n\}$，首项为 a_1，公比为 q，则 $a_n = ?$

生：$a_n = a_1 q^{n-1} (n \in \mathbf{N}^*)$.

师：你是怎么得到的.

生：根据已知条件，数列可以写成 $a_1, a_1 q, a_1 q^2, a_1 q^3, \cdots$ 从而发现规律，归纳出第 n 项 $a_n = a_1 \cdot q^{n-1}$.

师：归纳的结论是正确的，且用的方法，调动的知识都非常好，寻找通项即寻找项的一般规律，先看特殊项，写出几项，再归纳出一般结论．这种方法是不完全归纳法，因此这个结论的正确性是需要证明的（请同学们课下完成）．

$a_n = a_1 q^{n-1} (n \in \mathbf{N}^*)$（板书）．

②对公式的认识与理解.

师：对于这个通项公式，可以从几个方面去认识它呢？

（这不是第一次遇到这类公式，学生应知道从什么角度去认识公式）

生：可以从函数观点去认识，把通项公式看作关于 n 的解析式.

师：与什么函数的解析式相类似.

生：指数函数.

师：它类似于指数函数解析式，说明它在某些方面可能与指数函数有联系.

生：还可以把它看作一个方程，用方程思想来求解其中的量.

师：方程中有四个量，知三求一是最简单的公式应用，不过当已知 a_1, q 和 a_n，求 n 时，此时的方程是个指数方程，求解时需多加注意．如 $\{a_n\}$ 是等比数列，首项是 2，公比是 2，那么 256 是数列中第几项？

生：因为 $a_n = a_1 q^{n-1}$，则 $a_n = 2 \cdot 2^{n-1} = 2^n$．又 $a_n = 256$，得 $256 = 2^n$．解得 $n = 8$.

师：其他的例子不再举了，但如果只知二，那么就能求二，但求二恐怕一个方程就不能解决了，需要方程组才能解决．这也就是通项公式的不同层次的应用了，下面一起看这样一个题目.

例 1　一个等比数列的第二项是 2，第三项与第四项的和是 12，求它的第八项的值（板书）．

师：拿到这个题目，你打算怎样设计你的求解方案，或者说对这个题目有什么想法.

生：想求出首项和公比.

师：为什么要求出它们呢？

生：有了首项和公比，就有了通项公式，就可以求出数列中任何一项.

师：好，这就是计算中要抓基本量的思想．首项和公比就是等比数列的两个基本量．下面我们具体开始解，大家共同完成这个题目的求解.

生：设等比数列 $\{a_n\}$ 的首项为 a_1，公比为 q.

由已知得 $\begin{cases} a_1 q = 2, \\ a_1 q^2 + a_1 q^3 = 12. \end{cases}$

整理为 $\begin{cases} a_1 q = 2, \\ a_1 q^2(1+q) = 12. \end{cases}$ 　　　　　　　　　　式①
　　　　　　　　　　　　　　　　　　　　　　　　　　　式②

师：怎么解这个方程组呢？

生：式②÷式① 得 $q + q^2 = 6$. 解得 $q = -3$ 或 $q = 2$.

代入式①得 $\begin{cases} a_1 = -\dfrac{2}{3} \\ q = -3 \end{cases}$ 或 $\begin{cases} a_1 = 1 \\ q = 2 \end{cases}$.

生：$a_8 = a_1 q^7 = \left(-\dfrac{2}{3}\right)(-3)^7 = 1458$ 或 $a_8 = 1 \cdot 2^7 = 128$.

师：最后结果是正确的，但在具体求解过程中还有值得改进的地方.

此题要求的是 a_8，即 $a_1 q^7 = a_1 q \cdot q^6 = 2 q^6$，故只要把 q 求出即可求出 a_8 的值．这样在解方程组时就不必求出 a_1，从而使运算过程得以简化.

（板书）解：设等比数列的首项为 a_1，公比为 q. 则由已知得

$\begin{cases} a_1 q = 2 \\ a_1 q^2 + a_1 q^3 = 12 \end{cases}$，整理得 $\begin{cases} a_1 q = 2, \\ a_1 q^2 (1+q) = 12. \end{cases}$ 　　　式①
　　　　　　　　　　　　　　　　　　　　　　　　　　　　　　　式②

式②÷式① 得 $q + q^2 = 6$. 解得 $q = -3$ 或 $q = 2$.

则 $a_8 = a_1 q^7 = a_1 q \cdot q^6 = 2 q^6 = 2(-3)^6 = 1458$ 或 $a_8 = 2 q^6 = 2 \cdot 2^6 = 128$. 故数列第八项是 1458.

师：通过这个小题的计算，发现这类型题目主要是方程思想的应用，应用过程中主要是三个基本步骤：设、列、求，通过刚才的实践，你们觉得在这三步上应该注意什么呢？

生：设未知数应注意设等比数列的基本量首项和公比，在解方程组时，通常会用到乘除消元的方法.

师：总结得不错，在注意以上几点的同时，还应注意利用分析综合法寻求已知和所求之间的联系，以达到简化运算的目的.

下面我们一起看例2.

例2 在各项为负的数列 $\{a_n\}$ 中，如果 $2a_n = 3a_{n+1}$，且 $a_2 \cdot a_5 = \dfrac{8}{27}$，试问 $-\dfrac{16}{81}$ 是这个数列中的项吗？如果是，指明是第几项，如果不是说明理由（板书）.

（此题先让学生讲明思路，根据时间完成主要内容即可）

师：这个题目应从哪里入手解决呢？

生：应先判断这个数列是否是等比或等差数列.

师：为什么要做这件事呢？

生：因为知道了是什么样的数列，就可以找出其通项公式，就可以判断某个数是否是数列中的项.

师：如何判断它是否是等差或等比数列呢？

生：利用 $2a_n = 3a_{n+1}(n \in \mathbf{N}^*)$，可变形为 $\dfrac{a_{n+1}}{a_n} = \dfrac{2}{3}$，可以判断出这是个等比数列，且公比为 $\dfrac{2}{3}$.

师：好，这种思路是可行的，除此之外还有其他思路吗？

生：可以利用 $2a_n = 3a_{n+1}(n \in \mathbf{N}^*)$ 找到 $2a_1 = 3a_2, 2a_2 = 3a_3, \cdots, 2a_4 = 3a_5$，可以找到 a_2 和 a_5 间的另一关系，再结合 $a_2 \cdot a_5 = \dfrac{8}{27}$，可以求出 a_2（或 a_5），再看与 $-\dfrac{16}{81}$ 有什么关系，再作判断.

师：这种方法把一般关系具体化，有一定可取之处，但有一定的偶然性，因此两种思路比较而言，另一种方案更具一般性.

下面请同学把这种方案具体实施一下.

生：因 $2a_n = 3a_{n+1}$，则 $\dfrac{a_{n+1}}{a_n} = \dfrac{2}{3}$.

（让一个学生就说一个重要环节，并及时指出表述上的问题）

师：这两步是等价的吗？

生：不等价，应保证 $a_n \neq 0$ 才等价.

师：题目中能保证 $a_n \neq 0$ 吗？

生：根据条件"各项均为负"可以保证 $a_n \neq 0$.

师：在表述上应怎样调整呢?

生：因为 $2a_n = 3a_{n+1}$，且 $a_n < 0$，则 $\dfrac{a_{n+1}}{a_n} = \dfrac{2}{3}$，所以 $\{a_n\}$ 是等比数列且公比 $q = \dfrac{2}{3}$.

又 $a_2 \cdot a_5 = \dfrac{8}{27}$，则 $a_1 q \cdot a_1 q^4 = \dfrac{8}{27}$，即 $a_1{}^2 \cdot q^5 = \dfrac{8}{27}$，亦即 $a_1{}^2 \cdot \left(\dfrac{2}{3}\right)^5 = \left(\dfrac{2}{3}\right)^3$. 又 $a_1 < 0$，则 $a_1 = -\dfrac{3}{2}$.

（提醒学生，开方时必须指明 $a_1 < 0$，才能保证只有一解）

生：所以 $a_n = -\dfrac{3}{2} \cdot \left(\dfrac{2}{3}\right)^{n-1} = -\left(\dfrac{2}{3}\right)^{n-2}$. 令 $-\dfrac{16}{81} = -\left(\dfrac{2}{3}\right)^{n-2}$，得 $\left(\dfrac{2}{3}\right)^4 = \left(\dfrac{2}{3}\right)^{n-2}$. 则 $4 = n-2$，即 $n = 6$. 因此 $-\dfrac{16}{81}$ 是数列 $\{a_n\}$ 中的第六项.

师：在这个题目求解过程中注意这样几点.

①判断数列是等比数列时，将条件变形为比的形式，注意变形的等价性；

②判断某个数是否是数列中的项，只需将该数代入通项公式，并解此方程，看是否有正整数解.

（三）小结

师：这节课主要学习了一个重要概念等比数列和一个重要的公式等比数列的通项公式.

（1）对于这个概念要注意与等差数列的类比中把握它们的区别与联系.

（2）对于通项公式除了记住内容，了解推导外，关键是能用方程观点去认识，并应用它解决有关问题.

（四）课堂教学设计说明

等比数列是在等差数列之后介绍的，因此它的数学方法不能简单地重复等差数列. 应当既（体现）出两者的联系，又有所变化且有所提高. 因此在教学方法上突出了类比思想的使用，教师为学生创造好使用的条件，引导学生自己研究相关内容如定义、表示方法. 通项公式及对公式的认识，通过学生的研究，探索，加上老师概括总结，既充分发挥学生的主体作用又体现教师的主导作用.

等比数列的通项公式应用是等比数列这段知识的重点，也是本节课的重点，方程思想的应用是公式应用的核心和关键. 所以必须了解方程思想应用的特点，首先必须用方程的观点去认识等比数列的基础知识；再从本质上把握公式其次在运用方程思想解题时，对于设元要抓好其中的关键量；最后在运用方程思想时需恰当应用整体代入，设而不求，如例 1 的计算应注意把 $a_2 = 2$ 的条件整体代入到所求的 a_0 中，从而使 a_1 设而不求．

第十一节　一类数列通项公式的求法

■ 一、教学目标

（1）使学生掌握由递推关系式表示的数列通项公式的求法．

（2）通过探求由递推关系式表示的数列通项公式的过程，培养学生观察、分析、提出问题和解决问题的能力．

■ 二、教学过程

（一）引入新课

师：通过前几节课的学习，我们看到表示数列的方法是多种多样的．例如，用通项公式 $a_n = f(n)$ 表示；用数列的前 n 项之和 S_n 与通项 a_n 的关系式表示；用初始项和递推关系式表示．

今天，我们来研究用初始项和递推关系式表示的数列的通项公式的求法．先看一个简单的例子．

例 1　已知某数列 $\{a_n\}$ 的首项 $a_1 = 1$，且 $a_n = 3a_{n-1} + 2(n \geq 2)$，求此数列的通项公式．

题中 $a_n = 3a_{n-1} + 2(n \geq 2)$ 不是此数列的通项公式，它仅揭示了数列中相邻两项之间的关系，我们称它为数列项的递推关系式．我们已经学过两种重要数列：等差数列和等比数列．它们的通项公式以及有关性质是我们所熟悉的．因此，我们可否设法通过变形转化为等差数列或等比数列，从而使问题得到解决呢？

（学生相互讨论，教师巡视，启发学生．当学生发现解法后，请一学生回答．）

生：在递推公式两边同时加上 1，得

$$a_n + 1 = 3a_{n-1} + 3 = 3(a_{n-1} + 1).$$

即 $\dfrac{a_n + 1}{a_{n-1} + 1} = 3.$

这说明数列 $\{a_n + 1\}$ 是一个以 $a_1 + 1 = 2$ 为首项，公比为 3 的等比数列．于是，由等比数列的通项公式，得 $a_n + 1 = 2 \cdot 3^{n-1}$．

$a_n = 2 \cdot 3^{n-1} - 1$.

师：回顾一下这个例题的解题过程：

（1）该数列的通项公式是通过变形将其化为等比数列后求得的；

（2）调整递推关系，引入一个新的辅助数列 $\{a_n + 1\}$，而这个辅助数列是我们所熟悉的等比数列.

设计意图 引导学生自己归纳出解法特点，养成学生解题后思考的良好习惯.

师：如果我们将例 1 中递推关系的系数稍加变化，你们能求出它的通项公式吗？

例 2 已知某数列的首项 $a_1 = -60$，$a_n = \frac{1}{3}a_{n-1} - 50 (n \geq 2)$，求此数列的通项公式.

（这时绝大部分学生仿照例 1 的解法，有的在等式 $a_n = \frac{1}{3}a_{n-1} - 50$ 两端同时加上 15；有的同时加上 30；也有的同时加上 50，学生的亲自实践均未成功．在大部分学生试验都失败的情况下教师加以启发．）

师：你们在递推关系两边同时加上 75，再试一试．

（指定一位学生板演，此时学生感到意外的是不理解为什么要在两边加 75.）

生：$a_n + 75 = \frac{1}{3}a_{n-1} - 50 + 75 = \frac{1}{3}a_{n-1} + 25 = \frac{1}{3}(a_{n-1} + 75)$,

$\therefore \dfrac{a_n + 75}{a_{n-1} + 75} = \dfrac{1}{3}$.

这说明数列 $\{a_n + 75\}$ 是一个以 $\frac{1}{3}$ 为公比的等比数列，且首项

$a_1 + 75 = 15$,

故 $a_n = -75 + 15 \times \left(\dfrac{1}{3}\right)^{n-1}$.

老师，为什么加上 75 呢？如果递推关系中的系数再变化，又该加什么呢？

师：此题怎么想到了要加上 75 呢？如果递推关系式中的系数再变化又该怎么解？这就需要我们来寻求这类问题的一般规律．上面问题的一般形式可以用例 3 来描述.

例 3 已知数列 $\{a_n\}$ 的项满足 $\begin{cases} a_1 = b, \\ a_{n+1} = ca_n + d, \end{cases}$ 其中 $c \neq 1$．证明这个数列的通项公式是

$$a_n = \frac{bc^n + (d-b)c^{n-1} - d}{c-1}.$$

师：由例1、例2的启发，在递推关系式两边加上一个适当的常数 x，使得数列 $\{a_n + x\}$ 构成一个等比数列，然后通过等比数列 $\{a_n + x\}$ 的通项公式来求得数列 $\{a_n\}$ 的通项公式．问题的关键是怎样确定常数 x．下面我们用待定系数法来求出 x 的值．

设在递推关系式 $\qquad a_{n+1} = ca_n + d \qquad$ 式①

两边同时加上常数 x，使得 $a_{n+1} + x = c(a_n + x)$, 式②

比较式①与式②，x 应满足 $x = \dfrac{d+x}{c}$. 推得 $x = \dfrac{d}{c-1}$.

这时数列 $\{a_n + x\}$ 便是一个以 $a_1 + x$ 为首项，c 为公比的等比数列．

$\therefore a_n + x = (a_1 + x) \cdot c^{n-1}$,

$\therefore a_n = \left(b + \dfrac{d}{c-1}\right) \cdot c^{n-1} - \dfrac{d}{c-1} = \dfrac{bc^n + (d-b)c^{n-1} - d}{c-1}$.

在例1中，因为 $c = 2, d = 1$，所以 $x = \dfrac{1}{2-1} = 1$；在例2中，因为 $c = \dfrac{1}{3}, d = -50$，所以 $x = \dfrac{-50}{\dfrac{1}{3} - 1} \approx 75$.

思考：当 $c = 1$ 或 $d = 0$ 时，如何写出它们的通项公式．

生：当 $c = 1$ 时，$a_n = b + (n-1)d$；当 $d = 0$ 时，$a_n = b \cdot c^{n-1}$.

师：前面我们掌握了以递推关系式 $a_n = ca_{n-1} + d$ 表示的数列的通项公式的求法，下面几个不是这类题型的题目，你们能否将它们转化为 $a_n = ca_{n-1} + d$ 型后再求出它们的通项公式？

（二）课堂练习

1．已知数列 $\{a_n\}$ 的首项 $a_1 = 2$，且 $a_{n+1} = \dfrac{a_n}{a_n + 3}$ 求数列的通项公式．

解：由递推关系式的特点，可以用倒数代换：$\dfrac{1}{a_{n+1}} = \dfrac{a_n + 3}{a_n} = 1 + \dfrac{3}{a_n}$，

令 $b_n = \dfrac{1}{a_n}$，则上式转化为 $a_n = ca_{n-1} + d$ 型．

2．设正项数列 $\{a_n\}$ 满足 $a_1 = 1, a_n = 2\sqrt{a_{n-1}}\ (n \geq 2)$，求数列 $\{a_n\}$ 的通项公式．

解：可用对数代换，两边同时取以2为底的对数，得：

$\log_2 a_n = 1 + \dfrac{1}{2} \log_2 a_{n-1}$. 令 $b_n = \log_2 a_n$，则上式转化为 $a_n = ca_{n-1} + d$ 型．

3. 已知数列 $\{a_n\}$ 满足 $a_1 = \sqrt{2}, a_{n+1} = \sqrt{2 + a_n}$. 求数列 $\{a_n\}$ 的通项公式.

解：由已知可得 $0 < a_n < 2$, 可用三角代换，令 $a_n = 2\cos\theta_n \left(0 < \theta_n < \dfrac{\pi}{2}\right)$, 故有

$2\cos\theta_{n+1} = a_{n+1} = \sqrt{2 + 2\cos\theta_n} = 2\cos\dfrac{\theta_n}{2}$, 从而 $\theta_{n+1} = \dfrac{\theta_n}{2}$, 即 $\dfrac{\theta_{n+1}}{\theta_n} = \dfrac{1}{2}$.

于是可知数列 $\{\theta_n\}$ 是首项为 $\dfrac{\pi}{4}$, 公比为 $\dfrac{1}{2}$ 的等比数列，所以 $\theta_{n+1} = \dfrac{\pi}{4} \cdot \left(\dfrac{1}{2}\right)^{n-1} = \dfrac{\pi}{2^{n+1}}$.

故 $a_n = 2\cos\dfrac{\pi}{2^{n+1}}$.

（三）课堂小结

通过这节课，我们看到由递推关系式给出的数列通项公式的求法大致有两种：

（1）对于 $a_{n+1} = ca_n + d$ 型. 我们总可以通过等比数列 $\{a_n + x\}$ 来求出它的通项公式，其中 $x = \dfrac{d}{c-1}$.

（2）有些题可利用代换将其化为 $a_{n+1} = ca_n + d$ 的形式来解决.

（四）布置作业

（1）已知数列 $\{a_n\}$ 满足 $a_1 = 1, a_2 = 5$，且 $a_{n+1} = 3a_n - 2a_{n-1}$ 求数列 $\{a_n\}$ 的通项公式.

（2）已知数列 $\{a_n\}$ 满足 $a_1 = a_2 = 1$ 且 $a_{n+1} = a_n + a_{n-1}$ 求数列 $\{a_n\}$ 的通项式.

（3）设数列 $\{a_n\}$ 的 a_1、a_2 为已知，且 $a_{n+1} = pa_n + qa_{n-1}$（$p$、$q$ 为常数），求数 $\{a_n\}$ 的通项公式.

三、教案说明

（1）递推数列在现行中学教材中，所占篇幅极小（只通过三个习题反映这一内容）. 但其重要性却不容忽视. 首先，它是给出数列的一种重要方法；其次，递推数列的题目综合了函数、恒等变形、方程、不等式、极限等中学数学中的基础知识，涉及数学中的换元法，待定系数法，数学归纳法等重要方法，对培养学生的逻辑思维和推理论证等能力具有重要意义. 此外，许多与自然数有关的题目常常可归纳为求某数列的通项公式的问题，而要求得该数列的通项公式往往又是很困难的，这时若能根据题设构造出递推关系，先把这个数列确定下来，然后再求出该递推数列的通项公式，可使问题得到解决.

（2）已知数列 $\{a_n\}$ 的项满足 $\begin{cases} a_1 = b, \\ a_{n+1} = ca_n + d, \end{cases}$ 其中 $c \neq 1$. 证明这个数列的通项公

式是 $a_n = \dfrac{bc^n + (d-b)c^{n-1} - d}{c-1}$.

这是以证明题的形式出现的，处理这类题目，不能仅仅满足于证出结果．特别是某些在数学思想方法上有代表性的题目，要挖掘解题的思考过程以及规律被揭示的过程．

（3）我们追求的是总体最佳效果．

一节课的素材虽然准备得很充分，但若搭配布局安排不当，就可能降低学生对所教内容的理解水平，不能充分发挥教材在培养学生思维品质方面的作用．因此，在设计教案时应该重视一节课各部分、各环节间相互联系的功能所形成的最佳结构，以发挥整个教学系统由于配合协调而产生的联合效应与整体功能．

第十二节　抛物线的定义及其标准方程教学设计

一、揭示课题

师：我们已学习了哪几种圆锥曲线？

生：已学过圆、椭圆、双曲线．

师：今天我们学习第四种圆锥曲线——抛物线．它的标准方程及性质怎样呢？（板书课题：抛物线的标准方程及性质．）

师：同学们对抛物线已有了哪些认识？

生：在物理中，抛物线被认为是抛射物体的运动轨道．在函数中，抛物线是二次函数的图像．

师：在二次函数中研究过的抛物线有什么特征？

生：这里研究的抛物线，它的对称轴是平行于 y 轴的（只是开口向上或向下的）情形．

师：如果抛物线的对称轴不平行于 y 轴，那么就不能作为二次函数的图像来研究了．我们这里，就是要打破在函数研究中的这种局限，从更一般的意义上来研究抛物线．

二、讲述新课

1. 抛物线的定义

师：为了认识抛物线是满足什么条件的动点的轨迹，我们可以从研究最简单

的二次函数 $y=ax^2$ 所决定的抛物线的性质入手.

问题1（板书）已知抛物线 $y=ax^2$，试问抛物线上任意一点 P 到定点 $F\left(0,\dfrac{1}{4a}\right)$ 和到定直线 $l:y=-\dfrac{1}{4a}$ 的距离有什么关系？[设 $a>0$，画出图像（图 1.18）] 思维从问题开始.

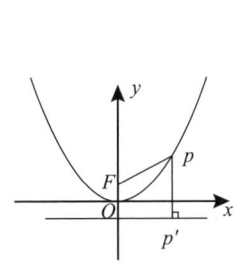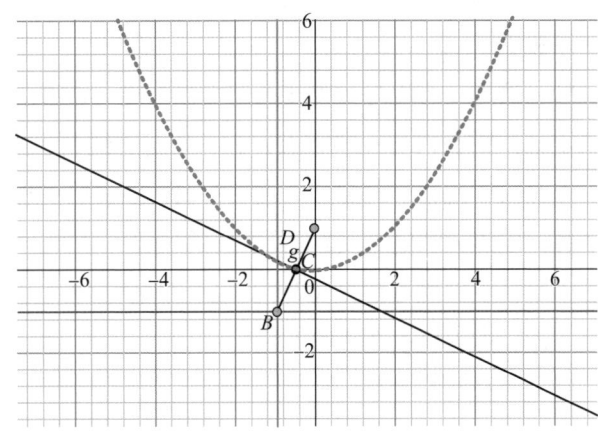

图 1.18　问题 1

生：（板书）.

设 $P(x,ax^2)$，则 $|PF|=\sqrt{x^2+\left(ax^2-\dfrac{1}{4a}\right)^2}=\sqrt{\left(ax^2+\dfrac{1}{4a}\right)^2}=\left|ax+\dfrac{1}{4a}\right|$，$P$ 到 l 的距离 $|PP'|=\left|ax^2-\left(-\dfrac{1}{4a}\right)\right|=\left|ax^2+\dfrac{1}{4a}\right|$.

所以，抛物线上任意一点到已知定点和已知定直线的距离相等.

师：由此，我们能不能说抛物线是到一个定点和一条定直线距离相等的点的轨迹呢？

生：不能！轨迹必须既满足纯粹性，又满足完备性，这里只证明了抛物线所具有的几何性质，即纯粹性，还未证明完备性.

师：这里完备性的证明，要研究什么命题呢？

问题2　平面内，满足一个定点 F 和一条定直线 l 距离相等的点一定在抛物线上.

师：上述命题的证明并不困难，这里，我们还可以用 GeoGebra 软件作一个直观的演示.

直观演示不仅为了对抛物线定义先作形象的认识，而且在于使得对抛物线

$y=ax^2$ 的研究引向一般.

在 GeoGebra 软件中，先在定直线 l 上任取一点 A，连接 AF，并作 AF 的中垂线 m；再过点 A 作 l 的垂线 n，追踪直线 m,n 的交点 P（即点 P 到定点 F 的距离等于到定直线 l 的距离）的轨迹，显示为抛物线.

教师可以反复演示后，请学生来归纳抛物线的定义，教师总结，并将定义板书在黑板上.

师：这样，可以把抛物线的定义概括成（板书）.

定义：平面内与一个定点 F 和一条定直线 l 的距离相等的点的轨迹叫作抛物线. 点 F 叫作抛物线的焦点. 直线 l 叫作抛物线的准线.

师：定点 F 和定直线 l 有什么样的位置关系？

生甲：点 F 既可在直线 l 上，也可在直线 l 外.

生乙：点 F 应该在直线 l 外.

师：为什么？

生乙：若点 F 在直线 l 上，则动点的轨迹为过点 F 且垂直于 l 的直线.

师：平面内与一个定点 F 和一条定直线 l 的距离相等的点的轨迹叫作抛物线（点 $F \notin l$）.

2. 抛物线的标准方程

师：设定点 F 到定直线 l 的距离为 p（这是已知数且大于零）. 下面，我们来求抛物线的方程. 怎样选择平面直角坐标系，才能使所得的方程取较简的形式呢？

（让学生议论一下，教师巡视，启发辅导，最后简单小结一下. 学生中建立平面直角坐标系的方法大致有以下六种，可以分组让学生对各种情况，分别求得相应的方程，并把结果填入预先列出的表里. 如表 1.10 所示.）

表 1.10 建立平面直角坐标系方法

序号	图形	方程	焦点坐标	准线方程
1		$y^2 = 2px - p^2 (p>0)$	$(p, 0)$	$x = 0$

续表

序号	图形	方程	焦点坐标	准线方程
2		$y^2 = 2px + p^2 (p>0)$	$(0,0)$	$x = -p$
3		$x^2 = 2py(p>0)$	$\left(0, \dfrac{p}{2}\right)$	$y = -\dfrac{p}{2}$
4		$y^2 = 2px(p>0)$	$\left(\dfrac{p}{2}, 0\right)$	$x = -\dfrac{p}{2}$
5		$x^2 = -2py(p>0)$	$\left(0, -\dfrac{p}{2}\right)$	$y = \dfrac{p}{2}$
6		$y^2 = 2px(p>0)$	$\left(-\dfrac{p}{2}, 0\right)$	$x = \dfrac{p}{2}$

师：比较所得的各个方程，应该选哪些方程作为抛物线的标准方程呢？

生：应该选序号 3～6 这 4 个方程作为抛物线的标准方程，因为这些方程不仅具有较简的形式，而且方程中的系数有明确的几何意义：一次项系数是焦点到准线距离的 2 倍．

师：对上表序号 3 中的标准方程，只要设 $a = \dfrac{1}{2p}$，就可以得到 $y = ax^2$．由此

第二篇　高中数学公式的教学实践　195

可见，用曲线方程的观点研究抛物线比用二次函数的观点研究抛物线，更具有一般性．

师：观察 4 种标准方程，如何确定开口方向和焦点位置？

生：一次变量定焦点，开口方向看正负！

师：一定谨记抛物线标准方程的特点：二次项与一次项各居等式一边，且二次项系数为 1，再加上"一次变量定焦点，开口方向看正负！"就能记牢抛物线的四种标准方程．

3. 4 种标准方程的应用

例 1 （1）已知抛物线的标准方程是 $y^2 = 6x$，求它的焦点坐标和准线方程；

（2）已知抛物线的焦点坐标是 $F(0,-2)$，求它的标准方程；

（3）已知抛物线的方程为 $y = ax^2$，求它的焦点坐标和准线方程．

解：（1）因为 $p = 3$，所以焦点坐标是 $F\left(\dfrac{3}{2}, 0\right)$，准线方程是 $x = -\dfrac{3}{2}$．

（2）因为焦点在 y 轴的负半轴上，并且 $\dfrac{p}{2} = 2, p = 4$，所以它的标准方程是 $x^2 = -8y$．

（3）抛物线的标准方程为 $x^2 = \dfrac{1}{a} y$；

若 $a > 0$ 时，则 $2p = \dfrac{1}{a}, p = \dfrac{1}{2a}, \therefore F\left(0, \dfrac{1}{4a}\right)$，准线方程为 $y = -\dfrac{1}{4a}$．

若 $a < 0$ 时，则 $-2p = \dfrac{1}{a}, p = -\dfrac{1}{2a}, \therefore F\left(0, -\dfrac{1}{-4a}\right) = F\left(0, \dfrac{1}{4a}\right)$，准线方程为 $y = -\dfrac{1}{4a}$．

综上，焦点坐标为 $F\left(0, \dfrac{1}{4a}\right)$，准线方程为 $y = -\dfrac{1}{4a}$．

例 2 根据下列所给的条件，写出抛物线的标准方程：

（1）准线方程是 $x = \dfrac{1}{4}$．

（2）焦点到准线的距离是 2．

解：（1）因为准线方程是 $x = \dfrac{1}{4}$，所以 $\dfrac{2}{2} = \dfrac{1}{4} p = \dfrac{1}{2}$ 因此它的标准方程是
$$y^2 = -x.$$

（2）因为焦点到准线的距离为 2，所以 $p = 2$ 由于焦点不定，因而四个标准方程都合适，故 $y^2 = 4x, y^2 = -4x, x^2 = 4y, x^2 = -4y$．

（让学生边看、边做、边研究、边讨论.）

师：由于抛物线的标准方程有四种形式，且每一种形式中都只含有一个系数因此只要给出确定 p 的一个条件，就可以求出抛物线的标准方程. 当抛物线的焦点坐标或准线方程给定以后，它的标准方程也就唯一确定. 如果抛物线的焦点坐标或准线方程没有给定，则所求的标准方程就会有多个解.

三、教案说明

（1）本节课研究的是抛物线，实际是解析几何基本思想方法的又一次应用. 我们从研究已经熟悉的抛物线 $y = ax^2$ 的性质入手，按照轨迹必须满足纯粹性、完备性的要求，概括出了抛物线的定义；运用坐标的观点，选取适当的平面直角坐标系，求得了抛物线标准方程的四种形式.

当然，我们这里对抛物线的研究仍有局限性，当抛物线的对称轴不平行于坐标轴时，给学生留下悬念，让学有能力的学生课下再作研究.

（2）抛物线定义的得出，从二次函数图像，抛物线上任意一点到已知定点和已知定直线的距离相等着手，再去研究满足到一个定点 F 和一条定直线 l 距离相等的点一定在抛物线上，这种从必要条件中寻找充要条件的考虑是中学数学中重要的思想方法，它可以使寻找范围大大缩小. 但不能以必要条件代替充要条件. 这里概括抛物线定义的设计，渗透了这种思想，且加深了对轨迹概念、曲线和方程概念的理解.

从研究抛物线 $y = ax^2$ 的性质入手概括抛物线定义的上述过程，对坐标系的适当选取，已作了提示，不仅可以免除硬性规定坐标系的突然性，而且可以发展学生联想对比的能力.

学生对抛物线并不陌生，如果直接给出定义，硬性规定坐标系的选法，也可以得到其标准方程，但是学生往往觉得比较突然，而且总认为已经研究过了. 采用"顺应"学生认识的方法引入，不仅可以免去学生因悬念产生的思维干扰，而且可以点明新意，以调动学生的学习积极性.

（3）总体设计从具体到抽象，从学生比较熟悉的二次函数图像，抛物线研究中的局限性为突破口，还可以根据抛物线的定义，用求轨迹方程的一般方法去求抛物线的非标准方程. 例如：

求顶点为 $O'(-1,2)$，焦点为 $F(1,4)$ 的抛物线方程.

这里由于焦点不在坐标轴上，顶点也不在坐标原点，因此所求的抛物线方程一定不是标准方程.

不难得到，焦点在准线上的射影为 (-3,0)，又过顶点和焦点的直线的斜率为 1，所以准线方程为 $y=-(x+3)$，即 $x+y+3=0$. 设所求抛物线上任意一点为 (x,y)，则

$$\sqrt{(x-1)^2+(y-4)^2}=\frac{|x+y+3|}{\sqrt{2}}.$$ 化简后得 $x^2-2xy+y^2-10x-22y+25=0.$

第十三节　杨辉三角的性质与应用
——基于提升学生学科能力和素养的数学探究案例

北京五中教育集团召开了以落实"培根铸魂，启智润心"精神的教育教学研讨会，作者有幸为大家奉献了一节数学探究课"杨辉三角的性质与应用"，受到广泛的好评. 现整理成文，仅供大家参考.

一、教学过程

1. 开门见山，引入新课

师：大家认识这个数阵吗（图1.19）？

学生：杨辉三角！

师：杨辉三角在整个数学史中扮演着重要的角色，北宋的贾宪用它手算高次方根，元朝的朱世杰用它研究高阶等差数列（垛积术），华罗庚教授思路更广，差分方程，无穷级数都谈到它，那么我们又能从杨辉三角中探寻到哪些性质与应用呢？

图1.19　杨辉三角

设计意图　数学课程标准，提倡数学的文化价值，通过杨辉三角图片的展示，让学生了解一些数学史，激发学习的兴趣，又能培养学生的民族自豪感.

2. 小组合作，共探新知

让各小组自主选择性质与应用，进行小组合作探究.

3. 小组展示，分享所得

（第一组）生1：我们组发现：每一斜行前 n 个数加起来都是下面一行的第 n

个数（图 1.20）.

师：你们是如何发现的呢？

生 1：我们是从求和的角度来研究．既然横的一行相加存在规律，那么斜的一行相加看是不是也可能得到一些结论呢？

师：你能用组合数来表示吗？

生 1：$C_1^1 + C_2^1 + \cdots + C_{n-1}^1 = C_n^2$.

师：能否推广到一般情形呢？

生 1：$C_r^r + C_{r+1}^r + \cdots + C_{n-1}^r = C_n^{r+1}(n < r)$.

师：你们还有什么发现吗？

生 1：我们还发现：

$C_n^0 \cdot 10^n + C_n^1 \cdot 10^1 + \cdots + C_n^r \cdot 10^r + \cdots + C_n^n \cdot 10^n = 11^n$

师：你能证明吗？

生 1：$\sum_{i=0}^{n} C_n^i \cdot 1^{n-i} 10^i = (1+10)^n$.

（第二组）生 2：既然杨辉三角每一行的和存在规律，那么每一行的平方和是否也有规律呢？通过计算 $(C_1^0)^2 + (C_1^1)^2 = C_2^1$，$(C_2^0)^2 + (C_2^1)^2 + (C_2^2)^2 = C_4^2$，$(C_3^0)^2 + (C_3^1)^2 + (C_3^2)^2 + (C_3^3)^2 = C_6^3$ 这些数都能在杨辉三角中找到，于是猜测：

$(C_n^0)^2 + (C_n^1)^2 + \cdots + (C_n^n)^2 = C_{2n}^n$

师：你能证明吗？

生 2：$(1+x)^n \cdot (x+1)^n = (1+x)^{2n}$，

即：$(C_n^0 + C_n^1 x + C_n^2 x^2 + \cdots + C_n^n x^n)(C_n^0 x^n + C_n^1 x^{n-1} + C_n^2 x^{n-2} + \cdots + C_n^n) = 1 + \cdots + C_{2n}^n x^n + \cdots + x^{2n}$，对比两边的 x^n 项的系数得：

$(C_n^0)^2 + (C_n^1)^2 + \cdots + (C_n^n)^2 = C_{2n}^n$

师：还有什么发现吗？

生 2：将杨辉三角 30 度角斜行加起来得到斐波那契数列 1，1，2，3，5，8，13，21，34，55，89，144，每一项都是前两项之和（图 1.21）．

师：你能证明吗？

生 2：以三角形左侧边上的第 n 个 1 开始，与水平成 30°夹角画线，线上所有数和为 A_n，$A_n = C_{n-1}^0 + C_{n-2}^1 + C_{n-3}^2 + \cdots + C_{\left[\frac{n}{2}\right]}^{n-\left[\frac{n}{2}\right]-1}$，

对于 $\forall C_n^m = C_{n-1}^{m-1} + C_{n-1}^m$，

其中 C_{n-1}^{m-1} 和 C_{n-1}^m 分别为 A_{n-1} 和 A_{n-2} 中的项，

所以 $\forall A_n$ 中的项 $= A_{n-1}$ 中的项 $+ A_{n-2}$ 中的项.

（第三组）生3：我们研究了杨辉三角中奇数与偶数的个数，把杨辉三角中的奇数换成1，偶数换成0，便可以得到以下的"0-1三角"（图1.22）.

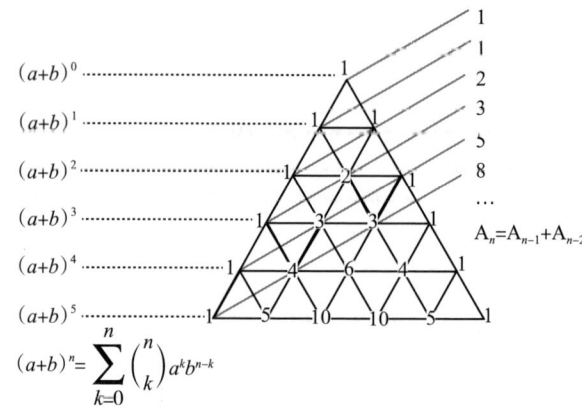

图1.21 探究杨辉三角性质2

师：你们是如何研究的呢？

生3：观察0-1三角可以发现：

从第一行起当第 n（$n \in \mathbf{N}^*$）次出现全行为1时的行数为 a_n，1的个数为 $a_n + 1$ 则第 $n+1$ 行共

第1行	1 1
第2行	1 0 1
第3行	1 1 1 1
第4行	1 0 0 0 1
第5行	1 1 0 0 1 1

图1.22 探究杨辉三角性质3

有 $a_n + 2$ 个数，其中有2个1（在首尾两端）和 a_n 个0，以后每行比前一行正中间的0的个数少一个. 所以 $a_{n+1} = a_n + (a_n + 1)$，且 $a_1 = 1$，所以 $a_{n+1} + 1 = 2(a_n + 1)$，即数列 $\{a_n + 1\}$ 是以2为首项，2为公比的等比数列. 则 $a_n = 2^n - 1$（$n \in \mathbf{N}^*$）. 进一步观察0-1三角，可以发现：

第二次出现全行为1时0的个数为 $b_2 = 1$；第三次出现全行为1时0的个数为 $b_3 = 3b_2 + \frac{1}{2} 2^2 (2^2 - 1) = 9$；第四次出现全行为1时0的个数为 $b_4 = 3b_3 + \frac{1}{2} 2^3 (2^3 - 1) = 55$，…，设第 n（$n \in \mathbf{N}^*$）次出现全行为1时，0的个数为 $b_n = 3b_{n-1} + \frac{1}{2} 2^{n-1}(2^{n-1} - 1)$（可用数学归纳法证明），所以 $b_n - 3b_{n-1} = \frac{1}{8} 4^n - \frac{1}{4} 2^n$.

这是一个一阶常系数线性非齐次差分方程，由差分方程的解法及 $b_2 = 1$，可得 $b_n = 2^{2n-1} + 2^{n-1} - 3^n$ [$（n \in \mathbf{N}^*）$ 且 $n \geq 2$].

师：你是如何知道这些知识的？

生3：通过书上的提示得到的.

师：借助刊物自学也是一种非常好的学习方式.

生3：我们还把二项展开式向三项展开式拓展，$(a+b+c)^n = [(a+b)+c]^n$，三项展开式的通项公式为 $C_n^r(a+b)^{n-r}c^r = C_n^r C_{n-r}^{r'} a^{n-r-r'} b^{r'} c^r$，其系数 $C_n^r C_{n-r}^{r'}$ 有什么规律呢？若 $r=0, C_n^0(C_n^0 + C_n^1 + \cdots + C_n^n) = C_n^0 \cdot 2^n$，若 $r=1$，$C_n^1(C_{n-1}^0 + C_{n-1}^1 + \cdots + C_{n-1}^{n-1}) = C_n^1 \cdot 2^{n-1}, \cdots$，若 $r=m, C_n^m(C_{n-m}^0 + C_{n-m}^1 + \cdots + C_{n-m}^{n-m}) = C_n^m \cdot 2^{n-m}, \cdots$

∴ $C_n^0 \cdot 2^n + C_n^1 \cdot 2^{n-1} + \cdots + C_n^m \cdot 2^{n-m} + \cdots + C_n^n \cdot 2^0 = 3^n$.

师：研究得不错.

（第四组）生4：我们组研究的是 r 阶等差数列，发现斜列之和等于拐角处数字前面有小组已经研究（图1.23）.

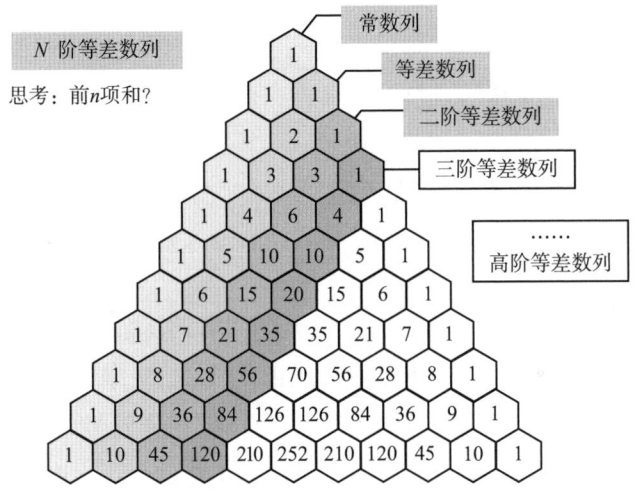

图1.23　探究杨辉三角性质4①

$C_r^r + C_{r+1}^r + \cdots + C_{n-1}^r = C_n^{r+1} (n<r)$，也可写成 $C_r^r + C_{r+1}^r + \cdots + C_{r+n-1}^r = C_{r+n}^{r+1}$，若 $r=1$，则 $1+2+\cdots+n = \dfrac{n(1+n)}{2}$；若 $r=2$，则 $1+3+6+\cdots+\dfrac{n(1+n)}{2} = \dfrac{n(n+1)(n+2)}{6}$；若 $r=3$，则 $1+4+10+\cdots+\dfrac{n(n+1)(n+2)}{6} = \dfrac{n(n+1)(n+2)(n+3)}{24}$.

师：还有新发现吗？

生4：研究了三项式定理与三自由度数阵，如图1.24所示.

（第五组）生5：我们发现一个事实：在杨辉三角中，若第 p 行除1外的所有数均能被 p 整除则行数 p 是质数.

师：你能证明吗？

生5：若 p 不为质数，则 $p = ab(a, b \in \mathbf{N}^*, 1 < a, b < p)$，则在该行中存在一项

C_p^a，$C_p^a = \dfrac{p(p-1)\cdots(p-a+1)}{a(a-1)\cdots 3\times 2\times 1} = \dfrac{b(p-1)\cdots(p-a+1)}{(a-1)(a-2)\cdots 3\times 2\times 1}$，分子中无因数 a，所以 C_p^a 不能被 a 整除，这与已知矛盾，所以，p 为质数.

师：你们还有新发现吗？

生5：过去，商人们在堆放瓶瓶罐罐这类物品时，为了节省地方，常把它们垒成许多层，俗称"垛". 每层摆成三角形的就叫"三角垛". 自上而下，第一层1个，第二层$1+2$个，第三层$1+2+3$个…我们先研究三角垛：1，3，6，10，15，21，28…由逐差法得到：2，3，4，5，6，7，8，9，…再逐差得：1，1，1，1，1，1，1，… $a_n - a_{n-1} = b_n$，（图1.24）由此得到 $1+3+6+\dfrac{n(1+n)}{2}=$

$C_{n+2}^3 = \dfrac{(n+2)(n+1)n}{6}$.

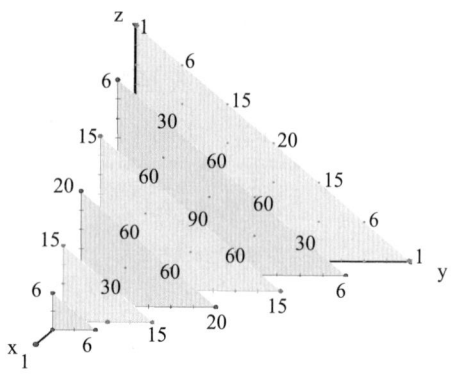

图1.24 探究杨辉三角性质4②

师：解决了"三角垛"求和问题，你是如何求正方垛的求和问题？

生5：如果在摆放物体时，每层都摆成正方形，就叫作"正方垛"（图1.25）. 下图就是一个"正方垛". 观察发现：可以把它分成两个"三角垛"，一个由●组成，另一个由〇组成，并且，由〇组成的"三角垛"，比由●组成的"三角垛"少一层：

$\therefore 1^2 + 2^2 + \cdots + n^2 = \dfrac{(n+2)(n+1)n}{6} + \dfrac{(n+1)(n-1)n}{6} = \dfrac{n(n+1)(2n+1)}{6}$.

设计意图 五个小组学生的发言结合组合数的性质证明，猜想的结论，在探究过程中，从特殊情形出发，归纳出性质的一般表示. 体现从特殊到一般的思想，学生通过自主探究的形式，自觉利用科学探究的思想来解决问题，并且能够多角度地分析问题，同时伙伴间的启发思考，将学生的思维推向高潮，使其加深了学生对前后知识内在联系的理解，又从深度和广度让学生感受数学知识之间的串联和呼应.

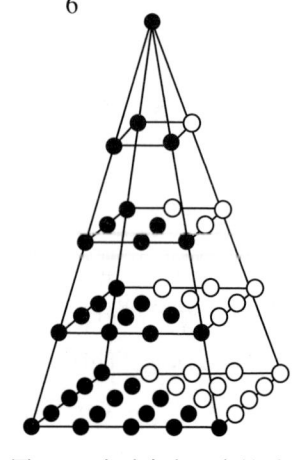

图1.25 探究杨辉三角性质5

4. 探究小结，分享感悟

师：下面我们来总结一下，通过这届数学探究课，你收获了些什么？

设计意图 本环节通过教师引导，让学生总结本节课的收获，并由教师作必要补充．将收获分为两层：首先是知识上的收获，即杨辉三角的性质与应用；其次是方法上的收获，通过对杨辉三角的研究，得到了对一般数阵的研究方法，即从横行、斜行、竖行、折线、局部、整体等角度来观察思考问题．

5. 课后存疑，继续探究

师：我们知道，贾宪用它来手算高次方根，他是如何手算的呢？牛顿的微积分与它有一定的关联，它们是如何联系在一起的呢？请大家课后继续查找资料，并阅读以下资料，看看杨辉三角中还有哪些我们没发现的性质与应用，回去继续完善本组的研究报告：

[1] 华罗庚．从杨辉三角谈起［M］．北京：人民教育出版社，1964．

[2] 沈康身．中算导论［M］．上海：上海教育出版社，1986．

[3] 钱宝琮．中国数学史［M］．北京：科学出版社，1964．

[4] 钱克仁．数学史选讲［M］．南京：江苏教育出版社，1989．

[5] 吴文俊．中国数学史大系两宋［M］．北京：北京师范大学出版社，2000．

[6] 汪晓勤，韩祥临．中学数学中的数学史［M］．北京：科学出版社，2002．

二、课后感悟

数学探究是高中数学的重要内容，承载着提升学生学科能力和素养的重要使命，要认真落实《普通高中数学课程标准》（2017 年版）对数学探究的要求，努力培养、提升数学建模等核心素养，就要抓住探究的特点，明确方向、整体设计、突出问题导向、任务驱动、合作交流、把握过程；基于以上的要求，本着自愿的原则，五人一组，分成了八个小组，由于时间的限制，课上只展示了五个小组，小组成员分工明确，各司其职，每个小组的数学探究都各有特色；用"杨辉三角"这个有吸引力的问题，为学生创设真实的活动情境，让学生有机会学会用数学眼光观察世界，用数学思维分析世界，用数学语言表达世界．

1. 自主探究，合作交流

数学探究活动是围绕某个具体的数学问题，开展自主探究、合作研究并最终解决问题的过程．具体表现为：发现和提出有意义的数学问题，猜测合理的数学结论，提出解决问题的思路和方案，通过自主探索、合作研究论证数学结论．数学探究活动是运用数学知识解决数学问题的一类综合实践活动，也是高中阶段数学课程的重要内容. 数学探究活动以课题研究的形式开展, 在选择选择性必修课程中, 要求学生完成其中的一个课题研究, 课题研究应经历选题、开题、做题、结题四个环节. 但由于时长的限制, 我们只能展示各小组做题与答题这两个环节, 通过探究使学生明确数学在解决问题的过程中所起的作用, 通过解决问题的过程对学过的相关数学知识和方法有了新的认识, 提高了解决问题的能力.

2. 精心布局, 解决矛盾

作为一节数学探究课, 最突出的问题是学生探究时间与课堂时间的矛盾, 若限制学生的探究时间, 由于杨辉三角的内容相对庞杂, 可能探究的效果就会大打折扣. 因此, 我提前三天布置探究内容, 为了让学生全身心投入, 我三天不留作业, 让学生有充足的时间进行资料的查找与自主探究, 并与各组组长随时沟通, 避免探究内容的重复.

3. 以生为本, 意在探究

课堂上始终以学生为主体, "展示、学生板演、谈探究体会"等多种学习活动, 体会探究过程中渗透的探究方法. 在展示的过程中, 学生心情愉悦地、神情自信地回答和展示自己组的"成果", 这就展现了一种兴趣盎然、生动活泼的自主、合作、交流的课堂活动场景. 同伴通过问题的引导, 激活了学生的智慧; 在难题面前, 同伴善于转化, 敢于探索, 体现了他们良好的意志品质. 学生的探究结果超过了我的预期.

总之, 让学生带着问题走进课堂, 带着疑问离开教室, 培养学生自主探究的意识, 提升学生探究水平和能力是我们追求的重要目标.

第二章　高中数学公式的教学感悟

第一节　2022年高考数学北京卷第十题赏析

一、真题呈现

（2022年北京卷）在 $\triangle ABC$ 中，$AC=3, BC=4, \angle C=90°$。P 为 $\triangle ABC$ 所在平面内的动点，且 $PC=1$，则 $\overrightarrow{PA} \cdot \overrightarrow{PB}$ 的取值范围是（　　）。

A. $[-5,3]$　　B. $[-3,5]$　　C. $[-6,4]$　　D. $[-4,6]$

此题以直角三角形为问题背景，结合单位圆上动点的"动"，带领平面向量数量积的"静"，串联起平面几何的"形"与平面向量数量积的"数"，动静结合，数形转化，展示一幅动人的画卷．

本题难度中等，切入点众多，可以借助平面向量中常用的基底思维、坐标思维以及极化恒等式思维等来展开与应用，实现问题的解决，并在此基础上进一步加以深入与拓展，形成良好的思维习惯，收获更多的知识、思想方法与能力等．

二、真题破解

方法1　基底法．

解析　由于 $\angle C=90°$，因此 $<\overrightarrow{CA},\overrightarrow{CP}> = |90°-<\overrightarrow{CB},\overrightarrow{CP}>|$，$\overrightarrow{CA}\cdot\overrightarrow{CB}=0$．

而 $\overrightarrow{PA}\cdot\overrightarrow{PB}=(\overrightarrow{CA}-\overrightarrow{CP})\cdot(\overrightarrow{CB}-\overrightarrow{CP})=\overrightarrow{CA}\cdot\overrightarrow{CB}-\overrightarrow{CA}\cdot\overrightarrow{CP}-\overrightarrow{CB}\cdot\overrightarrow{CP}+\overrightarrow{CP}^2$

$=-3\cos<\overrightarrow{CA},\overrightarrow{CP}>-4\sin<\overrightarrow{CA},\overrightarrow{CP}>+1$

$=-5\sin(<\overrightarrow{CA},\overrightarrow{CP}>+\varphi)+1 \in [-4,6]$，其中 $\tan\varphi=\dfrac{3}{4}$．

所以 $\overrightarrow{PA}\cdot\overrightarrow{PB}$ 的取值范围是 $[-4,6]$．故选：D．

解后反思　根据平面向量的线性运算，抓住平面图形的几何特征，通过基底的选取与转化，利用平面向量的数量积公式加以展开与转化．再结合平面向量夹角的转化，以及三角函数中辅助角公式的应用，借助三角函数的图像与性质来确定对应的取值范围．基底法是破解平面向量问题最常用的基本技巧方法，也是平面向量中"形"的特征的重要体现．

方法 2 坐标法.

解析 如图 2.1 所示，以点 C 为坐标原点，CA,CB 所在直线分别为 x 轴、y 轴建立平面直角坐标系 xCy，则 $A(3,0),B(0,4)$.

由 $PC=1$，可设 $P(\cos\theta,\sin\theta),\theta\in[0,2\pi)$，则 $\overrightarrow{PA}=(3-\cos\theta,-\sin\theta)$，$\overrightarrow{PB}=(-\cos\theta,4-\sin\theta)$.

可得 $\overrightarrow{PA}\cdot\overrightarrow{PB}=(3-\cos\theta,-\sin\theta)\cdot(-\cos\theta,4-\sin\theta)$

$=1-4\sin\theta-3\cos\theta=1-5\sin(\theta+\varphi)\in[-4,6]$，

其中 $\tan\varphi=\dfrac{3}{4}$.

所以 $\overrightarrow{PA}\cdot\overrightarrow{PB}$ 的取值范围是 $[-4,6]$. 故选：D.

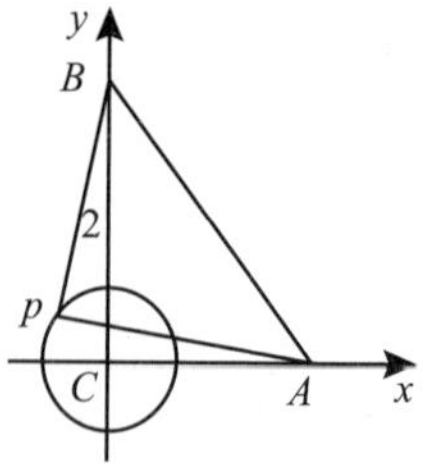

图 2.1 坐标法

解后反思 根据平面直角坐标系的构建，确定对应点的坐标，借助坐标法合理表示对应的平面向量，通过坐标运算来分析与解决平面向量中的相关问题. 坐标法是平面向量"数"的性质的重要体现，以"数"的运算来实现"形"的特征，达到解决问题的目的.

方法 3 极化恒等式法.

解析 在 $\triangle ABC$ 中，由 $AC=3,BC=4,\angle C=90°$，可得 $AB=5$. 如图 2.2 所示，取线段 AB 的中点 D，则 $CD=\dfrac{1}{2}AB=\dfrac{5}{2}$.

利用平面向量中的极化恒等式，可得

$\overrightarrow{PA}\cdot\overrightarrow{PB}=\dfrac{1}{4}[(\overrightarrow{PA}+\overrightarrow{PB})^2-(\overrightarrow{PA}-\overrightarrow{PB})^2]=\dfrac{1}{4}[(2\overrightarrow{PD})^2-\overrightarrow{BA}^2]$

$=(\overrightarrow{CD}-\overrightarrow{CP})^2-\dfrac{1}{4}\overrightarrow{BA}^2=\overrightarrow{CD}^2-2\overrightarrow{CD}\cdot\overrightarrow{CP}+\overrightarrow{CP}^2-\dfrac{1}{4}\overrightarrow{BA}^2$

$=-2\overrightarrow{CD}\cdot\overrightarrow{CP}+\overrightarrow{CP}^2=-5\cos<\overrightarrow{CD},\overrightarrow{CP}>+1\in[-4,6]$.

所以 $\overrightarrow{PA}\cdot\overrightarrow{PB}$ 的取值范围是 $[-4,6]$. 故选：D.

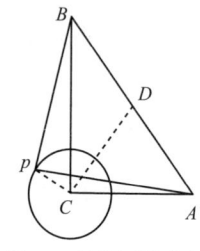

图2.2 极化恒等式法

三、变式拓展

探究 1 结合以上高考题以及相应的极化恒等式法的破解，将问题中的数据加以一般化，可以得到下面更具一般性的结论.

结论 在 $\triangle ABC$ 中，$AC=b,BC=a,\angle C=90°$. P 为 $\triangle ABC$ 所在平面内的动点，且 $PC=r$，则 $\overrightarrow{PA}\cdot\overrightarrow{PB}$ 的取值范围是 $[r-r\sqrt{a^2+b^2},r+r\sqrt{a^2+b^2}]$.

证明 在 $\triangle ABC$ 中，由 $AC=b,BC=a,\angle C=90°$，可得 $AB=\sqrt{a^2+b^2}$.

如图 3 所示，取线段 AB 的中点 D，则 $CD=\dfrac{1}{2}AB=\dfrac{1}{2}\sqrt{a^2+b^2}$.

利用平面向量中的极化恒等式,可得

$$\overrightarrow{PA} \cdot \overrightarrow{PB} = \frac{1}{4}[(\overrightarrow{PA}+\overrightarrow{PB})^2 - (\overrightarrow{PA}-\overrightarrow{PB})^2] = \frac{1}{4}[(2\overrightarrow{PD})^2 - \overrightarrow{BA}^2]$$

$$= (\overrightarrow{CD}-\overrightarrow{CP})^2 - \frac{1}{4}\overrightarrow{BA}^2 = \overrightarrow{CD}^2 - 2\overrightarrow{CD}\cdot\overrightarrow{CP} + \overrightarrow{CP}^2 - \frac{1}{4}\overrightarrow{BA}^2$$

$$= -2\overrightarrow{CD}\cdot\overrightarrow{CP} + \overrightarrow{CP}^2 = -2 \times \frac{1}{2}\sqrt{a^2+b^2} \times r \times \cos<\overrightarrow{CD},\overrightarrow{CP}> + r^2$$

$$= -r\sqrt{a^2+b^2}\cos<\overrightarrow{CD},\overrightarrow{CP}> + r^2,$$

所以 $\overrightarrow{PA}\cdot\overrightarrow{PB}$ 的取值范围是 $[r - r\sqrt{a^2+b^2}, r + r\sqrt{a^2+b^2}]$.

探究 2 保留高考真题的情境与设置,只改变三角形中角的度数,其他条件不改变,可以得到以下对应的变式问题,考查的基本知识点与能力点更多,难度更大.

变式 在 $\triangle ABC$ 中,$AC=3, BC=4, \angle C=60°. P$ 为 $\triangle ABC$ 所在平面内的动点,且 $PC=1$,则 $\overrightarrow{PA}\cdot\overrightarrow{PB}$ 的取值范围是_____.

解析 在 $\triangle ABC$ 中,由 $AC=3, BC=4, \angle C=60°$,可得 $\overrightarrow{CA}\cdot\overrightarrow{CB} = 3\times 4 \times \cos 60° = 6$.
利用余弦定理,可得 $AB = \sqrt{AC^2 + BC^2 - 2AC\cdot BC\cdot\cos C} = \sqrt{13}$.
如图 2.3 所示,取线段 AB 的中点 D,则有 $\overrightarrow{CA}+\overrightarrow{CB}=2\overrightarrow{CD}$.
由 $(\overrightarrow{CA}+\overrightarrow{CB})^2 = 4\overrightarrow{CD}^2 = \overrightarrow{CA}^2 + 2\overrightarrow{CA}\cdot\overrightarrow{CB}+\overrightarrow{CB}^2 = 3^2 + 2\times 6 + 4^2 = 37$,可得 $\overrightarrow{CD}^2 = \frac{37}{4}$.

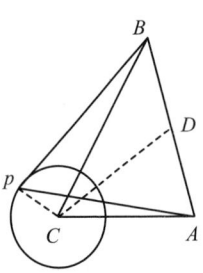

图2.3 变式练习

利用平面向量中的极化恒等式,可得

$$\overrightarrow{PA}\cdot\overrightarrow{PB} = \frac{1}{4}[(\overrightarrow{PA}+\overrightarrow{PB})^2 - (\overrightarrow{PA}-\overrightarrow{PB})^2] = \frac{1}{4}[(2\overrightarrow{PD})^2 - \overrightarrow{BA}^2]$$

$$= (\overrightarrow{CD}-\overrightarrow{CP})^2 - \frac{1}{4}\overrightarrow{BA}^2 = \overrightarrow{CD}^2 - 2\overrightarrow{CD}\cdot\overrightarrow{CP} + \overrightarrow{CP}^2 - \frac{1}{4}\overrightarrow{BA}^2$$

$$= \frac{37}{4} - 2\times\frac{\sqrt{37}}{2}\cos<\overrightarrow{CD},\overrightarrow{CP}> + 1^2 - \frac{1}{4}\times 13$$

$$= 7 - \sqrt{37}\cos<\overrightarrow{CD},\overrightarrow{CP}>.$$

所以 $\overrightarrow{PA}\cdot\overrightarrow{PB} \in [7-\sqrt{37}, 7+\sqrt{37}]$.
故填答案 $[7-\sqrt{37}, 7+\sqrt{37}]$.

四、教学启示

1. 技巧策略,归纳总结

解决此类平面向量数量积的值、最值或取值范围等问题,常见的技巧策略总结如下.

（1）坐标法. 借助平面直角坐标系的合理构建，利用坐标表示与坐标运算将问题转化为相关的函数/三角函数问题来求解. 此方法比较容易想到，特别在涉及一些有直角、垂直等要素的平面几何图形时，经常采用此方法来解决.

（2）基底法. 借助平面向量基底的合理选择，利用平面向量的线性运算与数量积公式等，结合平面几何特征与图形直观来求解. 此方法的关键就是进行平面向量的合理转化. 思维量相对复杂一些，也是比较常用的一种方法.

2. 一题多解，深入探究

对于平面向量的一些创新、综合与应用问题，可以合理深入挖掘，形成变式拓展，构建知识网络，从更多层面、更多视角进行深入思考. 题目背景、条件要素、结论创设等各个视角都可以加以拓展，真正实现"一题多解""一题多得"的良好效果，达到做一题、懂一片、会一类，脱离"题海战术"，拓宽数学基础知识，切实提高数学能力，真正达到举一反三、融会贯通的效果.

第二节　浅谈抽象函数题型的解法

抽象函数，是指一类没有给出具体解析式，仅给出了函数的一些性质（如单调性、奇偶性、周期性等）的函数. 由于涉及抽象函数的题目没有给出具体的解析式，所以解起来有一定难度，解这类问题的关键在于抓住题中给出的抽象函数的性质，运用联想、赋值等手段，尤其是挖掘题中的隐含条件，并运用相关知识和方法逐步化归来解决问题.

一、恰当地类比具体函数为解决抽象函数拓展思路

例　定义在实数集上的函数 $f(x)$，对任意 $x, y \in \mathbf{R}$，$f(x+y)+f(x-y)=2f(x) \cdot f(y)$，且 $f(0) \neq 0$.

（1）求证：$f(0)=1$.

（2）判断 $y=f(x)$ 的奇偶性.

（3）若存在正常数 c，使 $f\left(\dfrac{c}{2}\right)=0$，试问函数 $f(x)$ 是否为周期函数，如果是，找出它的一个周期；如果不是，请说明理由.

分析　由题设联想和差化积公式：$\cos(\alpha+\beta)+\cos(\alpha-\beta)=2\cos\alpha\cos\beta$ 已知 $f(x)=\cos x$ 是满足题设的一个具体函数，且 $f(x)$ 是一个周期为 $2c(c=\pi)$ 的

偶函数，这样就为我们解此题提供了具体函数原型，帮助我们思考，寻找解题途径；对于（3），我们由 $f(x)=\cos x$ 联想到 $\cos(x+2\pi)=\cos x$，在条件 $f(x+y)+f(x-y)=2f(x)\cdot f(y)$ 中，令 $y=\dfrac{c}{2}$ 可得 $f\left(x+\dfrac{c}{2}\right)+f\left(x-\dfrac{c}{2}\right)=2f(x)\cdot f\left(\dfrac{c}{2}\right)$，即 $f\left(x+\dfrac{c}{2}\right)=-f\left(x-\dfrac{c}{2}\right)$ 就可迎刃而解！

解：（1）令 $x=y=0$，

则 $f(0)+f(0)=2f(0)\cdot f(0)$，而 $f(0)\neq 0$，

$\therefore f(0)=1$.

（2）判断函数 $y=f(x)$ 为偶函数，理由如下.

令 $x=0$，则 $f(y)+f(-y)=2f(0)\cdot f(y)$，

而 $f(0)=1$，即 $f(-y)=f(y)$，

故 $y=f(x)$ 为偶函数.

（3）判断函数 $y=f(x)$ 为周期函数，$2c$ 是它的一个周期，由如下.

再令 $y=\dfrac{c}{2}$ 可得 $f\left(x+\dfrac{c}{2}\right)+f\left(x-\dfrac{c}{2}\right)=2f(x)\cdot f\left(\dfrac{c}{2}\right)$，由于 $f\left(\dfrac{c}{2}\right)=0$，即 $f\left(x+\dfrac{c}{2}\right)=-f\left(x-\dfrac{c}{2}\right)$，即 $f(x+c)=-f(x)$，故 $f(x+2c)=f[(x+c)+c]=-f(x+c)=f(x)$.

$\therefore f(x)$ 是周期函数，$2c$ 就是它的一个周期.

二、充分挖掘抽象函数性质是解决抽象函数的关键

例 定义在 $\mathbf{R}^*$ 上的函数 $f(x)$ 对任意的 $x,y\in\mathbf{R}^*$ 都有 $f(xy)=f(x)+f(y)$，当且仅当 $x>1$ 时，$f(x)>0$ 成立.

设 $x,y\in\mathbf{R}^*$，（1）求证 $f\left(\dfrac{y}{x}\right)=f(y)-f(x)$；

（2）解不等式 $f(\sqrt{a^x-1})>f(a^x-3)(0<a<1)$.

分析 题中已给出函数满足"$f(xy)=f(x)+f(y)$"这一性质，由此联想对数运算法则：$\log_a(xy)=\log_a x+\log_a y(x>0,y>0)$ 便可解决（1）.（2）是解不等式，题中给出的是函数值的大小关系，因而要利用题中的条件"$x>1$ 时，$f(x)>0$"这一性质，进而解决问题.

解：（1）$f(xy)=f(x)+f(y)$ 中，令 $x=y=1$ 得 $f(1)=2f(1)$，$\therefore f(1)=0$；

而 $f(1)=f\left(x\cdot\dfrac{1}{x}\right)=f(x)+f\left(\dfrac{1}{x}\right)(x>0)$，$\therefore f\left(\dfrac{1}{x}\right)=-f(x)$；

故 $f\left(\dfrac{y}{x}\right) = f\left(y \cdot \dfrac{1}{x}\right) = f(y) + f\left(\dfrac{1}{x}\right) = f(y) - f(x)$.

（2）任取 $x_1 > x_2 > 0$，则 $f(x_1) - f(x_2) = f(x_1) + f\left(\dfrac{1}{x_2}\right) = f\left(\dfrac{x_1}{x_2}\right)$；

$\because x_1 > x_2 > 0, \therefore \dfrac{x_1}{x_2} > 1$；

而当 $x > 1$ 时，$f(x) > 0$；

$\therefore f\left(\dfrac{x_1}{x_2}\right) > 0$，即 $f(x_1) - f(x_2) > 0$；

$\therefore f(x_1) > f(x_2)$，故 $f(x)$ 在 $(0, +\infty)$ 上是单调递增的；

$\because f(\sqrt{a^x - 1}) > f(a^x - 3)$，

$\therefore \begin{cases} a^x - 3 > 0, \\ \sqrt{a^x - 1} > a^x - 3, \end{cases}$ 即 $3 < a^x < 5$；

$\because 0 < a < 1$，

$\therefore \log_a 5 < x < \log_a 3$.

第三节　数形结合思想的运用

"数"与"形"是数学中两个基本的概念，每一个几何图形中都蕴含着一定的数量关系；而数量关系又常常可以通过几何图形做出直观地反映和描述. 数形结合就是把抽象的数量关系和直观的几何图形结合起来，互相转化，化难为易.

一、正确绘制图形，反映数量关系

例 1　关于 x 的方程 $\sqrt{1-x^2} + x - m = 0$ 有两个不相等的实数解，求实数 m 的取值范围.

解：把方程变形为 $\sqrt{1-x^2} = -x + m$，不妨令 $y_1 = \sqrt{1-x^2}$，$y_2 = -x + m$；在同一坐标系内画出 y_1 和 y_2 的图像如图 2.4 所示.

当直线过 $(1,0)$ 点时，知 $m = 1$；

当直线与半圆相切时（设切点为 A，与 x 轴交于 B 点）得 $OB = \sqrt{2}OA = \sqrt{2}$，故 $m = \sqrt{2}$，$\therefore m$ 的取值范围是 $[1, \sqrt{2})$.

例 2　若方程 $\sin x + \cos x = m$ 在 $x \in [0, \pi]$ 上有两个解，试求 m 的取值范围.

解：令 $y_1 = \sin x + \cos x = \sqrt{2}\sin\left(x+\dfrac{\pi}{4}\right)(0 \leqslant x \leqslant \pi), y_2 = m$；则原题等价于在 $x \in [0,\pi]$ 上有两个交点时的 m 的取值范围，由图2.5可得 $1 \leqslant m < \sqrt{2}$.

正确绘图对于题意的理解、思路的探索、方法的选择、结论的判定都有很重要的作用．准确作图就要求我们对于直线、圆、抛物线、正弦和余弦曲线等几何图形要了如指掌，并在此基础上要善于把作图与计算结合起来，这样才能充分发挥图形的作用．

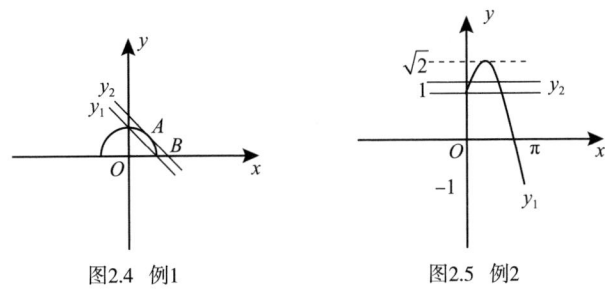

图2.4 例1 图2.5 例2

二、根据数量关系，正确运用图形的性质

例 已知复数 z 的模等于1，且 $z-2i$ 的辐角主值取得最大值时，求所对应的复数 z.

解：由题意可知，z 是在单位圆上移动，$\overrightarrow{OB}$ 所对应的复数为 $2i$，如图2.6所示：当向量 $\overrightarrow{BA}$ 与圆 O 相切于 A 点时，$\overrightarrow{BA}$ 所对应的复数 $z-2i$ 取得最大辐角主值，解 $\triangle AOB$ 得 $\angle ABO = \dfrac{\pi}{6}$. 因此 $\overrightarrow{OA}$ 所对应的复数的辐角主值也为 $\dfrac{\pi}{6}$，故此时 $z = \cos\dfrac{\pi}{6} + i\sin\dfrac{\pi}{6}$.

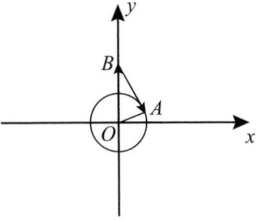

图2.6 例题

数量关系体现了图形的内在性质．把握数量关系与相应图形的特征是达成相互转化的关键．

三、结合具体问题，灵活进行数形转化

例 已知方程 $\dfrac{\lg 2x}{\lg(x+a)} = 2$ 有两个解，求字母 a 的取值范围．

解：由题意可知定义域应满足 $x>0, x+a>0$ 且 $x+a \neq 1$. 将原方程化为 $\dfrac{1}{2}\lg 2x = \lg(x+a)$，$\therefore \sqrt{2x} = x+a$，在同一坐标系内分别画出 $y_1 = \sqrt{2x}(x>0)$，$y_2 = x+a(x>-a)$ 的图像如图2.7所示：当 y_1 与 y_2 的图像相切时，求得 $a = \dfrac{1}{2}$；当

y_2 的图像过原点时可求得 $a = 0$. ∴ 当 $0 < a < \dfrac{1}{2}$ 时，两图像有两个交点.

把数量关系的问题，转化为图形问题，利用图形的性质得出结论，再回到数量关系上对问题做出回答；反过来，把图形问题转化为一个数量关系问题，经过计算或推证得出结论，再回到图形上对问题做出回答，这是解决数学问题常用的方法，加强这种转化的训练是提高解题能力、掌握数学思想的非常重要的手段.

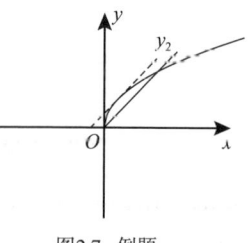

图2.7 例题

第四节 从一道题谈解题方法

例 已知 $A(3,4), B(12,-5)$，$\angle AOB$ 的角平分线所在直线为 $y = kx$，求实数 k 的值.

分析一 三角函数视角，在平面直角坐标系中，三条射线代表三个不同角的终边所在的位置，利用角平分线这一条件，既可列斜率与倾斜角的等量关系，亦可列三条射线的斜率之间的等量关系.

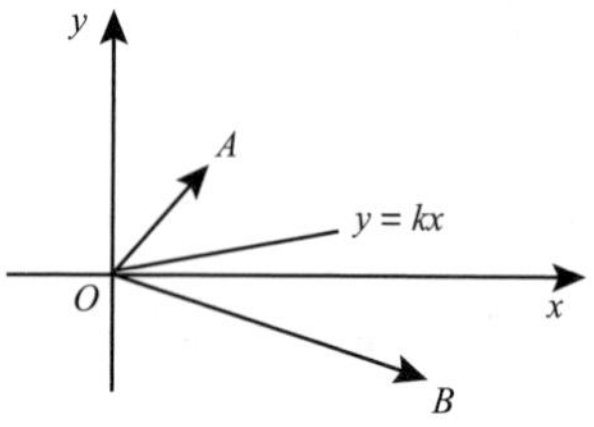

解法一 如图 2.8 所示，设角 α, β 的终边分别为射线 OA, OB，则角 $\dfrac{\alpha+\beta}{2}$ 的终边为射线 $y = kx(x \geq 0)$. 由已知可得 $\cos\alpha = \dfrac{3}{5}, \sin\alpha = \dfrac{4}{5}, \cos\beta = \dfrac{12}{13}, \sin\beta = -\dfrac{5}{13}$；而 $\cos(\alpha+\beta) = \cos\alpha\cos\beta - \sin\alpha\sin\beta = \dfrac{56}{65}, \sin(\alpha+\beta) = \sin\alpha\cos\beta + \cos\alpha\sin\beta = \dfrac{33}{65}$；故 $k = \tan\dfrac{\alpha+\beta}{2} = \dfrac{1-\cos(\alpha+\beta)}{\sin(\alpha+\beta)} = \dfrac{\tfrac{9}{65}}{\tfrac{33}{65}} = \dfrac{3}{11}$.

图2.8 解法一

解法二 如图 2.9 所示，由于射线 OB 到射线 $y = kx(x \geq 0)$ 的角等于射线 $y = kx(x \geq 0)$ 到射线 OA 的角，由于 $k_{OB} = -\dfrac{5}{12}, k_{OA} = \dfrac{4}{3}$，故 $\dfrac{k - \left(-\tfrac{5}{12}\right)}{1 + k \cdot \left(-\tfrac{5}{12}\right)} = \dfrac{\tfrac{4}{3} - k}{1 + \tfrac{4}{3}k} \left(0 < k < \dfrac{4}{3}\right)$，所以 $k_1 = -\dfrac{11}{3}$（舍），$k_2 = \dfrac{3}{11}$.

分析二 向量视角，向量可以用坐标表示．利用向量的坐标运算可以实现向量运算的代数化．本题既可以利用向量加法的坐标表示与向量共线的坐标表示列等量关系，又可以利用平面向量基本定理、向量线性运算的坐标表示列等量关系，还可以用向量数量积的坐标表示列等量关系．

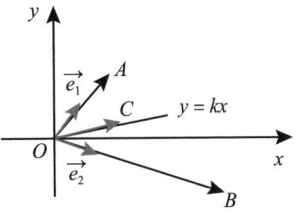

图2.9 解法二、三

解法三 如图 2.9 所示，设与 $\overrightarrow{OA}, \overrightarrow{OB}$ 同向共线的单位向量分别为 $\vec{e_1}, \vec{e_2}$，设 $C(1,k)$，则 $\overrightarrow{OC} // \vec{e_1} + \vec{e_2}$．又因 $\vec{e_1} = \dfrac{\overrightarrow{OA}}{|\overrightarrow{OA}|} = \left(\dfrac{3}{5}, \dfrac{4}{5}\right), \vec{e_2} = \dfrac{\overrightarrow{OB}}{|\overrightarrow{OB}|} = \left(\dfrac{12}{13}, -\dfrac{5}{13}\right)$；所以 $\vec{e_1} + \vec{e_2} = \left(\dfrac{99}{65}, \dfrac{27}{65}\right)$．而 $\overrightarrow{OC} = (1,k) // \vec{e_1} + \vec{e_2} = \left(\dfrac{99}{65}, \dfrac{27}{65}\right)$，即 $\dfrac{27}{65} = \dfrac{99k}{65} \Rightarrow k = \dfrac{3}{11}$．

解法四 如图 2.10 所示，设 $C(1,k)$ 为角平分线上一点，由平面向量基本定理可知 $\overrightarrow{OC} = \overrightarrow{OA_1} + \overrightarrow{OB_1} = \lambda \overrightarrow{OA} + \mu \overrightarrow{OB}$，且 $|\overrightarrow{OA_1}| = |\overrightarrow{OB_1}| = \lambda_1$．显然 $\lambda = \dfrac{|\overrightarrow{OA_1}|}{|\overrightarrow{OA}|} = \dfrac{\lambda_1}{5}, \mu = \dfrac{|\overrightarrow{OB_1}|}{|\overrightarrow{OB}|} = \dfrac{\lambda_1}{13}$．故 $(1,k) = \dfrac{\lambda_1}{5}(3,4) + \dfrac{\lambda_1}{13}(12,-5) = \left(\dfrac{99\lambda_1}{65}, \dfrac{27\lambda_1}{65}\right)$，也就是 $\begin{cases} 1 = \dfrac{99\lambda_1}{65} \\ k = \dfrac{27\lambda_1}{65} \end{cases}, \therefore k = \dfrac{3}{11}$．

解法五 如图 2.11 所示，设 $C(1,k)$ 为角平分线上的一点，则向量 $\overrightarrow{OC}$ 在 $\overrightarrow{OA}$ 上的投影向量 $\overrightarrow{OA_1}$ 的长度等于 $\overrightarrow{OC}$ 在 $\overrightarrow{OB}$ 上的投影向量 $\overrightarrow{OB_1}$ 的长度，即 $|\overrightarrow{OA_1}| = |\overrightarrow{OB_1}| \Leftrightarrow \dfrac{\overrightarrow{OC} \cdot \overrightarrow{OA}}{|\overrightarrow{OA}|} = \dfrac{\overrightarrow{OC} \cdot \overrightarrow{OB}}{|\overrightarrow{OB}|} \Leftrightarrow \dfrac{(1,k) \cdot (3,4)}{\sqrt{3^2 + 4^2}} = \dfrac{(1,k) \cdot (12,-5)}{\sqrt{12^2 + (-5)^2}}$．

也就是 $39 + 52k = 60 - 25k, \therefore k = \dfrac{3}{11}$．

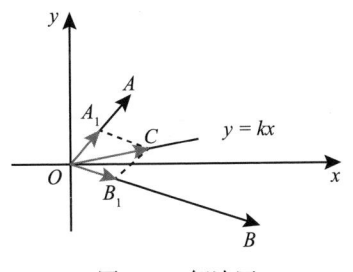

图 2.10 解法四

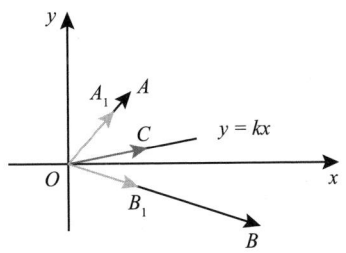

图 2.11 解法五

解法六 如图 2.12 所示，运用角平分线的性质定理．连接 AB，设角平分线交 AB 于点 $C(x,y)$，则 $\dfrac{AC}{CB}=\dfrac{OA}{OB}=\dfrac{5}{13}$，$\therefore \overrightarrow{AC}=\dfrac{5}{18}\overrightarrow{AB}$．由已知可得 $\overrightarrow{AC}=(x-3,y-4)=\dfrac{5}{18}\overrightarrow{AB}=\dfrac{5}{18}(9,-9)=\left(\dfrac{5}{2},-\dfrac{5}{2}\right)$，由此可列方程组 $\begin{cases}x-3=\dfrac{5}{2}\\ y-4=-\dfrac{5}{2}\end{cases}$，$\therefore \begin{cases}x=\dfrac{11}{2}\\ y=\dfrac{3}{2}\end{cases}$．即 $C\left(\dfrac{11}{2},\dfrac{3}{2}\right)$，

$\therefore k=\dfrac{\frac{3}{2}}{\frac{11}{2}}=\dfrac{3}{11}$.

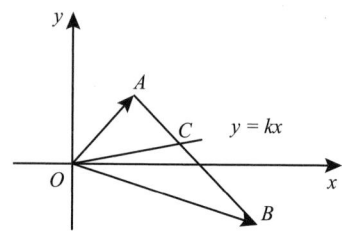

图 2.12 解法六

分析三 几何视角，利用角平分线的性质定理列等量关系．

解法七 角平分线 $y=kx(x\geqslant 0)$ 上的点 $C(1,k)$ 到角两边 OA,OB 的距离相等 $\left(0<k<\dfrac{4}{3}\right)$．直线 OA,OB 的方程为 $4x-3y=0,5x+12y=0$，于是 $\dfrac{|4-3k|}{5}=\dfrac{|5+12k|}{13}\Rightarrow \dfrac{4-3k}{5}=\dfrac{12k+5}{13}$，$\therefore k=\dfrac{3}{11}$．

向量是沟通代数、几何、三角的桥梁，是重要的解题利器．因此，在解决平面向量问题时不外乎三种方法，其一是坐标法，其二是运算法，其三是几何法．

第五节 解决一道强基试题的三个角度

题目呈现 在 $\triangle ABC$ 中，$AB=2AC$，AD 是 $\angle A$ 的角平分线，且 $AD=kAC$．
（1）求 k 的取值范围；（2）若 $S_{\triangle ABC}=1$，问 k 为何值时，BC 最短？

先来解决第（1）问：

一、角度一，几何法

几何法充分挖掘平面图形的几何性质，利用研究平面几何的方法，并直接应

用相关的几何结论，将可大大简化解题过程，提高解题速度.

分析一 先画出图形，如图 2.13 所示，再结合等腰三角形的性质、三角形的中位线定理及直角三角形的直角边长小于斜边长的相关知识进行解题.

解析一 如图 2.14 所示，延长 AC 至点 E，使 $AE=AB$，连 BE，延长 AD 交 BE 于点 F，取 BD、AB 的中点 G、H，连 GH 与 HC，交 AD 于点 I. 则 I 为 HC 的中点且 $AI \perp CH$. 由中位线定理可知：$GH = \frac{1}{2}AD, DI = \frac{1}{2}GH = \frac{1}{4}AD$；故 $AI = AD - DI = \frac{3}{4}AD = \frac{3k}{4}AC$. 在 $Rt\triangle AIC$ 中，$AI < AC$，即 $\frac{3kAC}{4} < AC$，也就是 $k < \frac{4}{3}$；而 $k > 0$，故 $k \in \left(0, \frac{4}{3}\right)$.

分析二 先画出图形，如图 2.13 所示，再结合三角形面积的关系及三角形面积的正弦定理进行解题.

解析二 设 $\angle BAD = \angle CAD = \theta \left(0 < \theta < \frac{\pi}{2}\right)$，因为 $S_{\triangle ABC} = S_{\triangle ABD} + S_{\triangle ACD}$，再由正弦定理可得：$\frac{1}{2}AB \cdot AC \cdot \sin 2\theta = \frac{1}{2}AB \cdot AD \cdot \sin\theta + \frac{1}{2}AD \cdot AC \cdot \sin\theta$，即 $k = \frac{4}{3}\cos\theta \in \left(0, \frac{4}{3}\right)$.

解后反思 几何法依据基本的逻辑原理（矛盾律、排中律等），从公理、定理、性质等出发，通过演绎推理解决几何问题. 应当说，几何法所给出的几何论证严谨且优雅，比如解析一通过添加辅助线，构造三组中位线，建立 AD, AC 不等关系；解析二利用面积关系与"算两次"建立 k 与 θ 的函数关系. 但不同的问题通常缺乏统一的解法步骤，没有一般规律可循，具有较大的思维难度.

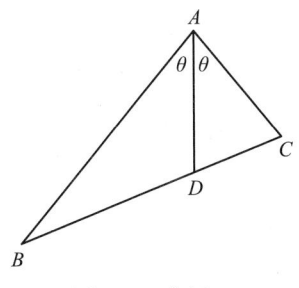

图 2.13 分析一

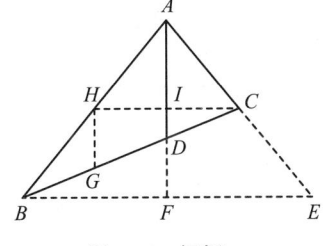

图 2.14 解析一

二、角度二，向量法

向量法是用向量表示几何要素，通过向量运算使几何问题得到解决. 用向量法解决平面几何中的问题,则要选择平面中两个不共线的向量作为一组基底来表示其他任意向量,而基底的选择恰当与否依赖于对平面图形基本元素及其基本关系的把握,解决问题的步骤是:①观图形;②择基底;③用运算;④译结果.

分析 如图 2.15 所示,观察图形,选择 $\overrightarrow{AB}$、$\overrightarrow{AC}$ 为基底是最佳选择;然后用 $\overrightarrow{AB}$、$\overrightarrow{AC}$ 的线性运算表示向量 $\overrightarrow{AD}$,再用数量积运算去建立 k 与 $\langle \overrightarrow{AB}, \overrightarrow{AC} \rangle$ 的函数关系,从而解决问题.

解析 设 $\angle BAD = \angle CAD = \theta \left(0 < \theta < \dfrac{\pi}{2}\right)$,因为 AD 是 $\angle A$ 的角平分线,所以 $\dfrac{BD}{CD} = \dfrac{AB}{AC} = 2$. 故 $\overrightarrow{AD} = \dfrac{1}{3}\overrightarrow{AB} + \dfrac{2}{3}\overrightarrow{AC}$,两边平方得:

$$\overrightarrow{AD}^2 = \dfrac{1}{9}\overrightarrow{AB}^2 + \dfrac{4}{9}\overrightarrow{AC}^2 + \dfrac{4}{9}\overrightarrow{AB} \cdot \overrightarrow{AC},$$ 将 $AB = 2AC, AD = kAC$ 代入得:

$$k^2 = \dfrac{8}{9}(1 + \cos 2\theta) = \dfrac{16}{9}\cos^2 \theta (k > 0), 故 k = \dfrac{4}{3}\cos \theta \in \left(0, \dfrac{4}{3}\right).$$

解后反思 根据平面向量的线性运算,抓住平面图形的几何特征,通过基底的选取与转化,利用平面向量的数量积公式加以展开与转化.再结合平面向量夹角的转化从而达到解决问题的目的. 基底的选择是破解平面向量问题最常用的基本技巧方法,也是平面向量中"形"的特征的重要体现.

三、角度三,坐标法

分析 坐标法是把向量问题通过坐标形式来呈现的代数运算,通过建立平面直角坐标系来解决问题. 在利用坐标法处理问题时,需要发现两条互相垂直的直线,这是建系的基本原则,并把相关的点、线段坐标化,但坐标法并不完全等同于向量法,它是纯粹的代数"算"出来的结果.

解析 如图 2.16 所示,取边 AB 的中点 H,连接 CH 交 AD 于点 I,以点 I 为坐标原点,以 $\overrightarrow{IC}$、$\overrightarrow{IA}$ 分别为 x、y 轴的正方向建立平面直角坐标系,设 $A(0, a)$,$C(c, 0), H(-c, 0), B(-2c, -a)(a > 0, c > 0)$;则直线 BC 的方程为 $y = \dfrac{a}{3c}(x - c)$,令 $x = 0$,则 $y = -\dfrac{a}{3}$,$\therefore D\left(0, -\dfrac{a}{3}\right)$;于是 $AD = \dfrac{4a}{3}$;故 $k = \dfrac{AD}{AC} = \dfrac{\dfrac{4a}{3}}{\sqrt{a^2 + c^2}} = \dfrac{4}{3}\sqrt{\dfrac{a^2}{a^2 + c^2}}$,因为 $0 < a^2 < a^2 + c^2$,所以 $0 < \dfrac{a^2}{a^2 + c^2} < 1, \therefore 0 < \sqrt{\dfrac{a^2}{a^2 + c^2}} < 1$. 所以 $k \in \left(0, \dfrac{4}{3}\right)$.

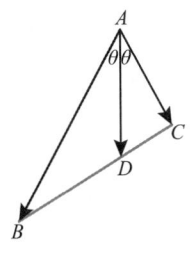 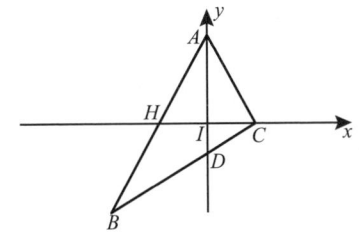

图 2.15 分析　　　　　　图 2.16 解析

解后反思　根据平面直角坐标系的构建，确定对应点的坐标，借助坐标法合理表示对应线段的方程，通过坐标运算来分析与解决平面几何中的相关问题．坐标法是平面几何"数"的性质的重要体现，以"数"的运算来实现"形"的特征，达到解决问题的目的．

再来解决第（2）问：

四、视角一，几何法

解析一　从面积关系入手，由于 $S_{\triangle ABC}=\dfrac{1}{2}AB\cdot AC\cdot\sin 2\theta=AC^{2}\sin 2\theta=1$，因此 $AC^{2}=\dfrac{1}{\sin 2\theta}$．在 $\triangle ABC$ 中，由余弦定理知：

$$BC^{2}=AB^{2}+AC^{2}-2AB\cdot AC\cdot\cos 2\theta=AC^{2}(5-4\cos 2\theta)$$

$$=\dfrac{5\sin^{2}\theta+5\cos^{2}\theta-4\cos^{2}\theta+4\sin^{2}\theta}{2\sin\theta\cos\theta}$$

$$=\dfrac{1}{2}\cot\theta+\dfrac{9}{2}\tan\theta\geqslant 3\left(\text{当且仅当}\tan\theta=\dfrac{1}{3}\text{时等号成立}\right).$$

故 BC 最短为 $\sqrt{3}$，此时 $k=\dfrac{4\cos\theta}{3}=\dfrac{4}{3}\times\dfrac{1}{\sqrt{1+\left(\dfrac{1}{3}\right)^{2}}}=\dfrac{2\sqrt{10}}{5}$．

解析二　如图 2.14 所示，可知 D 为 $\triangle ABE$ 的重心且 $AF\perp BE$．而 $S_{\triangle ABE}=2S_{\triangle ABC}=2=\dfrac{1}{2}BE\cdot AF$，即 $BE\cdot AF=4$．设 $BE=x$，则 $AF=\dfrac{4}{x}$，故 $BF=\dfrac{x}{2}$，$DF=\dfrac{4}{3x}$．而 $\dfrac{BD}{DC}=2$，所以 BC 最短就意味着 BD 最短，在 $\text{Rt}\triangle BDF$ 中，$BD=\sqrt{\dfrac{x^{2}}{4}+\dfrac{16}{9x^{2}}}\geqslant\sqrt{2\cdot\dfrac{x}{2}\cdot\dfrac{4}{3x}}=\dfrac{2\sqrt{3}}{3}\left(\text{当且仅当}x=\dfrac{2\sqrt{6}}{3}\text{时等号成立}\right).$

BC 最短为 $\sqrt{3}$，此时 $k=\dfrac{AD}{AC}=\dfrac{\dfrac{8}{3x}}{\dfrac{1}{2}\sqrt{\dfrac{x^{2}}{4}+\dfrac{16}{x^{2}}}}=\dfrac{\dfrac{8}{2\sqrt{6}}}{\dfrac{1}{2}\sqrt{\dfrac{20}{3}}}=\dfrac{2\sqrt{10}}{5}$．

五、视角二，向量法

解析 由于 $AC^2 = \dfrac{1}{\sin 2\theta}$，而 $\dfrac{BD}{DC} = 2$，所以 BC 最短就意味着 BD 最短，而 $\overrightarrow{BD} = \overrightarrow{AD} - \overrightarrow{AB}$，两边平方得

$$\overrightarrow{BD}^2 = \overrightarrow{AD}^2 + \overrightarrow{AB}^2 - 2\overrightarrow{AD} \cdot \overrightarrow{AB} = k^2 AC^2 + 4AC^2 - \dfrac{16}{3}\cos^2\theta AC^2$$

$$= AC^2\left(4 + \dfrac{16}{9}\cos^2\theta - \dfrac{16}{3}\cos^2\theta\right),$$

即 $\overrightarrow{BD}^2 = 2\tan\theta + \dfrac{2\cot\theta}{9} \geqslant \dfrac{4}{3}$（当且仅当 $\tan\theta = \dfrac{1}{3}$ 时等号成立）．

也就是 BD 最短为 $\dfrac{2\sqrt{3}}{3}$ 即 BC 最短为 $\sqrt{3}$，此时 $k = \dfrac{4\cos\theta}{3} = \dfrac{4}{3} \times \dfrac{1}{\sqrt{1+\left(\dfrac{1}{3}\right)^2}} = \dfrac{2\sqrt{10}}{5}$．

六、视角三，坐标法

解析 由已知可得 $S_{\triangle ABC} = 2S_{\triangle AHC} = 2 \times \dfrac{1}{2} \cdot 2c \cdot a = 1$，于是 $a = \dfrac{1}{2c}$．

因为 $BC = \sqrt{9c^2 + a^2} = \sqrt{9c^2 + \dfrac{1}{4c^2}} \geqslant \sqrt{2 \cdot 3c \cdot \dfrac{1}{2c}} = \sqrt{3}$（当且仅当 $c = \dfrac{\sqrt{6}}{6}$ 时等号成立），

所以 BC 的最短长度为 $\sqrt{3}$，此时 $k = \dfrac{AD}{AC} = \dfrac{\dfrac{4a}{3}}{\sqrt{a^2+c^2}} = \dfrac{\dfrac{4}{3} \times \dfrac{\sqrt{6}}{2}}{\sqrt{\dfrac{3}{2}+\dfrac{1}{6}}} = \dfrac{2\sqrt{10}}{5}$．

通过对这道强基试题的解决，彰显几何法、向量法与坐标法在处理平面几何问题中的作用．进一步明确向量既是代数研究对象，也是几何研究对象，是沟通几何与代数的桥梁，对于提升学生数学运算、直观想象和逻辑推理素养大有裨益．

第六节 论学生思维参与的数学公式教学
——以"三角恒等变换"起始课为例

一、问题提出

数学公式背后隐藏着丰富的教育资源，适度地挖掘和利用，可达成更高的教育功能．然而课堂观察发现，很多数学教师习惯于淡化公式的来源，简化公式的推导，

重视公式的结构（记忆）和应用（解题）. 仅靠规模化地知识应用（解题）的学习方式，于高考应试而言是高效的，但就思维训练来说则是欠缺的. 此种现象，主客观的因素都有. 客观上高中三年知识两年赶完，一年复习（甚至更长），造成了新授课时的紧张. 主观上，原因有三：教学观念偏差，系统设计不足，教材开采不够.

下面以高中"三角函数恒等变换"起始课为例，探讨如何系统设计，创设学生更多思维参与的教学活动.

二、系统设计

三角恒等变换，按照《普通高中数学课程标准》((2017年版)，以下简称《标准》)，包括和角、差角、倍角的三角函数（正弦、余弦、正切）公式，以及积化和差和差化积、半角公式. 虽然后三组公式并不要求记忆，但六组公式，与之前学习的三角函数概念、两组公式（诱导公式、同角三角函数基本关系式）交织，成为不少学生学习三角函数的噩梦. 面对公式众、变换（角、名称、升降幂等）多、联系密的学习内容，创设学生思维参与的知识网构建的活动才是王道.

1. "诱导"引入

现行普通高中数学人民教育出版社2019年A版（以下简称人教2019年A版）、人民教育出版社2019年B版（以下简称人教2019年B版），北京师范大学出版社（以下简称北师大版）教材，关于三角恒等变换，从内容顺序，到章/节头导言和情境，差异显见如表2.1所示. 与生活、社会有关的情境有益于学生应用意识的培养，但从承前启后的视角，我们更赞同人教2019年A版的导言. 因为和、差角公式的认知起点是诱导公式，依从特殊到一般的思想，学生能自然进入和、差角公式的探究. 这样的引入，既经历了推理思考，也为学生形成三角函数公式的逻辑结构奠定良好的基础. 当然，现实情境与数学情境共进则是更妙的选择总结如表2.1所示.

表2.1 各版教材三角恒等变换章/节头导言和情境

版本/章节	导言概述	情境
人教2019年A版必修第一册第五章三角函数5.5三角恒等变换	利用诱导公式对三角函数式进行的恒等变形就是三角恒等变换. 诱导公式都是特殊角与任意角α的和/差的三角函数与这个任意角α的三角函数的恒等关系. 如果把特殊角换为任意角，那么任意角α与β的和/差的三角函数与α, β的三角函数会有什么关系呢？	**探究** 如果已知任意角α, β的正弦、余弦，能由此推出$\alpha+\beta$, $\alpha-\beta$的正弦、余弦吗？

续表

版本/章节	导言概述	情境
人教2019年B版必修第三册第八章向量的数量积与三角恒等变换	由摩天轮抽象出问题：能否由 α，β 的正弦和余弦求出 $\sin(\alpha+\beta)$？进一步引申为：能否用 α，β 的三角函数去表示 $\alpha\pm\beta$ 的三角函数？	**尝试与发现** ①已知 $30°$、$45°$ 的正弦、余弦值，能否根据这些值求出 $\cos 15°$ 的值？②一般地，怎样根据 α 与 β 的三角函数值求出 $\cos(\alpha-\beta)$ 的值？
北师大版必修第二册第四章三角恒等变换	三角恒等变换在数学和其他领域的重要意义.	**问题提出** 已知任意角 α，β 的正弦、余弦，能推出 $\alpha+\beta$，$\alpha-\beta$ 的余弦吗？

2. "多头"探究

现行教材遵从《标准》规定：经历推导两角差余弦公式的过程，由此推导其余的和角、差角、倍角的公式. 虽然各版本教材推导两角差余弦公式创设的问题情境如表2.2所示不同，但都直接指向两角差余弦. 需要思考的是：怎能想到先搞定两角差余弦，为什么不是两角和正弦，其他是否可以？

事实上，$C_{\alpha-\beta}$，$C_{\alpha+\beta}$，$S_{\alpha-\beta}$，$S_{\alpha+\beta}$ 4个公式，只需证明之一，就可借由诱导公式或变量代换推得另外之三. 即4个公式谁领衔都不为过. 自20世纪50年代开始，教材经历了4次之变. 最早的教材是先证明 $S_{\alpha+\beta}$，20世纪70年代改为 $C_{\alpha-\beta}$ 为首，20世纪90年代再改为 $C_{\alpha+\beta}$ 为始. 自2003年《普通高中数学课程标准》（实验版）颁布后，又回归到 $C_{\alpha-\beta}$. 可见，$C_{\alpha-\beta}$，$C_{\alpha+\beta}$，$S_{\alpha-\beta}$，$S_{\alpha+\beta}$ 谁为首席，教材编写者为学生操碎了心. 问题是学生买账吗？为此我们调研了学生，问卷和统计结果见表2.2. 统计结果表明：近五成的学生首选和角作为先导，只有三成多学生将差角作为首选. 各组研究的顺序，基本上以正弦或余弦为始.

表2.2 学生调研统计

问题	统计结果
下列三组公式能否由一组推导出其余两组？ 组①（和角）：$\sin(\alpha+\beta)$，$\cos(\alpha+\beta)$，$\tan(\alpha+\beta)$ 组②（差角）：$\sin(\alpha-\beta)$，$\cos(\alpha-\beta)$，$\tan(\alpha-\beta)$ 组③（倍角）：$\sin 2\alpha$，$\cos 2\alpha$，$\tan 2\alpha$	能91%；不能9%
你准备先推导哪组公式？	组① 49%；组② 33%；组③ 18%

续表

问题	统计结果
请写出各组公式你计划的研究顺序.	②差角←①和角→③倍角 ①和角←②差角→③倍角 ③倍角→①和角→②差角
请写出你准备先推导的公式	$\sin(\alpha+\beta)$、$\cos(\alpha+\beta)$、$\sin(\alpha-\beta)$、$\cos(\alpha-\beta)$ $\sin2\alpha$、$\cos2\alpha$

考虑到学习者为北京市某示范高中校的数学优生，我们将和、差、倍角三组公式的整体"多头"推导，作为三角恒等变换起始课的内容，不仅强化数形结合的逻辑推理思考力，而且将三组公式的安放到相应的知识框架中，为灵活解决相关问题奠基.

三、合作探究

1. 和差倍角何为首

教师请选择倍角为首的学生L发言："倍角可看成两个角相加的特例，我原来想特殊到一般，现仔细一琢磨，倍角公式证明了，也无法直接应用到和角或差角上，还得再从头证明.""也不是完全无用"教师总结道，"从特殊到一般是一种常用的研究方法，至少可让我们通过特殊的样态，推知一般的形式".

经过比较交流，学生明确了由和角或差角出发均可，因为证明了和角或差角公式，经过换元或特殊化即可得到另外两组公式.

2. 齐头并进谁争雄

结合前面的交流，学生一致认可从正弦或余弦的和角或差角出发研究均可.于是根据前测，将学生分为四组探求公式，并确定了研究任务和顺序如表2.3所示.

表2.3 研究任务和顺序

组别	研究任务和顺序
甲	$\sin(\alpha+\beta) \to \cos(\alpha+\beta) \to \tan(\alpha+\beta)$
乙	$\cos(\alpha+\beta) \to \sin(\alpha+\beta) \to \tan(\alpha+\beta)$
丙	$\sin(\alpha-\beta) \to \cos(\alpha-\beta) \to \tan(\alpha-\beta)$
丁	$\cos(\alpha-\beta) \to \sin(\alpha-\beta) \to \tan(\alpha-\beta)$

(1) 起始公式的探究. 甲组同学的第一幅图借助直角坐标系中的单位圆构造三角形, 利用三角形的等积变换以及相关三角形面积间的关系, 列出以 $\sin(\alpha+\beta)$ 为未知数的方程; 第二幅图构造两个有公共直角边的直角三角形, 利用相关三角形间的面积关系以及正弦定理（所授班是直升班, 正弦定理已在初三讲过）, 列出以 $\sin(\alpha+\beta)$ 为未知数的方程. 其优势是利用平面图形的直观, 紧密地将图形面积与角的三角函数联系在一起; 局限是两角和的正弦公式仅仅在 α、β、$\alpha+\beta$ 均为锐角时才成立.

乙组同学的两幅图均是构造含 α、β、$\alpha+\beta$ 的直角三角形, 利用锐角三角函数的定义以及相关线段间的关系, 列出以 $\cos(\alpha+\beta)$ 为未知数的方程; 其优势是构造图形简单, 推导过程简洁, 易于接受; 局限是两角和的余弦公式仅仅在 α、β、$\alpha+\beta$ 均为锐角时才成立.

丙组同学的两幅图均是构造含 α、β、$\alpha-\beta$ 的直角三角形, 利用锐角三角函数的定义以及相关线段间的关系, 列出以 $\sin(\alpha-\beta)$ 为未知数的方程; 其优势是数形结合恰到好处, 推导过程清晰明了; 局限是两角差的正弦公式仅仅在 α、β、$\alpha-\beta$ 均为锐角时才成立.

丁组同学的第一幅图借助单位圆构造含 α、β、$\alpha-\beta$ 的直角三角形, 利用锐角三角函数的定义、勾股定理以及相关直角三角形间的关系, 列出以 $\cos(\alpha-\beta)$ 为未知数的方程; 其优势是平面几何模型化的思想掌握好, 逻辑推理能力强; 局限是两角差的余弦公式仅仅在 α、β、$\alpha-\beta$ 均为锐角时才成立.

师问: 怎样才能避免这些局限呢？在高中, 谈到角, 都是放在平面直角坐标系中加以考虑的, 也就是说, 角的始边均为 x 轴的非负半轴; 而说到任意角的三角函数的定义, 就离不开单位圆了. 有这两个知识做储备, 以第四组推导两角差的余弦公式为例, 看看我们要研究的任务: 就是如何用确定角 α、β 的正弦值与余弦值去表示 $\cos(\alpha-\beta)$. 已知条件是确定的角 α、β, 马上映入脑海的是在平面直角坐标系中, 以 ox 为始边, 以 OP、OQ 为终边的角 α、β（设角 α、β 的终边与单位圆交于 P、Q 两点, 如丁组第二幅图所示）, 由这两个角构造出一个新的 $\angle POQ$, 其始边是 β 的终边, 其终边是 α 的终边. 那么如何表示角 $\alpha-\beta$ 呢？

丁组学生答: 只需把角 α 的终边 OP 绕着点 O 顺时针旋转角 β 交单位圆于点 R, $\angle AOR = \alpha-\beta$, 其始边是 ox, 其终边是 OR; 并且 $\angle POQ = \angle AOR$, 进而

可以得出 $PQ=AR$.

师问：为什么这两条线段相等？

生答：在同圆中，相等的圆心角所对的弦相等.

师问：角 α、β 的正弦值与余弦值有什么用呢？

生答：可以表示 P、Q 两点的坐标.

师问：P、Q 两点的坐标有什么用途？

生答：利用两点间距离公式表示线段 PQ 的长；同理可以表示线段 AR，进而得到 $\cos(\alpha-\beta)$（此同学展示他的解答过程如丁组第二幅图）.

师问：角 α、β 有什么限制吗？

生答：没有，可以是任意的角.

学生"多头"证明的推进，突出了公式教学的问题情境，重视公式之间的紧密联系，展示了各组推导公式的思维过程，让冰冷的公式成为"活灵活现"的知识.各小组所探究的公式不同，推导公式的方法也不尽相同，这样的主动探究活动，不论是独立思考还是合作学习，都是培养学生提出问题的重要手段.学生在课后的总结时说道："在解决问题时，要抓主要矛盾，当然选择策略也很重要！""自己推导的公式，觉得特别清楚，印象深刻."初始公式证明表如表2.4 所示.

表2.4 初始公式证明

组别	草稿图
甲	

续表

组别	草稿图
乙	(手写草稿图)
丙	(手写草稿图)

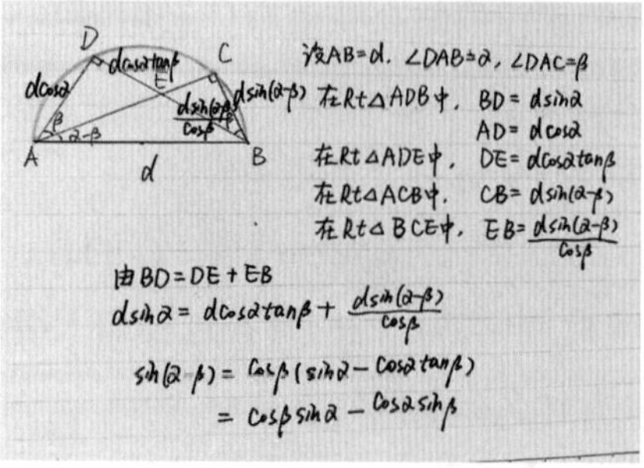

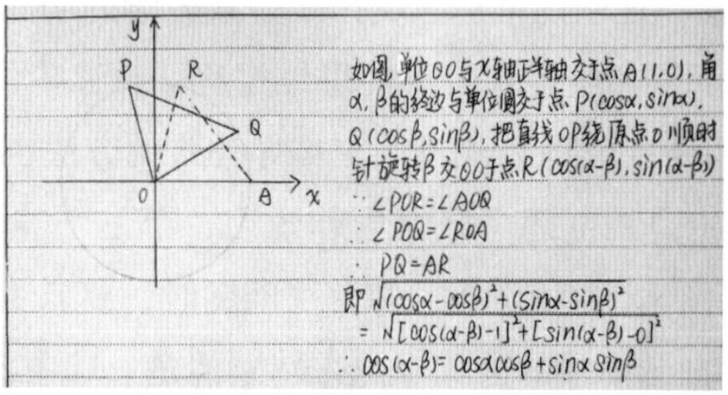

（2）其余公式的探究. $C_{\alpha-\beta}$, $C_{\alpha+\beta}$, $S_{\alpha-\beta}$, $S_{\alpha+\beta}$ 作为起始公式分组证明后，学生推导同角的余弦或正弦公式的方法主要有三种. 构造图形、利用同角基本关系式、采用诱导公式. 比较后，学生意识到通过诱导公式可以充分利用已证明的公式，也省去了分类讨论的烦琐. 值得指出的是，这样的推演，本质上就是恒等变形（图 2.17），学生在转化、构建等活动中思维得到锻炼.

$$\cos(\alpha+\beta) = \sin\left[\frac{\pi}{2}+(\alpha+\beta)\right] = \sin\left[\left(\frac{\pi}{2}+\alpha\right)+\beta\right]$$
$$= \sin\left(\frac{\pi}{2}+\alpha\right)\cos\beta + \cos\left(\frac{\pi}{2}+\alpha\right)\sin\beta = \cos\alpha\cos\beta - \sin\alpha\sin\beta.$$

图 2.17　采用诱导公式 $S_{\alpha+\beta}$ 推导 $C_{\alpha+\beta}$

当甲组的同学 W 亮出和角正切的推导过程及结果，此时乙组的一名同学质疑：能否只用两角的正切去表示两角和的正切？见 W 有些迟疑，教师提示道：看看式子的结构. W 喃喃道："分子分母均为二次齐项式，可以分子分母同除以

$\cos\alpha\cos\beta$". 于是他继续推导 (图 2.18),此时教室里响起了掌声,这该是对同学 W 独立思考的奖赏吧!

$$\tan(\alpha+\beta)=\frac{\sin(\alpha+\beta)}{\cos(\alpha+\beta)}=\frac{\sin\alpha\cos\beta+\cos\alpha\sin\beta}{\cos\alpha\cos\beta-\sin\alpha\sin\beta}=\frac{\tan\alpha+\tan\beta}{1-\tan\alpha\tan\beta}.$$

图 2.18　$T_{\alpha+\beta}$ 的推导过程 2

四、思考建议

1. 先行组织者与逐步分化循序渐进

D. P. 奥苏伯尔(D. P. AuSubel,1918—2008 年)从学生获取信息的角度,提出了教学顺序:起点应先确定在学习层级的较高点,即先呈示一个一般的、有较大包容性的、较抽象的概念和原理,即所谓组织者. 由于组织者一般是在学习内容之前呈现的,故被称为先行组织者. 然后采用逐步分化原则,再学习一些具体的学习内容. 这一主张,为数学章节教学提供了一种思路,即整体—部分—整体. 首先章节的起始课,应构建"先行组织者",为后续学习提供导航作用的知识框架,以及为思维参与提供支撑的思维支架. 其次章节的后续学习,采用逐渐分化的原则,体现了从整体到部分的认知过程. 最后章节的复习课,再次复盘"先行组织者",既有利于新内容的学习,又能深化已有相关内容的理解. 这样的教学顺序,与知识的组织方式契合,也符合学生的认知,有助于帮助学生形成良好的知识结构. 本节课的设计,正是构建"先行组织者"的起始课.

近几年,国内外学者进一步拓展了"先行组织者"的理论,提出"先行组织者"在包容性和抽象概括程度上既可以高于学习材料,也可以低于学习材料. 根据数学学科本身的系统性、逻辑性,从结构上说,"先行组织者"主要有上位组织者、下位组织者、并列组织者及类比组织者等.

2. 知识积累与思维训练并驾齐驱

杜威(Dewey,1859—1952 年)概括了思维的三种价值:有意识、有目的的行为的可能;系统化预测的可能;拓宽了客观事物的含义. 前二者属于实际价值,能让学生更好地遇见当今或未来的社会生活;而第三种价值,在于让学生精神世界的丰盈. 本课例起始公式的探究中,教师创设"多头"探究活动,以及放手让学生在数与形的构建中分组邀游,没有牵引学生直接应用解析几何及向量工具快速证明,其意义在于既重视实用思维的价值,更尊重学生的认知起点,关注其学科价值的充实.实践表明只有在充分思维训练过程中获得的知识,才是"活"的、能得以有效运用的知识.

参考文献

[1] 华显楠.关于两角和差的三角函数教学中的一个问题[J].数学教学,1992(2):17-19.

[2] 伍春兰.中学数学系统化教学设计[M].北京:高等教育出版社,2016:21-22.

[3] 施良方.学习论——学习心理学的理论和原理[M].北京:人民教育出版社,1994:252.

[4] 约翰·杜威.我们如何思维[M].杨韶钢,刘建金,译.北京:中国轻工业出版社,2017:17-20.

第七节 基于高中数学核心素养的课堂教学的四点尝试

一、营造开放的问题情境,启迪学生思维

美国现代情感教育理论创始人卡尔.罗杰斯认为数学不能仅以传授知识为目标,因为知识很快就会过时,教学的目的应是启发学生做出发现,通过发现获得知识,学会如何学习和如何创新是教育的基本宗旨.大量的现代教育教学改革实验表明:在课堂教学中实现素质教育目标最合适的学习形式应是启发式、开放式、课堂讨论式的自主学习、合作学习.在这样的课堂上,教学成为一种对话,而不是灌输,师生在平等的地位上进行智慧与心灵的交流.师生共同参与每项教学进程,每个教学环节;课堂上,充分放手让学生动脑、动口、动手,让他们在简化的、理想的、顺乎自然而又有必要的波折、歧路的形式下,亲历知识的再现过程.教师要创设真正平等的氛围,让学生反思和质疑,让他们自己在对与错、优与劣的争论中,深刻思维,强化反思与提问能力.

例如,在讲授初中几何的起始课时,我这样来设计问题:用2个圆、2个三角形、两条线段自创图形(图2.19),并配以文字表述.问题给出后,孩子们兴奋极了,纷纷拿出笔与纸,投入到自我创作的活动中,创造出近四十幅作品,当我拿着学生的作品逐一讲评时,我能从学生的眼神中看到了学习几何的渴望与自信.

又如为了让学生喜爱数学,我们要不断创造寻找新的生动的教学方法,使学生热爱学习数学.比如学生喜欢探索数字的规律,但常常拘泥于套用已有的

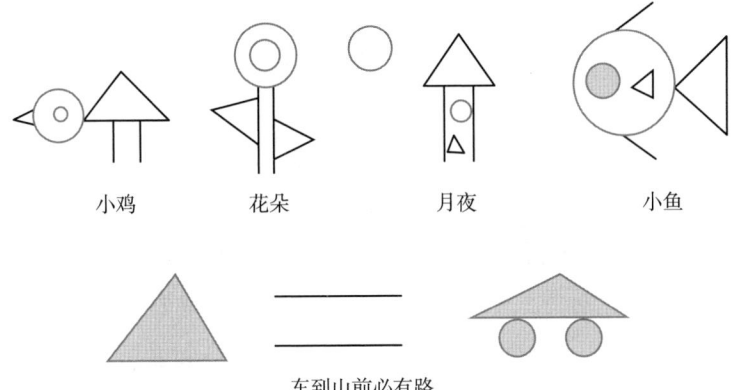

小鸡　　花朵　　月夜　　小鱼

车到山前必有路

图 2.19　初中几何起始课

公式，不会独立思考，为了鼓励学生动脑，设计如下游戏：你们在纸上写下随便想到的一个正自然数，如果这数是偶数，你就除以 2 把这商写下，用一个箭头把最初想的数和这个商接起来，比方说你想到 6，那么你就写 $6 \to 3$. 如果这数是奇数，你就用 3 乘这个数后加 1. 你们对新的数继续用以上的方法进行运算，看看最后箭头会不会指向 1？比方说我用最初的 6，我们经过验算得到下面一串数：$6 \to 3 \to 10 \to 5 \to 16 \to 8 \to 4 \to 2 \to 1$. 我们再试 20，$20 \to 10 \to 5 \to 16 \to 8 \to 4 \to 2 \to 1$. 再试 9，$9 \to 28 \to 14 \to 7 \to 22 \to 11 \to 34 \to 17 \to 52 \to 26 \to 13 \to 40 \to 20$，现在我们来到刚才算的 20，因此我们知道由 9 开始可以一直指到 1. 你们多拿几个数试试看，你们会发觉有时箭头指的越来越大，可有时又会下降，时而上升时而下降，时而下降时而上升，但最后均指向 1，这是很奇怪的现象. 你们看看这是不是有些离奇曲折，是不是有什么公式可以套用来证明这个现象呢？学生在我的追问下显得无计可施，我说："数学使人的头脑做运动，只要常常思考数学问题，头脑就会变得聪明."此时学生有所醒悟地点头，意识到动脑对学习的重要性. 真可谓独立思考无价之宝呀！课堂是教师的主战场，我们只有不断提高驾驭课堂的能力，为学生真正营造"自我研讨"的情境，让学生在数学课堂上乐此不疲，与数相伴！

二、开展促进数学理解的活动，提升数学素养

理解一个数学知识，就是调动学生自己已有的适当的知识同化这个新知识，并把它与自己原有的知识形成合理和本质的联系. 数学的理解的形成必须以学生自主活动为基础. 但在通常情况下，学习的自觉性、主动性以及深入程度都不够，

这也就造成了学生理解效果差.数学教学必须改善学生的学习状态,让学生真正动起来,让学生经历说数学、变式练习、将知识系统化等活动,有效促进学生对数学的理解.

(1)说数学.就是让学生用自己的语言叙述所学数学知识,内容包括数学概念、命题、公式、原理、方法和解题过程.叙述要力争准确、流利,能对叙述的内容进行解释,经得起学生与老师的追问.这种考查方式既可在课前进行也可在课后进行,这种方式对于促进学生理解数学有重要意义,只有理解了才能顺化为自己的语言,为了厘清思路,学生必须认真领会所要叙述的内容.这样做的优点是:①既可以强化学生的记忆,又可以刺激学生的理解.记忆是理解的基础,而口述是记忆的基本方法.②纠错.通过表述,学生的思维得以暴露,老师可帮其厘清思路,改正错误的认识.③交流.启发学生对同一个问题可以有不同的理解,此外生生间的讨论还可以激发学生的智慧与灵感.下面仅以一例描述我与学生在课堂上的互动交流,从而达到理解数学的本质.

例题 已知电流在一定时间内正常通过元件的概率是0.5,分别求在一定时间段内,A、B之间和C、D之间电流能够正常通过的概率(图2.20).

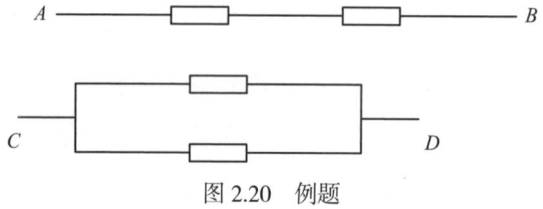

图2.20 例题

此例题学生很快地解答出来.我问:由此道例题,你想到了什么?

生甲:把实际问题转化为概率问题,用相应的概率计算公式解决.

生乙:学以致用,物理的有些问题得通过数学来解决,体现数学的应用价值.

我再问:在此例题的基础上,你能思考一些新问题吗?

生丙:改变元件正常工作的概率.

我说:好,得到了新问题;但由于概率公式的局限,请你查阅相关资料课下进行解决!

生丁:改变元件的个数,可以研究元件的个数为3、4及以上.

好！下面我们就来研究新问题：

[问题]　一个元件正常工作的概率为 0.5，求由三个元件组成的系统正常工作的概率（图 2.21）.

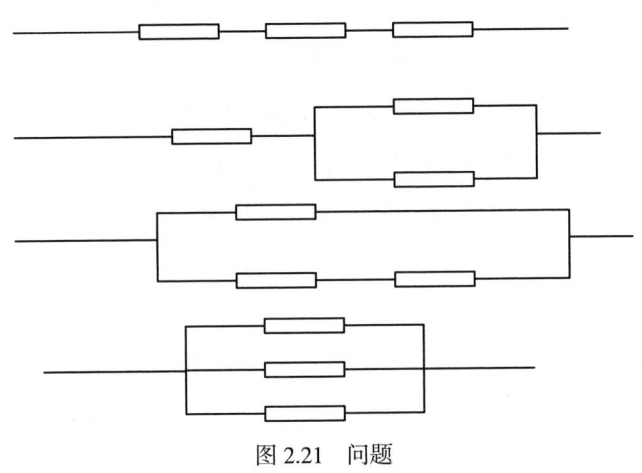

图 2.21　问题

学生很容易地做出各联结方式正常工作的概率分别为 $\frac{1}{8}, \frac{3}{8}, \frac{5}{8}, \frac{7}{8}$；我问：从中你能发现什么规律吗？

有的学生答，分子均为奇数，分母为 2^3；也有的学生答：$\frac{1}{8} + \frac{7}{8} = \frac{3}{8} + \frac{5}{8} = 1$. 我表扬了这个学生，因为他发现了数学美！最令人叫绝的是邵云飞同学，他说："串联的对偶是并联！"在众多学生灵感的启发下，学生来解决四个元件的问题（图 2.22）.

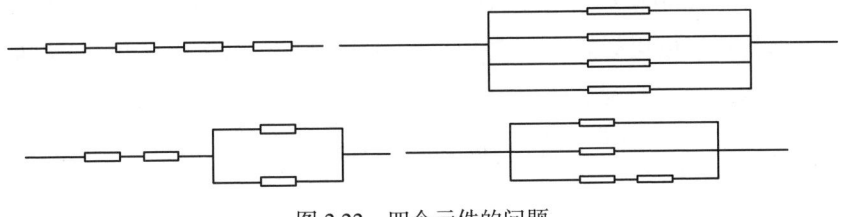

图 2.22　四个元件的问题

而此时学生的工作是有序的，不再是盲目的，在解决问题的过程中，调动数学与物理的相关知识来共同来解决问题，学会了用数学的眼光看物理，也再次加深了学生对随机性是必然性与偶然性的统一的认识，体验了概率中蕴含的辩证关系即偶然中蕴含着必然.

学生在知识的交叉地带来看问题，对提升学生的数学素养是有帮助的．数学素养有以下几方面：①对数学语言的理解与运用；②自觉使用数学思想方法和意识的能力；③建构知识体系，综合运用知识的能力；④推理论证能力；⑤数学化意识和解决问题的能力．要提高学生的数学素养，就要学会站在系统的角度，多角度、分层次地去解决问题，从而提高解决问题的能力．

（2）变式练习．变式是指对数学概念和问题进行不同角度不同情形的变换，凸显概念的本质属性和清晰的外延，突出数学问题的结构规律，揭示知识的内在联系，通过变式练习，多角度地分析、联系、比较，把握概念的本质属性，掌握问题的恰当分类以及相应的解题方法，丰富问题解决的策略和经验，获得对数学对象的理解．

例如①如图 2.23 所示，已知 $\angle AOB = 90°, \angle BOC = 30°, OM$ 平分 $\angle AOC$，ON 平 $\angle BOC$，求 $\angle MON$ 的度数．

②如果①中 $\angle AOB = \alpha$，其他条件不变，求 $\angle MON$ 的度数．

③如果①中 $\angle BOC = \beta$（β 为锐角）其他条件不变，求 $\angle MON$ 的度数．

④从①、②、③的结果中能得到什么结论？

学生初学几何，对几何的特点还不了解，通过此例题的变式，让学生体会变与不变的关系，要学好几何，必须善于在变中找不变．学生从此例中还学会：改变题目的条件，获得新问题，这将是学生琢磨问题的源泉．

（3）将知识系统化．将数学知识系统化是指把零散学习的数学知识按照结构组织成网络，以体现不同知识之间的相互联系．数学是一个组织结构良好的系统，理解数学知识，既包括对这个知识本质属性的认识，也包括掌握它与其他知识的联系．要对知识形成深刻的、真正地理解，这意味着学习者所获得的知识是结构化的、整合的，而不是零碎的．

如已知 $a > b > 0$，证明：$b < \dfrac{2ab}{a+b} < \sqrt{ab} < \dfrac{a+b}{2} < \sqrt{\dfrac{a^2+b^2}{2}} < a.$

众所周知，函数与不等式是高中代数中的重要组成部分，在平时的教学中把二者看成一个小系统对于解决问题是很有帮助的．我鼓励学生：能否从函数的角度去看待不等式？此不等式的左右两边显而易见，关键是中间的四个式子，俗话说："物以类聚，人以群分."这四个式子分为两类：一类是分式，一类是根式，能否从分式入手，构造函数，利用函数的单调性去证呢？在我的启发下，学生站

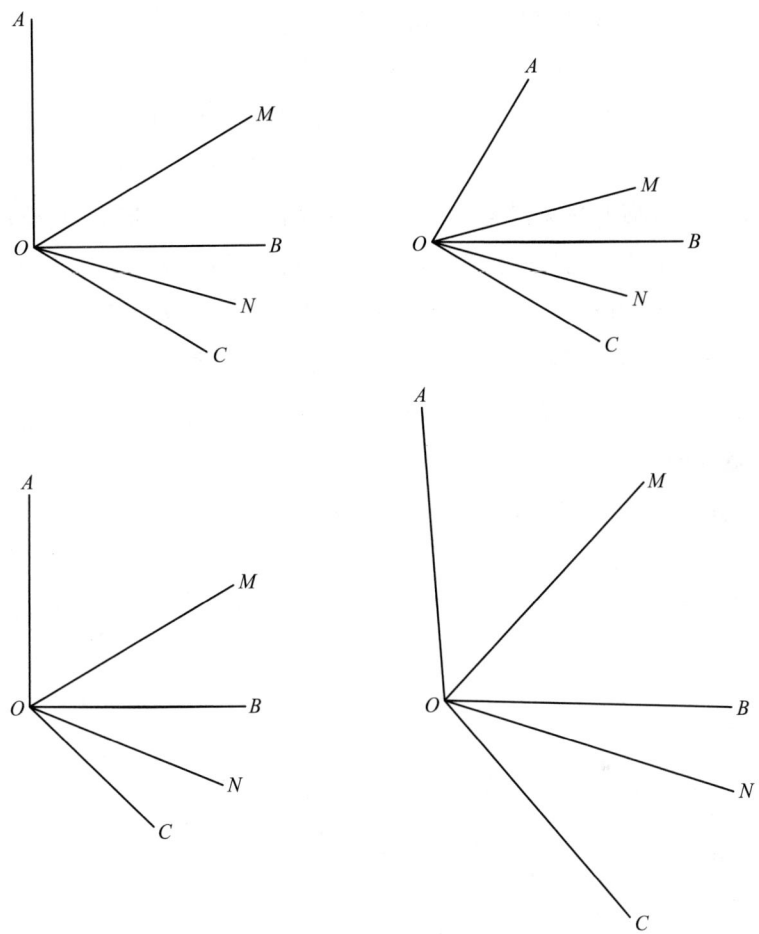

图 2.23 例题

在知识交叉的高度上，把知识间的联系看得一清二楚，解决问题就显得游刃有余，下面展示学生的思考过程：

$\dfrac{2ab}{a+b}=\dfrac{2b}{1+\dfrac{b}{a}}=\dfrac{b+a\cdot\dfrac{b}{a}}{1+\dfrac{b}{a}}=f\left(\dfrac{b}{a}\right)$，$\dfrac{a+b}{2}=\dfrac{b+a\cdot 1}{1+1}=f(1)$；由此可构造函数 $f(x)=\dfrac{b+ax}{1+x}(x\geqslant 0), f(x)=a+\dfrac{b-a}{1+x}$ 在 $x\in[0,+\infty)$ 上单调递增；

$\because 0<\dfrac{b}{a}<\sqrt{\dfrac{b}{a}}<1<\dfrac{a}{b},\therefore f(0)<f\left(\dfrac{b}{a}\right)<f\left(\sqrt{\dfrac{b}{a}}\right)<f(1)<f\left(\dfrac{a}{b}\right)<a,$

即 $b<\dfrac{2ab}{a+b}<\sqrt{ab}<\dfrac{a+b}{2}<\sqrt{\dfrac{a^2+b^2}{2}}<a.$

三、注重知识的多角度理解，揭示数学本质

1. 注重一题多解的培养，引导学生通过数学学会思维

郑毓信先生认为：相对于"帮助学生学会数学思维"而言，"通过数学学会思维"应当说是更为合适的一个主张．所谓"通过数学学会思维"，并非是指"想得更快"，又或是如何能够"与众不同"，而是指"想得更清晰、更全面、更深刻、更合理"．由此可见，在教学中应当更加重视如何能帮助学生逐步培养"长时间思考"的习惯与能力．为达到这个目标，就需要从深入研究问题入手，以多解教学为依据，在循序渐进中获得思维的发展、素养的提升．

如设函数 $f(x)=ax^3-3x+1(x\in \mathbf{R})$，若对于任意 $x\in[-1,1]$，都有 $f(x)\geqslant 0$ 成立，则实数 a 的值为 _____．

写下题目后，一位同学举手，下面是他的解答过程：

思路1 因为 $f'(x)=3ax^2-3$，

（1）若 $a\leqslant 0$ 时，则 $f'(x)=3ax^2-3<0$，因此 $f(x)$ 在 $[-1,1]$ 上单调递减，所以 $f(x)_{\min}=f(1)=a-2\geqslant 0 \Rightarrow a\geqslant 2$，与已知矛盾；

（2）若 $a>0$ 时，令 $f'(x)=3ax^2-3=0 \Rightarrow x=\pm\sqrt{\dfrac{1}{a}}$；

① 若 $0<a\leqslant 1$ 时，则 $f(x)$ 在 $[-1,1]$ 上单调递减，所以

$f(x)_{\min}=f(1)=a-2\geqslant 0 \Rightarrow a\geqslant 2$，与已知矛盾；

② 若 $a>1$ 时，则 $f(x)$ 在 $\left[-1,-\sqrt{\dfrac{1}{a}}\right]$ 上单调递增，在 $\left[-\sqrt{\dfrac{1}{a}},\sqrt{\dfrac{1}{a}}\right]$ 上单调递减，在 $\left[\sqrt{\dfrac{1}{a}},1\right]$ 上单调递增，故 $\begin{cases} f(-1)=-a+4\geqslant 0 \\ f\left(\sqrt{\dfrac{1}{a}}\right)=\sqrt{\dfrac{1}{a}}-3\sqrt{\dfrac{1}{a}}+1\geqslant 0 \end{cases} \therefore a=4$．

他书写得很好，我表扬了他；我又追问："他的解答过程可否简化？"思考片刻后，另一位展示他的解答过程：

思路2 由已知得 $\begin{cases} f(-1)=-a+4\geqslant 0 \\ f(1)=a-2\geqslant 0 \end{cases} \therefore 2\leqslant a\leqslant 4$；

则 $f(x)$ 在 $\left[-1,-\sqrt{\dfrac{1}{a}}\right]$ 上单调递增，在 $\left[-\sqrt{\dfrac{1}{a}},\sqrt{\dfrac{1}{a}}\right]$ 上单调递减，在 $\left[\sqrt{\dfrac{1}{a}},1\right]$ 上单调递增，故 $f\left(\sqrt{\dfrac{1}{a}}\right)=\sqrt{\dfrac{1}{a}}-3\sqrt{\dfrac{1}{a}}+1\geqslant 0 \Rightarrow a\geqslant 4, \therefore a=4$．

这位同学不善言辞，我就问他：为什么先思考 -1 与 1 的函数值非负？他回答说："任意的 $x \in [-1,1]$ 都非负，当然 -1 与 1 的函数值也非负！"我又问"这体现什么数学思想？"他说："演绎的数学思想！"我拍了拍他的肩膀，对所有同学说："这种有思想的解题，会让我们的头脑越来越聪明！"还有其他的解法吗？

思路 3 把式子变形为 $ax^3 \geqslant 3x-1(x \in [-1,1])$，说明三次曲线的函数值在 $[-1,1]$ 上不会小于直线的函数值，初步判断 $a>0$；结合图像进一步判断 $y=3x-1$ 是三次曲线在某点处的切线，设切点的横坐标为 x_0，且满足
$$\begin{cases} 3ax_0^2 = 3 \\ ax_0^3 = 3x_0 - 1 \end{cases} \Rightarrow a = 4.$$

我对这位同学的解答大加赞赏，它的可贵之处在于"数形结合"，通过等价变形，把一个函数变成两个函数，结合两个函数的图像发现式子右边的一次函数是左边三次函数的切线，这种巧妙的转化思维过程，极大地简化了计算过程！更叫绝的是我的课代表，他的解答过程是这样的：

思路 4 令 $g(x) = ax^3 - 3x \Rightarrow g(-x) = -g(x)$，则 $g(x)$ 的图像在 $[-1,1]$ 上关于原点对称，故 $f(x)$ 的图像在 $[-1,1]$ 上关于点 $(0,1)$ 对称，若点 $[x, f(x)]$ 在 $f(x)$ 的图像上，则点 $[-x, 2-f(x)]$ 也在 $f(x)$ 的图像上，由于
$f(x) \geqslant 0, \therefore 2-f(x) \geqslant 0$，即 $0 \leqslant f(x) \leqslant 2, \therefore -1 \leqslant g(x) \leqslant 1$；令 $x = \cos\theta(\theta \in \mathbf{R})$，
故 $a\cos^3\theta - 3\cos\theta = 4\cos^3\theta - 3\cos\theta + (a-4)\cos^3\theta = \cos 3\theta + (a-4)\cos^3\theta$.
由于 $g(x) \in [-1,1], \therefore a-4 = 0 \Rightarrow a = 4$.

我深深地被他的解法所折服，他能通过"联想"发现此题的原型是三倍角的余弦公式，令人印象深刻．

四种不同的解法，让学生从不同的角度去认识函数，抓住函数学习的主线，对函数的学习有了更为厚重的理解．

2. 借助技术支持，激发学生学习数学的兴趣

数学建构主义认为，在数学教学活动中，学生是数学学习活动的认知主体，是建构活动中的行为主体，而其他则是客体或载体；学生作为主体的作用，体现在认知活动中的参与功能，没有主体参与，教师的任何传授将毫无意义，教师的主导作用也无从发挥．主体参与不是认知主体消极地接受知识，而应体现在对知识的主动积极地建构．知识只是在它与认知主体在建构活动中的行为冲突或者顺

应时才被建构起来.

在教学建构观指导下,我们教师必须加强学生在教学这一双边活动中的主体参与,让每一个学生都有动脑、动手、动嘴的机会,注意学生在认知过程中的主体作用,所以课堂上要给学生创设暴露思维过程的情境,使他们大胆地猜想、充分地发问、多角度地交流;教师要在教学活动中从一个知识的传播者转变为与学生一起发现问题、分析问题、解决问题组织者、倡导者、合作者.而图形计算器恰好在这方面为师生营造了他们共同需要的氛围.图形计算器可以根据学生数学学习的需要,为学生的数学学习灵活地提供图、表、文字或符号等各种表示方法,展现一些用纸笔难以展现的过程性内容,体现过程性,揭示数学本质.

例如,已知两直线 $l_1: 2x+y-8=0$,$l_2: x-2y+1=0$

(1)求过它们交点的直线方程;

(2)给定 m 的值,用图形计算器画出直线 $l: 2x+y-8+m(x-2y+1)=0$,改变 m 的值,观察直线 l 的变化,能得到什么结论?如何解释?试用(2)的结论解决(1).

学生通过在图形计算器上制作课件,动态呈现参数 m 变化时直线 l 的变化过程,充分体会到参数 m 对直线位置的影响,在变化中发现直线始终经过一个定点,进一步可以得到一个简单的办法去确定这个定点坐标,就是取 m 的两个特殊值,得到两个直线的方程,再求他们的交点即可.这样的解决方式,有利于培养学生的观察分析的能力以及综合解决问题的能力.下面就是学生研究问题时所画的图形(图 2.24).

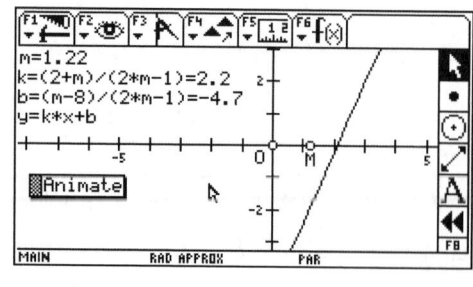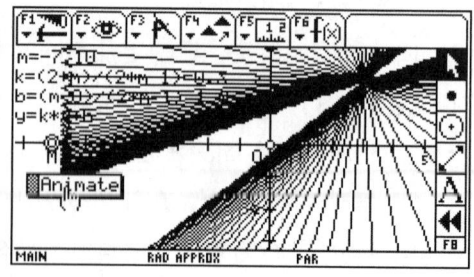

图 2.24 画的图形①

又如已知点 $P(1,2)$ 及圆 $O: x^2+y^2=9$,过点 P 作两条互相垂直的弦交圆 O 于

A，C 和 B，D，求线段 AB 中点的轨迹方程.学生制作动画，动态展示轨迹生成的全过程，在轨迹的展示下，激发了学生论证的欲望（图 2.25）.学生在此题的基础上进行条件的改变，创造性地得到一系列图形如下（图 2.25~图 2.30）：这一系列图形的发现不仅使学生在"感官"上得到满足，同时也领略到学习数学所带来的快乐.

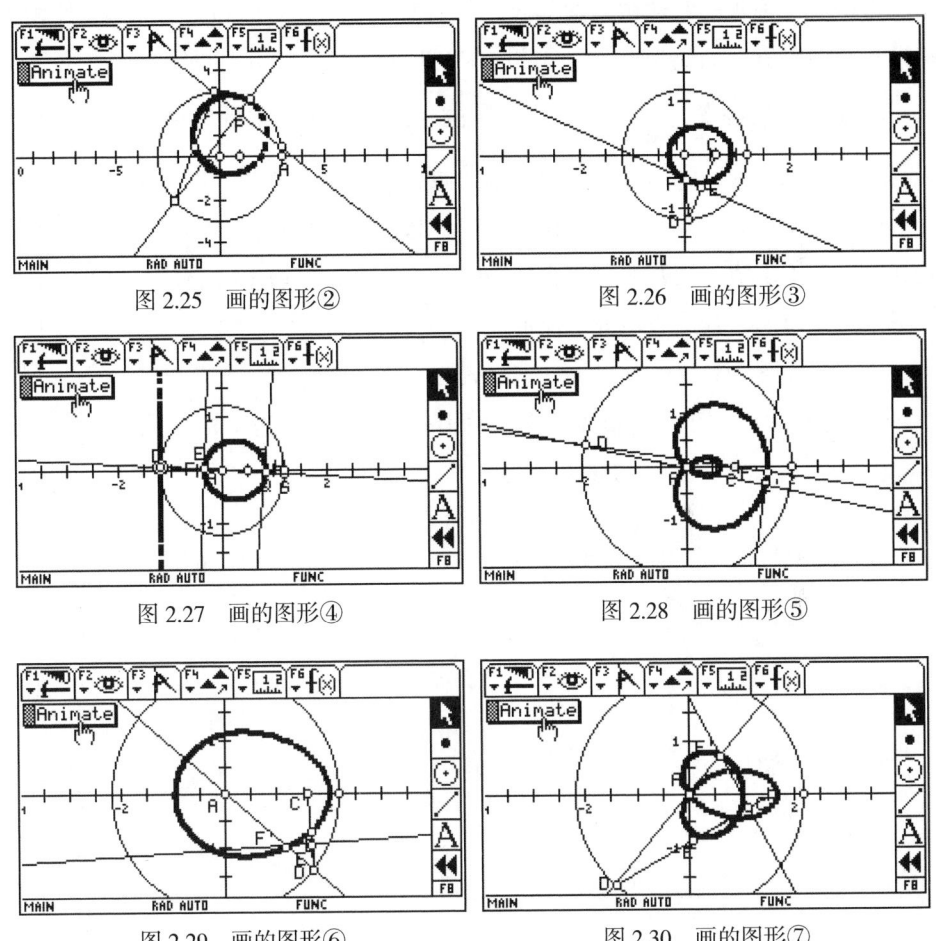

图 2.25　画的图形②　　　　　　图 2.26　画的图形③

图 2.27　画的图形④　　　　　　图 2.28　画的图形⑤

图 2.29　画的图形⑥　　　　　　图 2.30　画的图形⑦

技术的介入，动态地展示了数学的变化过程，这是常规教学所无法比拟的；同时也延展了学生的数学思维，使学生能更好地理解数学的本质，从而发现数学之美，并热爱数学！

四、注重课堂反馈，强化数学知识落实

大量的研究表明：反馈是学习的基本要素，它对学生的学习情况和行为习惯

有着很大影响.由于课堂教学从本质上来说是有计划、分阶段地把数学知识、解题方法及数学思想按照时间的流程系统地传授给学生,为了保证数学目的的圆满完成,要求教师根据学生在接受、理解、运用知识反馈的信息,及时而适度地进行调控.课堂反馈的基本途径就是倾听,教师要善于倾听,善于向学生学习,正可谓教学相长.举例描述我市如何倾听并向学生学习的!

将一个长为1的铁丝截成两部分,分别围成一个正方形和一个圆形,使面积和最小,则正方形周长为_____.(2003年北京)

易知,此题答案为 $\dfrac{4}{4+\pi}$.我出此题的目的是二次函数的应用;但居然有学生的想法与我不同,我就让学生阐明他的做法,他的解题过程是这样的:

提出猜想:做一个正 n 边形和一个正 m 边形($n \geq 3$,$m \geq 3$ 且 m,$n \in \mathbf{N}$),使其周长和为定值,当其面积和为最小时,这两个正多边形的边心距相等(圆可看作正无穷边形,其边心距为半径).

证明:如图2.31为正 n 边形,作 $OH \perp AB$ 于 H.

设周长和为 a,正 n 边形周长为 x,则正 m 边形周长为 $(a-x)$.

$\therefore AB = \dfrac{x}{n}$,$AH = \dfrac{x}{2n}$,$\angle AOH = \dfrac{\pi}{n}$;

$\therefore OH = AH \cdot \cot \dfrac{\pi}{n} = \dfrac{x}{2n} \cdot \cot \dfrac{\pi}{n}$.

$\therefore$ 正 n 边形面积 $S_n = \dfrac{1}{2} n \cdot AB \cdot OH$

$= \dfrac{x^2}{4n} \cdot \cot \dfrac{\pi}{n}$.

同理正 m 边形面积 $S_m = \dfrac{(a-x)^2}{4m} \cdot \cot \dfrac{\pi}{m}$.

$\therefore$ 总面积 $S = S_n + S_m$

$= \dfrac{x^2}{4n} \cdot \cot \dfrac{\pi}{n} + \dfrac{(a-x)^2}{4m} \cdot \cot \dfrac{\pi}{m}$

$= \dfrac{\left(n \cdot \cot \dfrac{\pi}{m} + m \cdot \cot \dfrac{\pi}{n}\right) x^2 - 2an \cdot \cot \dfrac{\pi}{m} \cdot x + a^2 n \cdot \cot \dfrac{\pi}{m}}{4mn}$,$[x \in (0, a)]$

可把上式视为关于 x 的二次函数,当 S 取最大时,可知 $x = \dfrac{an \cdot \cot \dfrac{\pi}{m}}{n \cdot \cot \dfrac{\pi}{m} + m \cdot \cot \dfrac{\pi}{m}}$,

∴ 正 n 边形边心距 $r_n = OH = \dfrac{x}{2n} \cdot \cot\dfrac{\pi}{n} = \dfrac{a \cdot \cot\dfrac{\pi}{m} \cdot \cot\dfrac{\pi}{n}}{2\left(n \cdot \cot\dfrac{\pi}{m} + m \cdot \cot\dfrac{\pi}{n}\right)}$ ；

同理可得正 m 边形边心距 $r_m = \dfrac{a \cdot \cot\dfrac{\pi}{m} \cdot \cot\dfrac{\pi}{n}}{2\left(n \cdot \cot\dfrac{\pi}{m} + m \cdot \cot\dfrac{\pi}{n}\right)}$ ；

∴ $r_n = r_m$.

∴ 此时这两个正多边形的边心距相等，证毕．

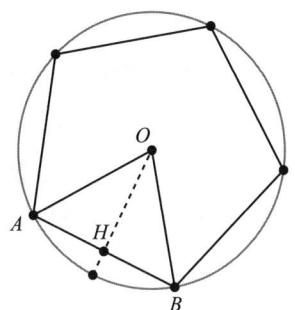

图 2.31　例题证明

作为教师，我被学生的想法深深地折服了；正如笛卡尔所说："学好数学有两件武器，那就是清晰的直觉与严密的演绎！"从这个同学的发言，我感悟到学生对数学的理解有时要比教师强，因此我们必须善于向他们学习．很少人会想到真正有效的提问，原来只是倾听．学生一旦主动学习，教师的责任就由讲授、提问转换为倾听．善于倾听的教师总是能够将学生的声音转化为有效教学资源．倾听是一种对话，好的对话者总善于倾听．这需要教师在提问之后，给学生留出足够的等待的时间，为学生的回答提供及时的反馈．

课堂反馈必须及时，在课堂教学中，一旦发现学生对知识的理解、运用出现偏差，教师必须及时进行跟踪、纠偏，否则，错误的有效惯性会造成今后学习的更大障碍，以致积重难返．数学中应密切关注的反馈点大致有：概念的理解、记忆；定理、公式、法则的正、逆用；基本知识与技能的熟练掌握；计算的准确性；解题的规范；常规方法的熟练及特殊技巧的运用等．在课堂教学中教师应有意识地通过提问、课堂练习、板演、课外作业、测试、检查（教师的讲评、学生自评、互评）等手段，对反馈的信息及时做出评定，使其辨明正误、分清优劣、掌握知识.

落实是学好数学的"生命",要做到两个到位:一是基础知识到位,二是基本方法到位.基础知识是指概念、公式、定理、法则、性质;基本技能是指算、画、推;基本方法包含数学方法、逻辑方法,以及思想方法;数学方法包括配方法、换元法、待定系数法、反证法;逻辑方法包括归纳、演绎、分析、综合、类比;思想方法包括函数方程、数形结合、分类讨论;化归与转化、有限与无限、特殊与一般.

从事教育职业意味着要敢于面对新的挑战,勇于承受内心焦虑的考验,充满危机感和使命感.数学核心素养教育的号角已经吹响,它要求数学教师应努力做好观念、知识、能力的更新.要敢于摆脱旧的教育观念的束缚,树立先进的教学观、数学观和学生观,要以饱满的热情主动投身课程改革,要真正理解"人人学有价值的数学,人人都能获得必要的数学,人人在数学上都得到不同的发展"的深刻内涵.教师要加强学习,博览群书,刻苦自励,不仅精通专业知识,还要对跨学科的知识有新的了解,同时必须学习心理学和教育学,不仅研究教法,更要研究学法,改封闭式的教学为指导学生"开放式"学习.教师的思维能力要更新,要提高因材施教的能力,还要熟练掌握多媒体计算机辅助教学,提高使用现代教育技术的能力,重视培养学生的创新精神和实践能力.

参考文献

[1] 吕林海. 数学理解之面面观. 中学数学教学参考,2003(12):2-4.

[2] 郑毓信. 变式理论的必要发展. 中学数学月刊,2006(1):12-15.

[3] 郑毓信. "数学与思维"深思. 数学教育学报,2015:26-27.

第八节 三角函数与解三角形复习建议

一、基于课标的备考要求

(一)课标要求,三角函数

(1)角与弧度.了解任意角的概念和弧度制,能进行弧度与角度的互化,体会引入弧度值的必要性.

(2)三角函数的概念和性质.

①借助单位圆理解三角函数(正弦、余弦、正切)的定义,能画出这些三角

函数的图像，了解三角函数的周期性、单调性、奇偶性、最大（小）值．借助单位圆的对称性，利用定义推导出诱导公式 $\left(\alpha\pm\dfrac{\pi}{2},\alpha\pm\pi\right.$ 正弦、余弦、正切 $\Big)$．

②借助图像理解正弦函数、余弦函数在 $[0,2\pi]$ 上，正切函数在 $\left(-\dfrac{\pi}{2},\dfrac{\pi}{2}\right)$ 上的性质．

③结合具体实例，了解 $y=A\sin(\omega x+\varphi)$ 的实际意义；能借助图像理解参数 ω,φ,A 的意义，了解参数的变化对函数图像的影响．

（3）同角三角函数的基本关系式．

理解同角三角函数的基本关系式：$\sin^2 x+\cos^2 x=1,\tan x=\dfrac{\sin x}{\cos x}$．

（4）三角恒等变换．

①经历推导两角差余弦公式的过程，知道两角差余弦公式的意义．

②能从两角差的余弦公式推导出两角和与差的正弦、余弦、正切公式，二倍角的正弦、余弦、正切公式，了解它们的内在联系．

③能运用上述公式进行简单的恒等变换（包括推导出积化和差和差化积、半角公式，这三组公式不要求记忆）．

（5）三角函数应用．会用三角函数解决简单的实际问题，体会可以利用三角函数构建刻画事物周期变化的数学模型．

（6）解三角形．

①借助向量的运算，探索三角形边长与角度的关系，掌握余弦定理、正弦定理．

②能用余弦定理、正弦定理解决简单的实际问题．

（二）考试内容要求

考试内容要求，如表 2.5 所示．

表 2.5　考试内容要求

考试内容			要求层次		
			A	B	C
三角函数、三角恒等变换、解三角形	三角函数	任意角的概念和弧度制	√	—	—
		弧度与角度的互化	—	√	—
		任意角的正弦、余弦、正切的定义	—	—	√

续表

考试内容			要求层次		
			A	B	C
三角函数、三角恒等变换、解三角形	三角函数	用单位圆中的三角函数线表示正弦、余弦和正切	—	—	√
		诱导公式	—	√	—
		同角三角函数的基本关系式	—	—	√
		周期函数的定义、三角函数的周期性	√	—	—
		函数 $y=\sin x$, $y=\cos x$, $y=\tan x$ 的图像和性质	—	—	√
		函数 $y=A\sin(\omega x+\varphi)$ 的图像	—	—	√
		用三角函数解决一些简单的实际问题	—	√	—
	三角恒等变换	两角和与差的正弦、余弦、正切公式	—	—	√
		二倍角的正弦、余弦、正切公式	—	—	√
		简单的三角恒等变换	—	√	—
	解三角形	正弦定理、余弦定理	—	√	—
		解三角形	—	√	—

注：A 级 2 个、B 级 6 个、C 级 7 个．

（三）思想方法评价要求

思想方法评价要求，如表 2.6 所示．

表 2.6　思想方法评价要求

思想方法	评价要求
数形结合	能利用单位圆，理解弧度制、三角函数的定义、同角三角函数的基本关系、诱导公式、两角和与差的余弦公式；能用"五点法"绘制三角函数的图像，并能根据图像求出函数的解析式；能以三角函数的图像为基础，综合应用函数有关知识研究三角函数的性质，体会函数图像是研究函数性质的一种重要工具；能根据三角函数图像得到其性质，同时也能在性质研究的基础上画出函数图像；能结合图像理解函数 $y=A\sin(\omega x+\varphi)$ 中参数的几何意义，并确定参数的值；能由函数 $y=\sin x$ 的图像，经过恰当的变化，得到 $y=A\sin(\omega x+\varphi)$ 的图像

续表

思想方法	评价要求
函数与方程	能在函数定义的基础上理解三角函数定义；能在函数理论的指导下，对三角函数展开研究；能建立实际问题的函数模型，并利用函数的知识解决实际问题；能在解决实际问题的过程中，进一步感受三角函数刻画周期变化现象时的作用；在求解具体问题或推导公式时，注意应用列方程（组）的方法求解
分类与整合	能根据角的终边的位置分类，选择适当的公式和化简程序，求出适合的角；能根据三角函数的符号特征，分类求解三角函数值问题
化归与转化	能通过换元将复杂的三角函数型问题转化为基本的三角函数问题解决；能灵活对待公式中角的关系，通过换元等方法将陌生问题转化为熟悉的三角函数图像和性质问题，并加以解决
特殊与一般	能根据三角函数在一个周期内的图像与性质解决三角函数的整体性问题；能根据参数取特殊值时的变化情况，把握一般的变化情况；能借助于特殊问题的研究，解决一类三角函数图像变化规律问题

（四）关键能力评价要求

关键能力评价要求，如表 2.7 所示．

表 2.7 关键能力评价要求

关键能力	评价要求
抽象概括	能在具体情境中抽象出三角函数的概念；能利用特殊到一般、具体到抽象的方法概括出三角函数的定义、图像和性质之间的逻辑关系；能概括出函数 $y=A\sin(\omega x+\varphi)$ 的图像特征及其与正弦函数之间的关系；能够在熟悉的情境或新的情境中抽象出有关三角函数问题，并加以解决
推理论证	能通过类比、归纳、演绎等推理过程，理解三角函数的定义、图像与性质之间的逻辑关系；能综合应用三角函数的图像、性质进行分析、推理和论证；能准确、规范使用函数有关术语和数学符号进行表达，并能解决有关问题
运算求解	能够了解同角三角函数的关系式、诱导公式和差公式、二倍角公式等的运算特点，正确进行运算；能够根据式中角和函数名的特征，选择运算方法，设计运算程序，进行合理的三角恒等变换，解决问题；在解决三角函数图像性质的问题中，能体会程序化的思想的意义和作用
直观想象	能借助三角函数的图像特征，研究它们的基本性质和变化规律；能用三角函数描述和表达数学问题，启迪解决这些问题的思路，体会数形结合．能根据问题情境，想象并构建相应的三角函数图形，借助图形提出问题，发现规律，并解决问题，体会数形结合的思想

续表

关键能力	评价要求
数学建模	能阅读、理解问题情境，合理确定正弦函数中参数的取值，通过对已知材料的分析、整理，能清晰地、准确地表达数学建模的过程和结果，并能创造性地解决与物理、地理等学科有着紧密联系的具有周期性变化特征的实际问题

二、回顾近几年北京高考考查情况

近几年北京高考考查情况，如表 2.8 所示．

表 2.8　近几年北京高考考查情况

年份	题号	考点	考向
2021	7	三角恒等变换	二倍角的余弦公式、余弦函数的有界性与奇偶性、二次函数在闭区间上的最值
	14	三角恒等变换	正、余弦函数的概念、两角和的正、余弦公式、关于轴对称的点的特征
	16	正、余弦定理的综合应用	正弦函数的性质、正、余弦定理（开放条件、有的能选有的不能选）
2020	7	三角函数的图像与性质	三角函数的性质与充分必要条件结合
	10	三角函数的概念	正弦、正切函数概念的应用
	14	三角函数的最值	两角和的正弦公式、辅助角公式、三角函数的最值（开放结论）
	17	同角三角函数的基本关系式、诱导公式、正、余弦定理及三角恒等变换的综合应用	余弦定理、同角三角函数的基本关系式（平方）、正弦定理（开放条件、均可选）
2019	理9	三角函数的性质	二倍角的余弦公式、函数 $y=A\sin(\omega x+\varphi)$ 的周期
	理15	正、余弦定理及三角恒等变换的综合应用	正、余弦定理、同角三角函数的基本关系式（平方）、两角差的正弦公式
	文6	三角函数的最值	充分必要条件、函数 $y=A\sin(\omega x+\varphi)$ 的奇偶性
	文8	三角函数的最值	圆心角与圆周角的关系、正弦定理
	文15	三角恒等变换及正、余弦定理的综合应用	余弦定理用求边、同角三角函数的基本关系式（平方）、诱导公式、两角和的正弦

续表

年份	题号	考点	考向
2018	理 11	三角函数的性质	函数 $y=A\sin(\omega x+\varphi)$ 的最大值
	理 15	三角恒等变换及正、余弦定理的综合应用	同角三角函数的基本关系式（平方）、利用正弦定理求角、诱导公式、两角和的正弦公式、正弦函数概念的应用
	文 7	三角函数的概念	正、余弦函数与正切函数的概念
	文 14	正、余弦定理与三角恒等变换的综合应用	利用正、余弦定理求角、利用正弦定理进行边角互化、正切函数的单调性
	文 16	三角函数的最值与三角恒等变换的综合应用	二倍角的正、余弦公式、辅助角公式、函数 $y=A\sin(\omega x+\varphi)$ 周期性及单调性
2017	理 12	三角函数的概念与三角恒等变换的综合应用	正、余弦函数的概念、两角差的余弦公式
	理 15	正弦定理与诱导公式、三角恒等变换的综合应用	正弦定理、同角三角函数的基本关系式（平方）、诱导公式、两角和的正弦公式
	文 9	三角函数的概念	正弦函数的概念
	文 16	三角恒等变换与三角函数的最值的综合应用	两角差的余弦公式、二倍角的正弦公式、辅助角公式、$y=A\sin(\omega x+\varphi)$ 的周期及单调性

三、制订复习方案

制订复习方案的知识结构如图 2.32 所示.

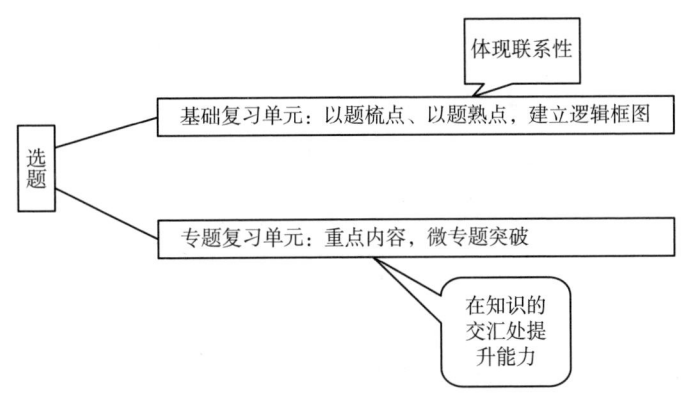

图 2.32　制订复习方案的知识结构

（一）基础复习单元

选题原则是根据学情适当选择，难度不大容易出错．

1. 精选例题

写出与 –30° 角终边相同的角的集合 S，并把 S 中满足 $-2\pi \leqslant \alpha \leqslant 4\pi$ 的元素 α 写出来．

追问 ①终边相同的角如何表示？你如何理解？

②角度与弧度如何换算？

2. 梳理知识点

知识点如图 2.33~ 图 2.39、图 2.41、图 2.42 所示．

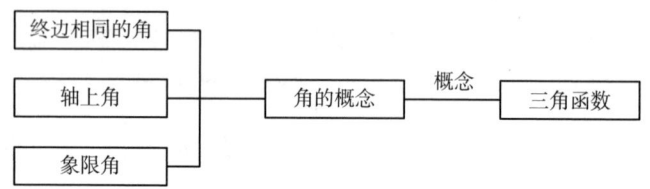

图 2.33　知识点①

（1）已知角 α 终边上有一点 $P(x, 1)$，且 $\cos\alpha = -\dfrac{1}{2}$，求 $\sin\alpha$，$\tan\alpha$．

追问　三角函数有哪些？都是如何定义的？

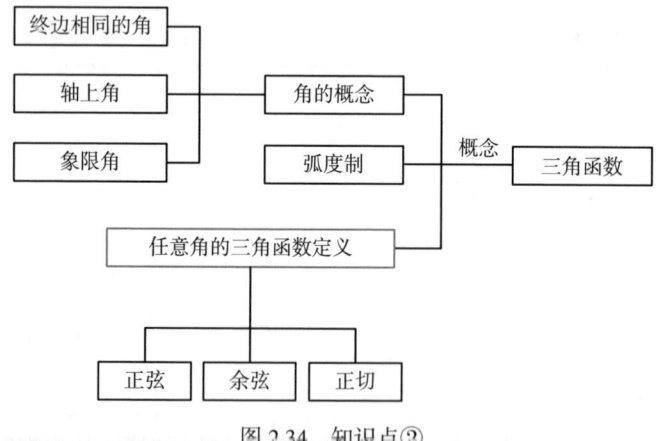

图 2.34　知识点②

（2）若 α 是第一象限角，比较 $\sin\dfrac{\alpha}{2}$，$\tan\dfrac{\alpha}{2}$ 的大小．

追问

角的运算有哪些？如何从"数"与"形"两方面理解？

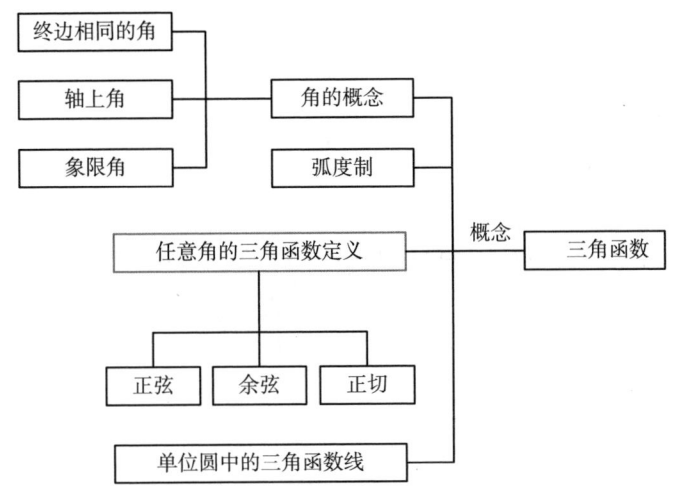

图 2.35 知识点③

（3）在同一个坐标系中，用五点法画出下列函数的草图．

① $y=\sin x$，$y=\sin\left(x+\dfrac{\pi}{3}\right)$；

② $y=\sin x$，$y=\sin 2x$；

③ $y=\sin 2x$，$y=\sin\left(2x+\dfrac{\pi}{3}\right)$．

追问 ①如何画出函数 $y=\sin x$（$x\in[0,2\pi]$）的图像？

②函数 $y=A\sin(\omega x+\varphi)$ 的图像由 $y=\sin x$ 的图像如何变换得到的？

③这三组函数的图像有什么共性？（均是在函数值相同的条件下，研究自变量之间的对应关系）

（4）已知函数 $f(x)=3\cos\left(2x+\dfrac{\pi}{6}\right)$．

①该函数的图像可以由 $y=\cos x$ 的图像经过怎样的变换得到？

②求函数 $f(x)$ 的周期、单调区间、图像的对称轴和对称中心．

追问 ①周期函数的定义是什么？如何研究函数 $y=A\cos(\omega x+\varphi)$（$\omega>0$）？

a. 定义域为 R；值域为 $[-|A|,|A|]$；

b. 研究函数的性质．

奇偶性？单调性？周期性？有无对称轴？有无对称中心？

（5）若函数 $f(x)=\sin 2x+m\cos 2x$ 的图像关于直线 $x=-\dfrac{\pi}{6}$ 对称，则 $m=$ _____．

思路1　$f\left(-\dfrac{\pi}{6}\right) = \pm\sqrt{m^2+1}$；

思路2　$f\left(-\dfrac{\pi}{3}\right) = f(0)$；

思路3　$f'\left(-\dfrac{\pi}{6}\right) = 0$；

思路4　$f(x) = \sqrt{m^2+1}\sin(2x+\varphi)(\tan\varphi = m), -\dfrac{\pi}{3}+\varphi = k\pi+\dfrac{\pi}{2}(k\in \mathbf{Z})$.

（6）函数 $f(x) = 2\sin(3x+\varphi)\left(|\varphi|<\dfrac{\pi}{2}\right)$ 图像的一条对称轴为直线 $x=\dfrac{\pi}{12}$，则 $\varphi = （\quad）$.

A. $\dfrac{\pi}{6}$　　B. $\dfrac{\pi}{3}$　　C. $\dfrac{\pi}{4}$　　D. $-\dfrac{\pi}{4}$

（7）已知函数 $f(x) = 2\sin(\omega x+\varphi)\left(\omega>0, |\varphi|<\dfrac{\pi}{2}\right)$.

① 若 $f(0) = 1$，则 $\varphi = $ _____ .

② 若 $3x\in \mathbf{R}$，使 $f(x+2) - f(x) = 4$ 成立，则 ω 的最小值是 _____ .

（8）若 $\sin\alpha = 2\cos\alpha > 0$，求下列各式的值.

① $\sin\alpha$；　　　　　　② $\dfrac{3\sin\alpha+2\cos\alpha}{2\sin\alpha-3\cos\alpha}$；

③ $3\sin^2\alpha + 2\sin\alpha\cdot\cos\alpha + 4\cos^2\alpha$；　　④ $\sin^2\alpha - 3\sin\alpha\cdot\cos\alpha + 1$.

（9）已知 $\sin x + \cos x = a$，求值：

① $\sin x\cos x$；

② $\tan x + \dfrac{1}{\tan\alpha}$.

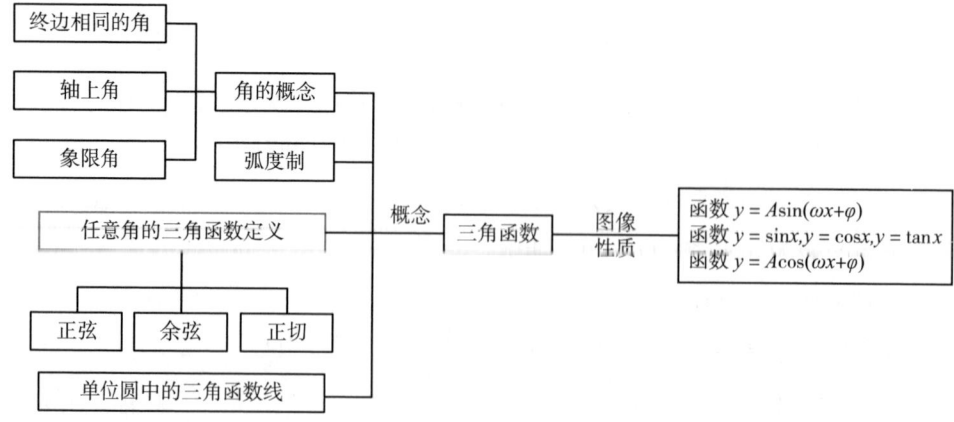

图 2.36　知识点④

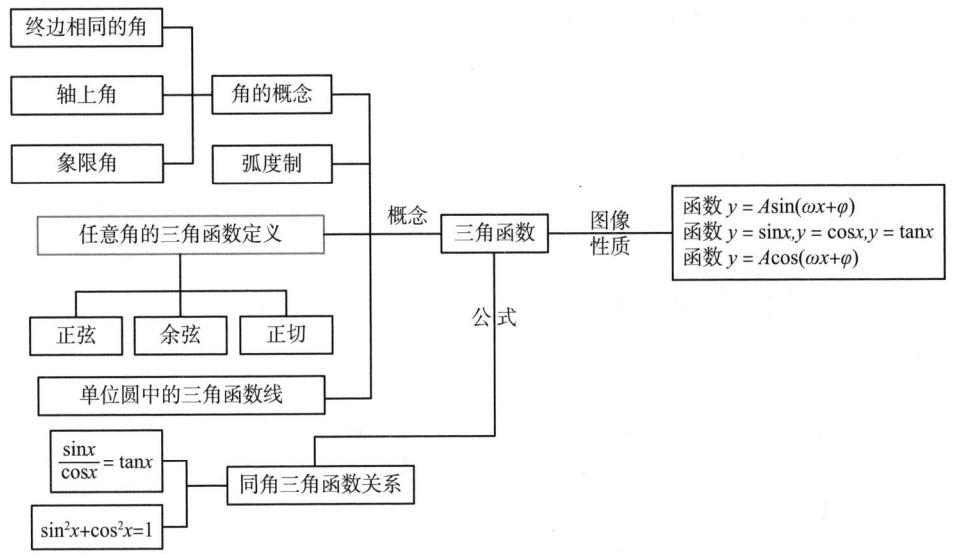

图 2.37　知识点⑤

3. 对诱导公式的再认识

$\sin(\pi - x) = \sin x$

$\sin(2\pi - x) = -\sin x \Leftrightarrow \sin(2\pi - x) + \sin x = 0$

$\sin(2k\pi + \alpha)(k \in \mathbf{Z}) = \sin x$

三种函数理论

轴对称理论：$f(2a - x) = f(x)$　（值等和定）

中心对称理论：$f(x) + f(2a - x) = 2b$　（"双和"定）

周期理论：$f(x + T) = f(x)$　（值等差定）

（1）化简下列各式

1）$(\cos(\pi - \alpha) \cdot \tan(\alpha + \pi) \cdot \dfrac{\tan(-\alpha - \pi)}{\sin(2\pi - \alpha) \cdot \tan(3\pi - \alpha)}$;

2）$\sin\left(\alpha + \dfrac{\pi}{2}\right)$，$\cos\left(\alpha - \dfrac{3}{2}\pi\right)$. $\tan\left(\dfrac{\pi}{2} - \alpha\right)$.

强调：同角三角函数的基本关系式及诱导公式是三角恒等变换的基础！

（2）（自招）已知函数 $f(x) = \dfrac{\sin \pi x}{(x^2 + 1)(x^2 - 2x + 2)}$.

1）那么方程 $f(x) = 0$ 在区间 $[-100, 100]$ 上根的个数为_____.

2）对于下列命题：

①函数 $f(x)$ 是周期函数；

②函数$f(x)$既有最大值又有最小值；

③函数$f(x)$的定义域是R，且其图像有对称轴；

④对于任意$x\in(-1,0)$，$f(x)$单调递减.

其中真命题的序号是_____.（填写出所有真命题的序号）

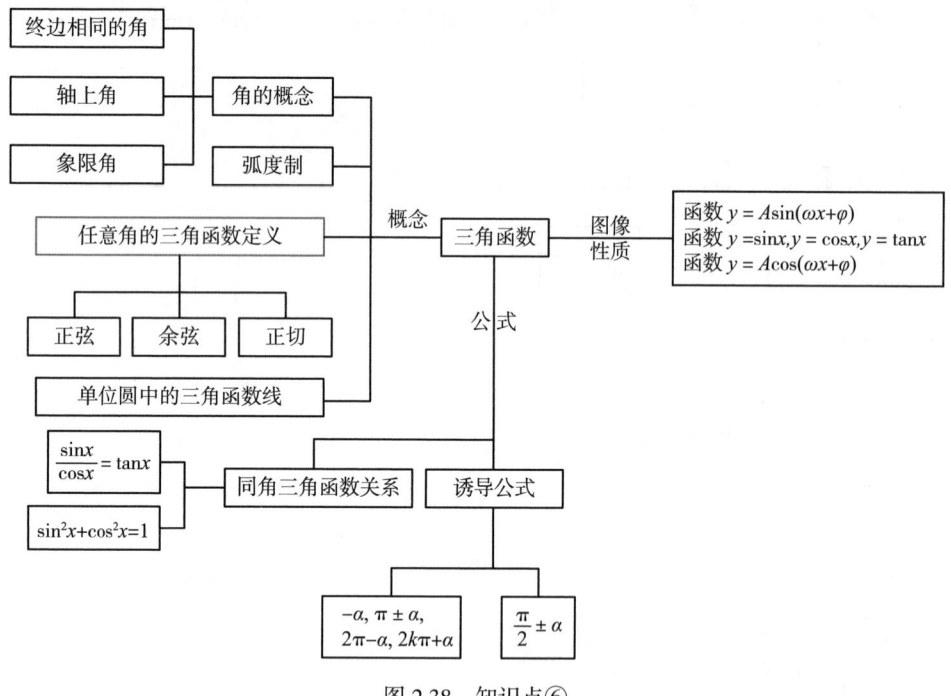

图 2.38　知识点⑥

（3）化简或求值

1）$\sin 70°\sin 65°-\sin 20°\sin 25°$；2）$\dfrac{1+\tan 75°}{1-\tan 75°}$；

3）$\dfrac{3\tan 67.5°}{1-\tan^2 67.5°}$；4）$\tan 17°+\tan 43°+\sqrt{3}\tan 17°\tan 43°$.

（4）（2021年高联一试）设函数$f(x)=\cos x+\log_2 x(x>0)$，若正实数$a$满足$f(a)=f(2a)$，则$f(2a)-f(4a)$的值为_____.

（5）已知a、$b\in\mathbf{R}$，且$a\neq 0$，若$\dfrac{b\cos\dfrac{\pi}{5}-a\sin\dfrac{\pi}{5}}{b\sin\dfrac{\pi}{5}-a\cos\dfrac{\pi}{5}}=\tan\dfrac{2\pi}{15}$，求$\dfrac{b}{a}$的值.

（6）若锐角$\triangle ABC$的面积为$10\sqrt{3}$，且$AB=5$，$AC=8$，则$BC=$_____.

（7）已知在△ABC中，∠A，∠B，∠C的对边分别为a，b，c.

1）$A = 60°$，$a = 4\sqrt{3}, b = 4\sqrt{2}$，求$\angle B$.

2）$c = \sqrt{3}$，$b = 1$，$B = 30°$，求△ABC的面积.

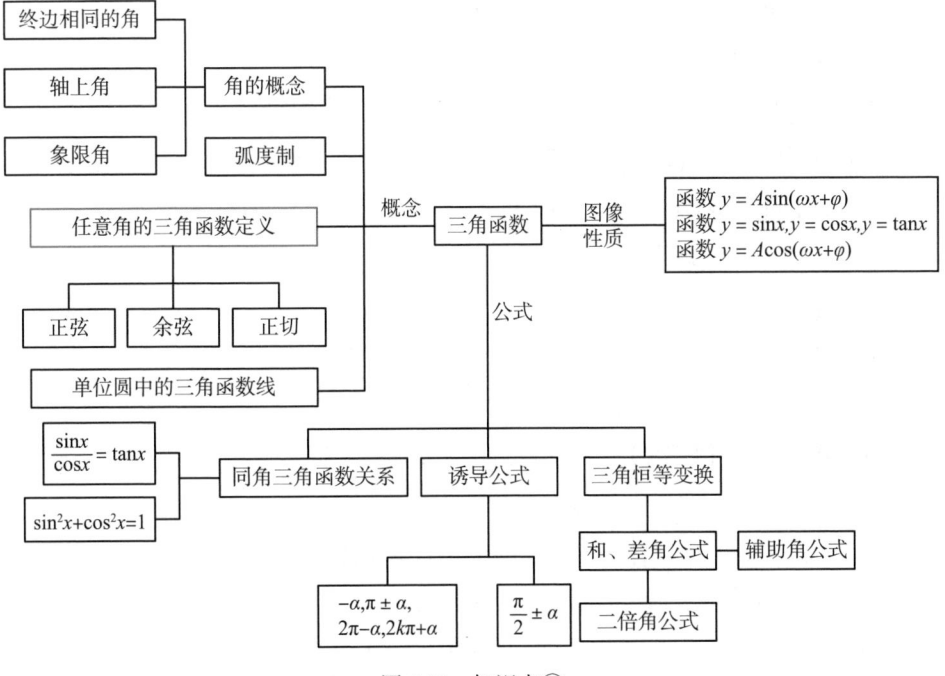

图 2.39　知识点⑦

3）若$\cos A/\cos B = a/b$，则判断△ABC的形状；

4）在△ABC中，$\angle A = \dfrac{2\pi}{3}$，$a = \sqrt{3}c$，$\dfrac{b}{c} =$ _____.

（8）已知在△ABC中，∠A，∠B，∠C的对边分别为a，b，c.

1）若$a = 9$，$b = 2\sqrt{3}\,b$，$C = 150°$，则$c =$ _____；

2）若$a = 7$，$b = 4\sqrt{3}, c = \sqrt{13}$，则最小内角为_____.

问1　已知两角与一边（不妨设为A，B，c），如何解这个三角形？

问2　已知两角与一边（不妨设为A，B，c），如何解这个三角形？（ASA）

① $C = \pi - A - B$;

② 利用正弦定理 $\dfrac{a}{\sin A} = \dfrac{b}{\sin B} = \dfrac{c}{\sin C}$，可求$a$，$b$.

问3　解三角形还有其余的类型吗？你如何解决？

已知两边与一角

3）两边夹一角（SAS）.

已知 a，b（$a \leq b$），C，解这个三角形.

由余弦定理求 $c = \sqrt{a^2 + b^2 - 2ab\cos C}$；

再由正弦定理求 A，$B = \pi - C - A$.

4）两边及一对角（SSA）.

已知 a，b，A，解这个三角形.

①由正弦定理求 B，$C = \pi - A - B$；

②再利用正弦定理求 c.

5）另解.

①由余弦定理求 c；

②再由余弦定理求 B，$C = \pi - A - B$.

两边及一对角（SSA）

已知 a，b，A，解这个三角形.

1）当 $a = b\sin A$ 时，有一解，如图 2.40 ①所示；

2）当 $b\sin A < a < b$ 时，有两解，如图 2.40 ②、图 2.40 ③所示；

3）当 $a \geq b$ 时，有一解，如图 2.40 ④、图 2.40 ⑤所示；

4）当 $0 < a < b\sin A$ 时，无解.

已知三边

已知 a，b，c，解这个三角形.

①由余弦定理 A；

②再由余弦定理求 B，$C = \pi - A - B$.

问题 1 从数学思想方法看，本章的数学思想有哪些？

数学抽象思想、模型思想和数形结合思想.

问题 2 在遇到一个新的函数时，你如何进行研究？

①关注定义域与值域；

②研究函数的性质（奇偶性、单调性、周期性）；

③画出函数的图像（有无特殊值、是否过定点、有无渐近线）.

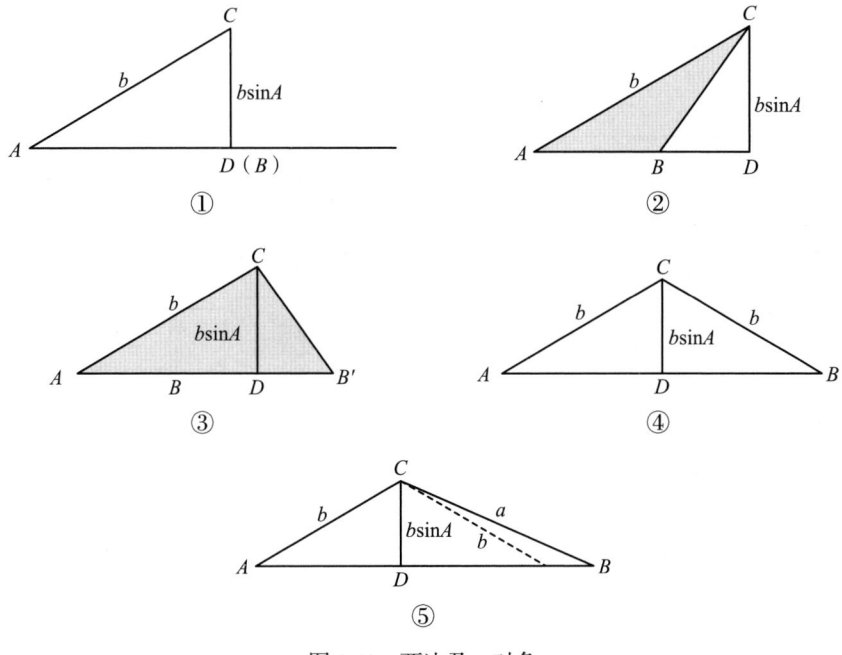

图 2.40 两边及一对角

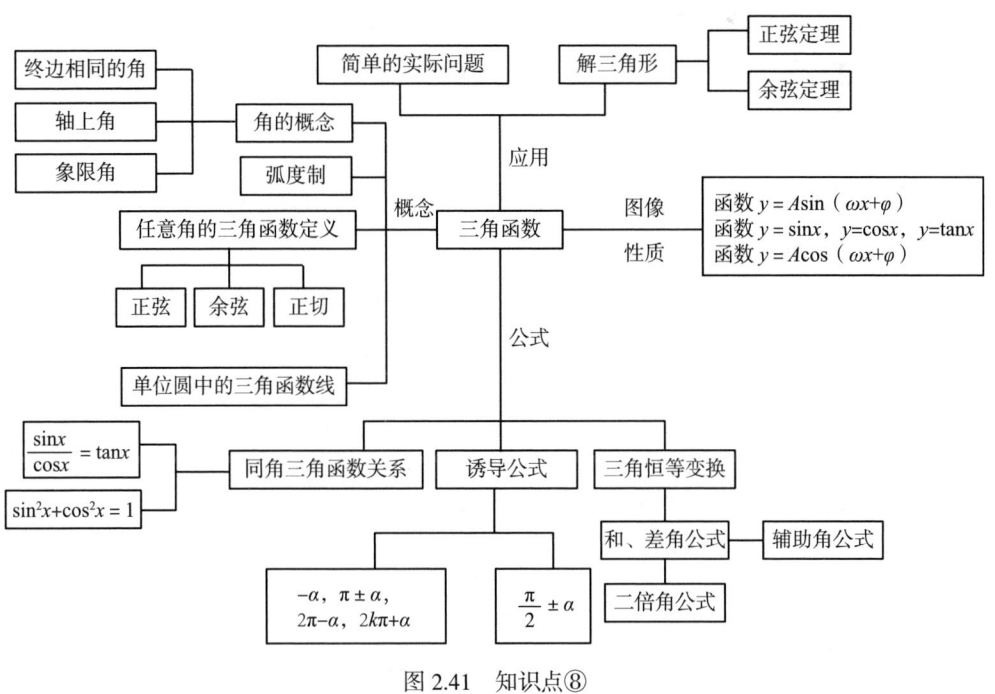

图 2.41 知识点⑧

第二篇 高中数学公式的教学实践

（二）专题复习单元

选题原则．兼顾高频考点、易错点和知识点的全面性（图2.42）．

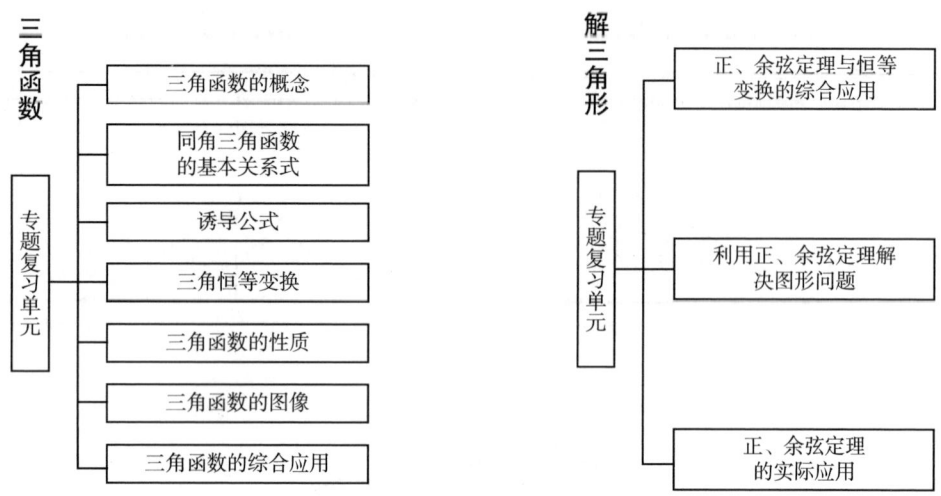

图 2.42　专题复习单元的知识点

1. 专题1，三角函数的概念

例 （1）已知角 α 的终边经过点（-4，3），则 $\cos\alpha = $ _____．

（2）已知角 θ 的顶点为坐标原点，始边为 x 轴的正半轴．若（4，y）是角 θ 终边上一点，且 $\sin\theta = -\dfrac{2\sqrt{5}}{5}$，则 $y = $ _____．

选题意图　考查了正、余弦函数的概念与方程的结合；由 $\sin\theta$ 的值可判定角 θ 的位置，从而舍掉增根．

热点追踪　①（2017文9）在平面直角坐标系 xOy 中，角 α 与角 β 均以 Ox 为始边，它们的终边关于 y 轴对称，若 $\sin\alpha = \dfrac{1}{3}$，则 $\sin\beta = $ _____．

②（2021年14）若点 $P(\cos\theta, \sin\theta)$ 与点 $Q\left[\cos\left(\theta + \dfrac{\pi}{6}\right), \sin\left(\theta + \dfrac{\pi}{6}\right)\right]$ 关于 y 轴对称，写出一个符合题意的 $\theta = $ _____．

2. 专题2，同角三角函数的基本关系式

例　已知 $\sin\theta = \dfrac{m-3}{m+5}$，$\cos\theta = \dfrac{4-2m}{m+5}$，则 $\tan\theta = $ _____．

选题意图　①考查平方关系；②考查商数关系；③易错，认为 m 是变量．

热点追踪 ①若 $\sin\alpha = -\dfrac{5}{13}$，且 α 为第四象限角，则 $\tan\alpha$ 的值等于（　　）

A. $\dfrac{12}{5}$ B. $-\dfrac{12}{5}$ C. $\dfrac{5}{12}$ D. $-\dfrac{5}{12}$

②设 $\alpha \in \left(0, \dfrac{\pi}{2}\right)$，$\beta \in \left(0, \dfrac{\pi}{2}\right)$，且 $\tan\alpha = \dfrac{1+\sin\beta}{\cos\beta}$，则（　　）

A. $3\alpha - \beta = \dfrac{\pi}{2}$ B. $3\alpha + \beta = \dfrac{\pi}{2}$

C. $2\alpha - \beta = \dfrac{\pi}{2}$ D. $2\alpha + \beta = \dfrac{\pi}{2}$

③设 $a = \sin33°$，$b = \cos55°$，$c = \tan35°$，则 a，b，c 的大小关系为 _____．

④已知 $\alpha \in \mathbf{R}$，$\sin\alpha + 2\cos\alpha = \dfrac{\sqrt{10}}{2}$，则 $\tan\alpha = $ _____．

3. 专题3，诱导公式

例1 ①已知 $\sin\left(\dfrac{5\pi}{2}+\alpha\right) = \dfrac{1}{5}$，那么 $\cos\alpha = $ _____．

②若 $\cos\left(\dfrac{\pi}{2}+\varphi\right) = \dfrac{\sqrt{3}}{2}\left(|\varphi| < \dfrac{\pi}{2}\right)$，则 $\tan\varphi = $ _____．

③若 $\sin(x-\pi) = -\dfrac{1}{3}$，则 $\cos\left(x - \dfrac{5\pi}{2}\right) = $ _____．

选题意图

诱导公式与同角三角函数关系式的应用．

例2 化简 $\dfrac{\sin2\alpha}{\sin}(\pi+\alpha) + \dfrac{\cos2\alpha+1}{\cos\alpha} = $ _____．

①已知 $\sin\left(\dfrac{5\pi}{2}+\alpha\right) = \dfrac{1}{5}$，那么 $\cos\alpha = $ _____．

②若 $\cos\left(\dfrac{\pi}{2}+\varphi\right) = \dfrac{\sqrt{3}}{2}\left(|\varphi| < \dfrac{\pi}{2}\right)$，则 $\tan\varphi = $ _____．

③若 $\sin(x-\pi) = -\dfrac{1}{3}$，则 $\cos\left(x - \dfrac{5\pi}{2}\right) = $ _____．

选题意图　诱导公式与同角三角函数关系式的应用．

4. 专题4，三角恒等变换

例1　下列计算正确的是（　　）．

A. $\dfrac{\tan1° + \tan61° + \tan121°}{\tan1° \cdot \tan61° \cdot \tan121°} = 3$　　B. $\dfrac{\tan1° + \tan61° + \tan121°}{\tan1° \cdot \tan61° \cdot \tan121°} = -3$

C. $\tan1° \cdot \tan61° + \tan1° \cdot \tan121° + \tan61° \cdot \tan121° = 3$

D. $\tan1° \cdot \tan61° + \tan1° \cdot \tan121° + \tan61° \cdot \tan121° = -3$

选题意图　对两角和的正切公式的变形使用.

例 2　已知 $\sin\left(\dfrac{\pi}{3}+\alpha\right)+\sin\alpha=\dfrac{4\sqrt{3}}{5}$，则 $\sin\left(\alpha+\dfrac{7\pi}{6}\right)$ 的值是 _____.

选题意图　两角和的正弦公式的正用与反用，达到灵活用.

例 3　化简 $\dfrac{\cos 40°}{\cos 25°\sqrt{1-\sin 40°}}=$ _____.

选题意图　二倍角的正、余弦公式及辅助角公式的综合应用.

热点追踪　（1）（2017 理）在平面直角坐标系 xOy 中，角 α 与角 β 均以 Ox 为始边，它们的终边关于 y 轴对称，若 $\sin\alpha=\dfrac{1}{3}$，则 $\cos(\alpha-\beta)=$ _____.

（2）（2017 文）已知函数 $f(x)=\sqrt{3}\cos\left(2x-\dfrac{\pi}{3}\right)-2\sin x\cos x$.

①求 $f(x)$ 的最小正周期；

②求证：当 $x\in\left[-\dfrac{\pi}{4},\dfrac{\pi}{4}\right]$ 时，$f(x)\geqslant -\dfrac{1}{2}$.

（3）（2021 年）函数 $f(x)=\cos x-\cos 2x$，试判断函数的奇偶性及最大值（　　）.

A．奇函数，最大值为 2　　　　B．偶函数，最大值为 2

C．奇函数，最大值为 $\dfrac{9}{8}$　　　　D．偶函数，最大值为 $\dfrac{9}{8}$

（4）若 $\sin\left(\dfrac{\pi}{3}-\alpha\right)=\dfrac{1}{3}$，则 $\cos\left(\dfrac{\pi}{3}+2\alpha\right)=$ _____.

（5）已知 $\sin\alpha-\cos\alpha=\dfrac{1}{3}$，则 $\cos\left(\dfrac{\pi}{2}-2\alpha\right)=$ _____.

（6）已知 $\alpha\in\mathbf{R}$，$\sin\alpha+2\cos\alpha=\dfrac{\sqrt{10}}{2}$，则 $\tan 2\alpha=$ _____.

（7）代数式 $2\sqrt{1+\sin 8}-\sqrt{2+2\cos 8}$ 的值为 _____.

（8）已知函数 $f(x)=(\sin x+\cos x)^2+\cos 2x$.

①求 $f(x)$ 的最小正周期；

②求 $f(x)$ 在区间 $\left[0,\dfrac{\pi}{2}\right]$ 上的最大值和最小值.

5. 专题 5，三角函数的性质

例 1　设 $a=\dfrac{1}{2}\sin 2°+\dfrac{\sqrt{3}}{2}\cos 2°,b=1-2\sin^2 13°,c=\dfrac{\sqrt{3}}{2}$，则 a，b，c 的大小关系是 _____.（从小到大排列）

例 2 已知 $0 < x < \dfrac{\pi}{2}$，且 $\sin\left(2x - \dfrac{\pi}{4}\right) = -\dfrac{\sqrt{2}}{10}$，则 $\sin x + \cos x = $ _____．

选题意图 灵活应用两角和的正弦公式、二倍角的余弦公式以及正、余弦函数的单调性．

热点追踪 （1）设函数 $f(x) = \cos\left(\omega x - \dfrac{\pi}{6}\right)$ $(\omega > 0)$．若 $f(x) \leqslant f\left(\dfrac{\pi}{4}\right)$ 对任意的实数 x 都成立，则 ω 的最小值为 _____．（2018 理）

（2）函数 $f(x) = \sin^2 2x$ 的最小正周期是 _____．（2019 理）

6. 专题 6，三角函数的图像

例 已知函数 $f(x) = 2\sin(\omega x + \varphi)$ 的图像如图 2.43 所示，则 $f\left(\dfrac{7\pi}{12}\right) = $ _____．

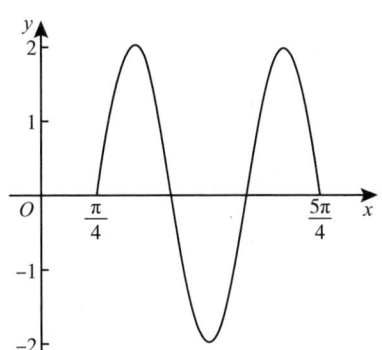

图 2.43　三角函数的图像例 1

选题意图 从图像可判断出函数的性质，提升图形语言与符号语言的等价转化．

用"五点法"画函数 $f(x) = A\sin(\omega x + \varphi)$ $(A > 0, \omega > 0)$ 在同一个周期内的函数图像时，某同学列表并填入的数据如表 2.9 所示．

表 2.9　"五点法"画 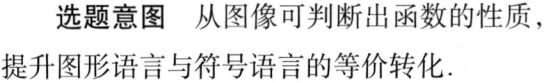 的图像

x	$\dfrac{\pi}{6}$	x_1	$\dfrac{2\pi}{3}$	x_2	x_3
$\omega x + \varphi$	0	$\dfrac{\pi}{2}$	π	$\dfrac{3\pi}{2}$	2π
$A\sin(\omega x + \varphi)$	0	2	0	-2	0

已知函数 $g(x) = f\left(\dfrac{ax}{2} + \dfrac{\pi}{6}\right)$ $(a > 0)$，若函数 $g(x)$ 在区间 $\left[-\dfrac{2\pi}{3}, \dfrac{\pi}{6}\right]$ 上是增函数，求正数 a 的最大值．

问题 1　请你用"五点法"做出函数 $y = 3\sin\left(2x + \dfrac{\pi}{6}\right)$ 的简图．

追问 1　你是如何列表的？

追问 2　为什么要令 $u = 2x + \dfrac{\pi}{6}$ 取 5 个特殊值，而不是直接令 x 取特殊值呢？

追问 3　仅仅只是为了便于描点吗？在数学思想方法和函数本身上你还有没

有别的发现?

追问 4 看来在列表的过程中,我们不经意间用"换元法"将复合函数 $y=3\sin\left(2x+\dfrac{\pi}{6}\right)$ 拆分成内层函数 $u=2x+\dfrac{\pi}{6}$ 和外层函数 $y=3\sin u$,这样做的目的和意义何在?

问题 2 已知函数 $y=3\sin\left(2x+\dfrac{\pi}{6}\right)-2a$ 在 $x\in\left[-\dfrac{\pi}{6},\dfrac{5\pi}{6}\right]$ 上有 3 个零点,求实数 a 的值.

学生 1 原问题可转化为 $y=\sin\left(2x+\dfrac{\pi}{6}\right)$,$x\in\left[-\dfrac{\pi}{6},\dfrac{5\pi}{6}\right]$ 与 $y=\dfrac{2a}{3}$ 的图像的交点个数问题,观察这两个函数图像即可求得.

学生 2 令 $u=2x+\dfrac{\pi}{6}$,则 $u\in\left[-\dfrac{\pi}{6},\dfrac{5\pi}{6}\right]$,问题转化成函数 $y=\sin u$ 与 $y=\dfrac{2a}{3}$ 的图像的交点个数问题,画图即可求解.

追问 5 这两种方法哪种更好呢,为什么?

学生 3 $y=\sin\left(2x+\dfrac{\pi}{6}\right)$,$x\in\left[-\dfrac{\pi}{6},\dfrac{5\pi}{6}\right]$ 的图像明显不如 $y=\sin u$,$u\in\left[-\dfrac{\pi}{6},\dfrac{5\pi}{6}\right]$ 的图像好画,第二种方法更好.

追问 6 当 $x\in\left[0,\dfrac{\pi}{4}\right]$ 时,函数 $f(x)=2\sin\left(\omega x+\dfrac{\pi}{6}\right)-\sqrt{3}$ ($\omega>0$),有且仅有 5 个零点,则 ω 的取值范围为_____.

问题 3 求函数 $y=3\sin\left(2x+\dfrac{\pi}{6}\right)$ 的单调区间.

追问 7 大家能否总结一下,在问题 3 的求解过程中用到了哪些原理和方法呢?

设计意图 通过以上问题的思考和研究,学生厘清了知识的发展脉络,形成了"将特殊问题中积累的数学思想和方法向一般问题进行迁移"的数学基本活动经验,以后再应对此类问题也就能从容不迫、迎刃而解了.

热点追踪 (1)(2020 北京)已知 $\alpha,\beta\in\mathbf{R}$,则"存在 $k\in\mathbf{Z}$,使得 $\alpha=k\pi+(-1)^k\beta$"是"$\sin\alpha=\sin\beta$"的( )

A.充分而不必要条件　　　　B.必要而不充分条件
C.充分必要条件　　　　　　D.既不充分也不必要条件

（2）已知函数 $f(x)=\sin(2x+\varphi)$. 若 $f\left(\dfrac{\pi}{12}\right)-f\left(-\dfrac{5\pi}{12}\right)=2$，则函数 $f(x)$ 的单调增区间为_____.

（3）（2019 北京）设函数 $f(x)=\cos x+b\sin x$（b 为常数），则"$b=0$"是"$f(x)$ 为偶函数"的（　　）

A．充分而不必要条件　　　　B．必要而不充分条件

C．充分必要条件　　　　　　D．既不充分也不必要条件

7. 专题 7，三角函数的综合应用

例 1　函数 $f(x)=\dfrac{1}{5}\sin\left(x+\dfrac{\pi}{3}\right)+\cos\left(x-\dfrac{\pi}{6}\right)$ 的最大值为_____.

选题意图　利用两角和的正弦公式、两角差的余弦公式及辅助角公式化成 $y=A\sin(\omega x+\varphi)$ 的形式求最大值.

例 2　（1）函数 $f(x)=\cos 2x+6\cos\left(\dfrac{\pi}{2}-x\right)$ 的最大值为_____.

（2）函数 $f(x)=\sin^2 2x+\sqrt{3}\cos x-\dfrac{3}{4}\left(x\in\left[0,\dfrac{\pi}{2}\right]\right)$ 的最大值为_____.

选题意图　丰富求函数最值的方法，着眼于正弦函数与二次函数的交汇.

例 3　函数 $f(x)=\sin(\omega x+\varphi)\left(\omega>0,|\varphi|\leqslant\dfrac{\pi}{2}\right)$，$x=-\dfrac{\pi}{4}$ 为 $f(x)$ 的零点，$x=\dfrac{\pi}{4}$ 为 $y=f(x)$ 图像的对称轴，且 $f(x)$ 在 $\left(\dfrac{\pi}{18},\dfrac{5\pi}{36}\right)$ 单调，则 ω 的最大值为（　　）

A．11　　　B．9　　　C．7　　　D．5

选题意图　对函数 $y=A\sin(\omega x+\varphi)$ 性质的全面考查.

例 4　已知函数 $f(x)=2\sin x+\sin 2x$，则 $f(x)$ 的最小值为_____.

选题意图　对未知的新函数如何进行研究.

热点追踪　（1）（2019 文）如图 2.44 所示，A，B 是半径为 2 的圆周上的定点，P 为圆周上的动点，$\angle APB$ 为锐角，大小为 β，图中阴影区域的面积的最大值为（　　）

A．$4\beta+4\cos\beta$　　　B．$4\beta+4\sin\beta$

C．$2\beta+2\cos\beta$　　　D．$2\beta+2\sin\beta$

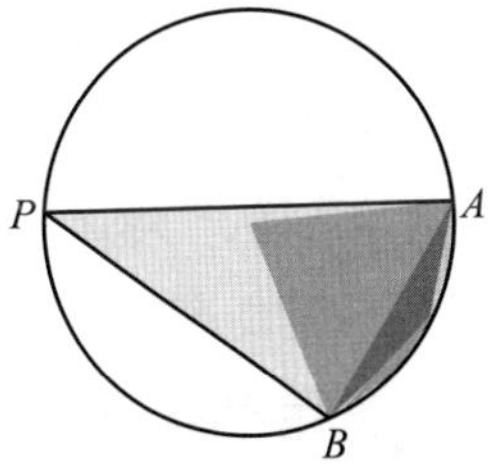

图 2.44　热点追踪

（2）（2020 年）若函数 $f(x)=\sin(x+\varphi)+\cos x$ 的最大值为 2，则常数 φ

的一个取值为_____.

（3）（2014 理）设函数 $y = A\sin(\omega x + \varphi)$（$A$，$\omega$，$\varphi$ 是常数，$A>0$，$\omega>0$），若 $f(x)$ 在区间 $\left[\dfrac{\pi}{6},\dfrac{\pi}{2}\right]$ 上具有单调性，且 $f\left(\dfrac{\pi}{2}\right)=f\left(\dfrac{\pi}{3}\right)=-f\left(\dfrac{\pi}{6}\right)$，则 $f(x)$ 的最小正周期为_____.

8. 专题 8，正、余弦定理与恒等变换的综合应用

例　已知 $a\sin\dfrac{A+C}{2}=b\sin A$.

①求 B；

②若 △ABC 为锐角三角形，且 $c=1$，求 △ABC 面积的取值范围.

选题意图　正、余弦定理、三角函数恒等变换、三角函数的有界性协同求函数的取值范围.

热点追踪　（1）（2019 年）在 △ABC 中，$a=3$，$b-c=2$，$\cos B=-\dfrac{1}{2}$.

①求 b，c 的值；

②求 $\sin(B+C)$ 的值.

（2）（2021 年）已知在 △ABC 中，$c=2b\cos B$，$C=\dfrac{2\pi}{3}$.

①求 B 的大小；

②在下列三个条件中选择一个作为已知，使 △ABC 存在且唯一确定，并求出 BC 边上的中线的长度.

a. $c=2b$；b. 周长为 $4+2\sqrt{3}$；c. 面积为 $S_{\triangle ABC}=\dfrac{3\sqrt{3}}{4}$.

（3）（2017 理）在 △ABC 中，$\angle A=60°$，$c=3a/7$.

①求 $\sin C$ 的值；

②若 $a=7$，求 △ABC 的面积.

9. 专题 9，正、余弦定理的实际应用

例　从气球 A 上测得正前方的河流的两岸 B、C 的俯角分别为 75°、30°，此时气球的高度是 60 米，则河流的宽度 $BC=$_____.

选题意图　解三角形与实际相结合.

10. 专题 10，利用正、余弦定理解决图形问题

热点追踪　（2018 理）在 △ABC 中，$a=7$，$b=8$，$\cos B=-\dfrac{1}{7}$.

①求$\angle A$；

②求AC边上的高.

四、关注强基计划

（1）设函数$f_1(x) = \dfrac{x\cos\theta - \sin\theta}{x\sin\theta + \cos\theta}$，$f_{n+1}(x) = f_1[f_n(x)], n \in \mathbf{N}^*$，$\theta$是实常数，则$f_{2021}(x) = $_____.（2021年中科大新生入学考试）

（2）求$\cos\dfrac{\pi}{11} \cdot \cos\dfrac{2\pi}{11} \cdot \cos\dfrac{3\pi}{11} \cdot \cos\dfrac{4\pi}{11} \cdots \cos\dfrac{10\pi}{11}$的值.

（3）求函数$y = x + \sqrt{1-x^2}$的最大值.

解法1：$x \in [-1, 1]$，$y^2 = 1 + 2x\sqrt{1-x^2}$.

要想取到最大值，x必为正数，$y^2 \leqslant 1 + x^2 + 1 - x^2 = 2$；

即$y \leqslant \sqrt{2}$（当且仅当$x = \dfrac{\sqrt{2}}{2}$时取等号）.

解法2：$x \in [-1, 1]$，

令$x = \sin\theta$，$\theta \in \left[-\dfrac{\pi}{2}, \dfrac{\pi}{2}\right]$，$\sqrt{1-x^2} = \sqrt{1-\sin^2\theta} = |\cos\theta| = \cos\theta$；

$y = \cos\theta + \sin\theta = \sqrt{2}\sin\left(\theta + \dfrac{\pi}{4}\right)$，$\theta + \dfrac{\pi}{4} \in \left[-\dfrac{\pi}{4}, \dfrac{3\pi}{4}\right]$；

$\therefore \sin\left(\theta + \dfrac{\pi}{4}\right) \in \left[-\dfrac{\sqrt{2}}{2}, 1\right]$，$\therefore y \in [-1, \sqrt{2}]$；

$\therefore y_{\max} = \sqrt{2}$，此时$\theta + \dfrac{\pi}{4} = \dfrac{\pi}{2}$，$x = \cos\dfrac{\pi}{4} = \dfrac{\sqrt{2}}{2}$.

（4）求值$\left(1 + \cos\dfrac{\pi}{7}\right)\left(1 + \cos\dfrac{3\pi}{7}\right)\left(1 + \cos\dfrac{5\pi}{7}\right)$.

（5）已知$\triangle ABC$不是直角三角形.

①证明：$\tan A \tan B \tan C = \tan A + \tan B + \tan C$；

②若$\sqrt{3}\tan C - 1 = \dfrac{\tan B + \tan C}{\tan A}$，且$\dfrac{1}{\sin 2A} + \dfrac{1}{\sin 2C} = \dfrac{2}{\sin 2B}$，求$\cos\dfrac{A-c}{2}$的值.

（6）求整系数多项式$f(x)$使$f(\sin 10°) = 0$.

（7）设函数$f(x) = ax^3 - 3x + 1$，若对于任意的$x \in [-1, 1]$，都有$f(x) \geqslant 0$成立，则实数$a = $_____.

第九节　谈"直线和圆的方程"的几点看法

1. 充分理解直线方程的分类标准，做到不重不漏，心中有数

（1）按照与 x 轴垂直与否分 $x=a$ 与 $y=kx+b$ 两类

（2）按照与 y 轴垂直与否分 $y=m$ 与 $x=ny+p$ 两类

（3）按照截距分为 $\begin{cases} \text{一截距不存在} \begin{cases} \text{纵截距不存在 } x=a. \\ \text{横截距不存在 } y=b. \end{cases} \\ \text{两截距都存在} \begin{cases} \text{均为零截距(过原点) } y=kx. \\ \text{均为非零截距（不过原点）} \dfrac{x}{a}+\dfrac{y}{b}=1. \end{cases} \end{cases}$

例　已知圆的方程为 $x^2+y^2-6x-8y=0$，过原点作长为 6 的弦，则此弦所在的直线方程为_____.

解：分析知.

（1）直线与 x 轴垂直时，不合题意；

（2）直线的斜率存在时：设直线方程为：$y=kx$，即 $kx-y=0$,

由已知得：圆心到直线的距离为 $d=\dfrac{|3k-4|}{\sqrt{1+k^2}}=4$，解得 $k_1=0, k_2=-\dfrac{24}{7}$

∴ $y=0, 24x+7y=0$.

2. 理解用代数的方法研究几何的本质，但仍要保留几何的特色

例　已知实数 x, y 满足关系 $x^2+y^2-2x-24=0$，则 x^2+y^2 的取值范围是_____.

解法 1　代数法

从代数的角度看，要把二元函数化为一元函数，求取值范围就相当于求一元函数的值域，要研究函数的值域，必须关注定义域. 具体操作上，是消 x 容易呢？还是消 y 容易呢？本题消 y 容易，由 $(x-1)^2+y^2=25, x\in[-4,6]$，得：

$y^2=-x^2+2x+24, x\in[-4,6]$,

∴ $x^2+y^2=x^2-x^2+2x+24=2x+24\in[16,36]$.

解法 2　几何法

令 $x^2+y^2=r^2$，两圆有公共点，当且仅当两圆相切时有最值（图 2.45），

当⊙O、⊙O_1内切时，$(x^2+y^2)_{\min}=16$；

当⊙O、⊙O_1外切时，$(x^2+y^2)_{\max}=36$，

∴ $x^2+y^2 \in [16,36]$.

显然，取值范围的界定是通过圆与圆相切的特殊位置来实现的.

3. 挖掘图形的性质，体会图形之美

从一点作圆的最长弦与最短弦（图 2.46）

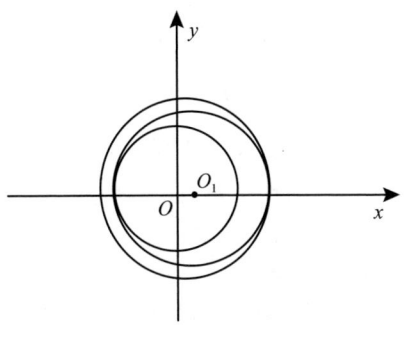

图 2.45　几何法

（1）点在圆内的圆心处

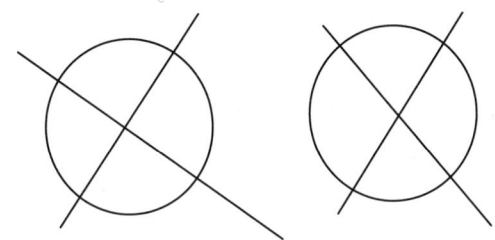

图 2.46　点在圆内的圆心处

所有弦长均相等，既是最长弦，又是最短弦！无数条最长弦，无数条最短弦.

（2）点在圆内的非圆心处（图 2.47）.

最长弦是直径，只有一条，最短弦与直径垂直，也仅有一条，一般弦有两条关于直径对称！

知道上述事实，再来看下面的高考题：

例 1　过点 $A(11,2)$ 作圆 $x^2+y^2+2x-4y-164=0$ 的弦，其中弦长为整数的共有多少条？

解：圆心为 $C(-1,2)$，$R=13$，$|AC|=12$，最长弦为 26，最短弦长为 10，弦长的范围是 $[10,26]$，最短、最长弦只有一条，中间弦长各两条，故共有 32 条.

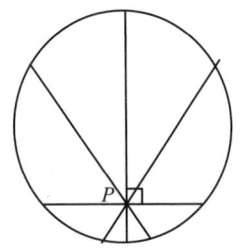

图 2.47　点在圆内的非圆心处

利用图形的性质，简化计算.

例 2　已知圆 $x^2+y^2+x-6y+m=0$ 与直线 $x+2y-3=0$ 的两个交点分别为 P、Q，O 为坐标原点，满足 $OP \perp OQ$，求 m 的值（图 2.48）.

解：圆心 $O_1\left(-\dfrac{1}{2},3\right)$，$R=\sqrt{\dfrac{37}{4}-m}$，$O_1M \perp PQ$ 于 M，设直线 O_1M 的方程为

$2x-y+c=0$，过点 $O_1\left(-\dfrac{1}{2},3\right)$，$\therefore c=4$

联立两直线方程可得

$M(-1,2)$，$\therefore |MO|=\sqrt{5}$，

$\therefore |PM|^2+|O_1M|^2=|PO_1|^2$，

即 $5+\dfrac{1}{4}+1=\dfrac{37}{4}-m$，$\therefore m=3$

4. 体会解析几何的坐标化思想

例 已知在 $\triangle ABC$ 中，$AB=2, AC=\sqrt{2}BC$，求 $S_{\triangle ABC}$ 最大值.

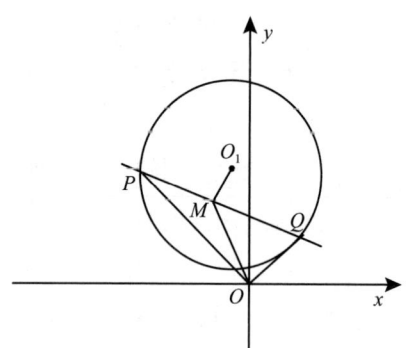

图 2.48 例 2

分析：AB 为定线段，A, B 为定点，C 为动点，动点在运动的时候，轨迹是静止的呢？还是运动变化的呢？由已知得，动点 C 到两定点 A, B 的距离之比为定值 $\sqrt{2}$，这说明动点 C 的轨迹是定的.

解法 1　从几何角度看

以直线 AB 为 x 轴、线段 AB 的中垂线为 y 轴建立如图 2.49 所示的坐标系，则

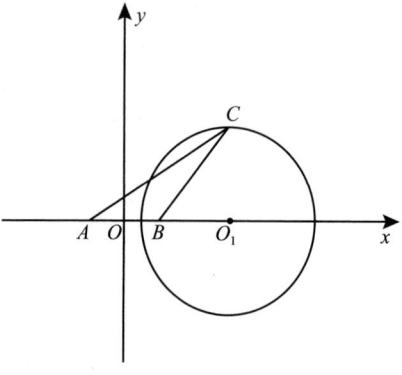

图 2.49　解法 1

$A(-1,0), B(1,0)$，设 $C(x,y)$，$\dfrac{\sqrt{(x+1)^2+y^2}}{\sqrt{(x-1)^2+y^2}}=\sqrt{2}$，$\therefore (x-3)^2+y^2=8$.

$S_{\triangle ABC}=\dfrac{1}{2}|AB|\cdot|y_C|=|y_C|, \therefore (S_{\triangle ABC})_{\max}=2\sqrt{2}$.

解法 2　从代数角度看

设 $|BC|=x, |AC|=\sqrt{2}x, 2x^2=x^2+4-4x\cos\theta$，

$\therefore \cos\theta=\dfrac{4-x^2}{4x}$，$S_{\triangle ABC}=x\sin\theta=x\sqrt{1-\left(\dfrac{4-x^2}{4x}\right)^2}=\dfrac{1}{4}\sqrt{-(x^2-12)^2+128}$，

$\therefore (S_{\triangle ABC})_{\max}=2\sqrt{2}$.

第三篇
强基计划与竞赛中的公式教学

第一章 对称式与轮换对称式

1. 基本概念

定义 1 一个 n 元代数式 $f(x_1, x_2, \cdots, x_n)$，如果交换任意两个字母的位置后，代数式不变，即对于任意的 $i, j (1 \leq i < j \leq n)$，都有 $f(x_1, \cdots, x_i, \cdots, x_j, \cdots, x_n) = f(x_1, \cdots, x_j, \cdots, x_i, \cdots, x_n)$.

那么，就称这个代数式为 n 元对称式. 简称对称式.

例如，$x + y, xy, \dfrac{x+y}{xy}, x^2 + y^2 + z^2, xy + yz + zx$ 都是对称式.

如果 n 元对称式是一个多项式，那么称这个代数式为 n 元对称多项式.

由定义 1 知，在对称式中，必包含任意交换两个字母所得的一切项. 例如，在对称多项式 $f(x, y, z)$ 中，若有 ax^3 项，则必有 ay^3, az^3 项；若有 bx^2y 项，则必有 $bx^2z, by^2z, by^2x, bz^2x, bz^2y$ 项，这些项叫作对称式的同形项，同形项的系数都相同.

根据对称多项式的定义，可以写出含 n 个字母的对称多项式的一般形式. 例如，含有三个字母 x, y, z 的二次对称多项式的一般形式是：$a(x^2 + y^2 + z^2) + b(xy + yz + zx) + c(x + y + z) + d$.

定义 2 如果一个 n 元多项式的各项的次数均等于同一个常数 r，那么称这个多项式为 n 元 r 次齐次多项式.

由定义 2 知，n 元多项式 $f(x_1, x_2, \cdots, x_n)$ 是 r 次齐次多项式，当且仅当对任意实数 t 有 $f(tx_1, tx_2, \cdots, tx_n) = f(x_1, x_2, \cdots, x_n)$.

例如，含三个字母的三元三次齐次对称式为：

$a(x^3 + y^3 + z^3) + b(x^2y + x^2z + y^2x + y^2z + z^2x + z^2y) + cxyz$.

定义 3 一个 n 元代数式 $f(x_1, x_2, \cdots, x_n)$，如果交换任意两个字母的位置后，代数式均改变符号，即对于任意的 $i, j (1 \leq i < j \leq n)$，都有 $f(x_1, \cdots, x_i, \cdots, x_j, \cdots, x_n) = -f(x_1, \cdots, x_j, \cdots, x_i, \cdots, x_n)$. 那么就称这个代数式为 n 元交代式.

例如，$x - y, (x - y)(y - z)(z - y), \dfrac{x-y}{x+y}$ 均是交代式.

如果一个 n 元交代式是多项式，那么称这个多项式为 n 元交代多项式.

定义 4 一个 n 元代数式 $f(x_1,x_2,\cdots,x_n)$，如果将字母 $x_1,x_2,\cdots,x_n$ 以 x_2 代 x_1，x_3 代 x_2，$\cdots$，x_n 代 x_{n-1}，x_1 代 x_n 后代数式不变，即 $f(x_1,x_2,\cdots,x_n)=f(x_2,x_3,\cdots,x_n,x_1)$，那么称这个代数式为 n 元轮换对称式，简称轮换式.

显然，对称式一定是轮换式，但轮换式不一定是对称式. 例如，$a(x^2+y^2+z^2)$ 是对称式也是轮换式；$b(x^2y+y^2z+z^2x)$ 是轮换式，但不是对称式.

对称式、交代式、轮换式之间有如下性质：

（1）两个同字母的对称式的和、差、积、商仍是对称式.

（2）两个同字母的交代式的和、差是交代式，它们的积、商是对称式.

（3）同字母的对称式与交代式的积、商是交代式.

（4）两个同字母的轮换式的和、差、积、商仍是轮换式.

（5）多变元的交代多项式中必有其中任意两变元之差的因式.

定义 5 下面 n 个对称多项式称为 n 元基本对称多项式.

$$\sigma_1(x_1,x_2,\cdots,x_n)=\sum_{i=1}^{n}x_i,$$

$$\sigma_2(x_1,x_2,\cdots,x_n)=\sum_{1\leqslant i<j\leqslant n}x_ix_j,$$

$\cdots\cdots\cdots$

$$\sigma_n(x_1,x_2,\cdots,x_n)=x_1x_2\cdots x_n.$$

例如，二元基本对称多项式是指 $x+y,xy$，三元基本对称式是指 $x+y+z$，$xy+yz+zx,xyz$.

当你学完了高等代数的时候就会知道，任何一个 n 元对称多项式都可以表示为基本对称多项式的多项式. 这个结论对解题有指导作用.

2. 对称式、轮换式、交代式在解题中的应用

为了初中学生学习的需要，我们在本讲里主要介绍二元和三元的情形，对于多元的情形，只需作类似的处理即可.

下面是利用对称式、轮换式、交代式解题的一些常用技巧.

（1）若 $f(x,y,z)$ 是对称式，则在解题中可设 $x\leqslant y\leqslant z$.

（2）若 $f(x,y,z)$ 是对称式，则当 x,y 满足性质 p 时，$x,z;y,z$ 也满足性质 p.

（3）若 $f(x,y,z)$ 是轮换式，则在解题中可设 x 最大（小），但不能设 $x\leqslant y\leqslant z$.

（4）若 $f(x,y,z)$ 是轮换式，且 x,y 满足性质 p，则 $y,z;z,x$ 也满足性质 p.

（5）若 $f(x,y,z)$ 是交代多项式，则 $x-y, y-z, z-x$ 是 $f(x,y,z)$ 的因式．即 $f(x,y,z)=(x-y)(y-z)(z-x)g(x,y,z)$，其中 $g(x,y,z)$ 是对称式．

在利用对称式做因式分解时，齐次对称多项式，齐次轮换对称多项式，齐次交代多项式是常用的．

齐次对称多项式的一般形式：

（1）二元齐次对称多项式

一次 $a(x+y)$

二次 $a(x^2+y^2)+bxy$

三次 $a(x^3+y^3)+bxy(x+y)$

（2）三元齐次对称多项式

一次 $a(x+y+z)$

二次 $a(x^2+y^2+z^2)+b(xy+yz+zx)$

三次 $a(x^3+y^3+z^3)+b[x^2(y+z)+y^2(z+x)+z^2(x+y)]+cxyz$

判定 $mx+ny+rz$ 是否为多项式 $f(x,y,z)$ 的因式的方法是：令 $mx+ny+rz=0$，计算 $f(x,y,z)$，如果 $f(x,y,z)=0$，那么 $mx+ny+rz$ 就是的因式．在实际操作时，可首先考虑 $mx+ny+rz$ 的如下特殊情形：

$x, x+y, x-y, x+y+z, x-y+z$.

例1 已知多项式 $f(x,y,z)=xy(x^2-y^2)+yz(y^2-z^2)+zx(z^2-x^2)$.

（1）求证：$f(x,y,z)$ 是齐次式；

（2）求证：$f(x,y,z)$ 是轮换式；

（3）求证：$f(x,y,z)$ 是交代式；

（4）分解因式 $f(x,y,z)$.

证明：（1）对于任意实数 t，有

$f(tx,ty,tz)=(tx)(ty)[(tx)^2-(ty)^2]+(ty)(tz)[(ty)^2-(tz)^2]+(tz)(tx)[(tz)^2-(tx)^2]=t^4f(x,y,z)$. $\therefore f(x,y,z)$ 是 4 次齐次式．

（2）$\because f(y,z,x)=y\cdot z(y^2-z^2)+z\cdot x(z^2-x^2)+xy(x^2-y^2)=f(x,y,z)$，$\therefore f(x,y,z)$ 是轮换对称式．

（3）$\because f(y,x,z)=yx(y^2-x^2)+xz(x^2-z^2)+xy(z^2-y^2)=-[xy(x^2-y^2)+yz(y^2-z^2)+zx(z^2-x^2)]=-f(x,y,z)$

$f(y,x,z) = zy(z^2 - y^2) + yx(y^2 - x^2) + xz(x^2 - z^2) = -[xy(x^2 - y^2) + yz(y^2 - z^2) + zx(z^2 - x^2)] = -f(x,y,z)$

$f(y,x,z) = xz(x^2 - z^2) + zx(x^2 - y^2) + yz(y^2 - x^2) = -[xy(x^2 - y^2) + yz(y^2 - z^2) + zx(z^2 - x^2)] = -f(x,y,z)$

$\therefore f(x,y,z)$ 是交代式.

（4）$\because f(x,y,z)$ 是交代多项式，$\therefore (x-y)(y-z)(z-x)$ 是它的因式. 又因为 $f(x,y,z)$ 是 4 次齐项式，所以它还应有一个一次齐次对称式的因式 $k(x+y+z)$，于是 $f(x,y,z)$ 可表示为 $f(x,y,z) = k(x-y)(y-z)(z-x)(x+y+z)$.

令 $x=0, y=1, z=2$，得 $1 \times 2 \times (1^2 - 2^2) = k(0-1) \times (1-2) \times (2-0) \times (0+1+2)$，解得 $k = -1$，

$\therefore f(x,y,z) = -(x-y)(y-z)(z-x)(x+y+z)$.

例 2 分解因式 $f(x,y,z) = x^3 + y^3 + z^3 - 3xyz$.

解：显然 $f(x,y,z)$ 是 3 次齐次对称多项式.

令 $x+y+z = 0$，得 $f(x,y,z) = x^3 + y^3 - (x+y)^3 + 3xy(x+y) = [x^3 + 3xy(x+y) + y^3] - (x+y)^3 = (x+y)^3 - (x+y)^3 = 0$.

$\therefore x+y+z$ 是 $f(x,y,z)$ 的一个因式.

故它的另一个因式必为二次齐次对称式. 所以 $f(x,y,z)$ 可表示为 $f(x,y,z) = (x+y+z)[A(x^2 + y^2 + z^2) + B(xy + yz + zx)]$

令 $x=y=0, z=1$，得 $A=1$. 再令 $x=0, y=z=1$，得 $B=-1$.

所以 $f(x,y,z) = (x+y+z)(x^2 + y^2 + z^2 - xy - yz - zx)$.

例 3 分解因式 $f(x,y,z) = 2(x^2y^2 + y^2z^2 + z^2x^2) - (x^4 + y^4 + z^4)$.

解：$\because x^2y^2 + y^2z^2 + z^2x^2$ 是 4 次齐次轮换式，$x^4 + y^4 + z^4$ 是 4 次齐次对称式，

$\therefore f(x,y,z)$ 是 4 次齐次轮换式.

令 $x+y-z = 0$，得 $f(x,y,z) = 2[x^2y^2 + (x^2+y^2)(x+y)^2] - [x^4 + y^4 + (x+y)^4]$
$= -(x^2 - y^2)^2 + (x+y)^2[2x^2 + 2y^2 - (x+y)^2]$
$= -(x^2 - y^2)^2 + (x+y)^2(x-y)^2 = 0$,

$\therefore f(x,y,z)$ 有 $x+y-z$ 的因式，由轮换对称性知，$x-y+z, -x+y+z$ 也是 $f(x,y,z)$ 的因式，从而 $(x+y-z)(x-y+z)(-x+y+z)$ 是 $f(x,y,z)$ 的因式. 因为 $f(x,y,z)$ 围次齐次轮换式，所以它还应有一个一次齐次因式 $k(x+y+z)$.

于是 $f(x,y,z) = k(x+y+z)(-x+y+z)(x-y+z)(x+y-z)$.

令 $x=y=z=1$，得 $3=k(1+1+1)(-1+1+1)(1-1+1)(1+1-1)$，$\therefore k=1$.

故 $f(x,y,z)=(x+y+z)(-x+y+z)(x-y+z)(x+y-z)$.

例 4　分解因式 $f(x,y,z)=(x+y+z)^5-x^5-y^5-z^5$.

解：显然 f 为 x,y,z 的 5 次齐次对称式．令 $x+y=0$，得 $f(x,y,z)=z^5-x^5-y^5-z^5=-x^5-(-x)^5=0$.

$\therefore x+y$ 是 $f(x,y,z)$ 的因式．由对称性知，$y+z, z+x$ 也是 $f(x,y,z)$ 的因式，于是 $(x+y)(y+z)(z+x)$ 是 f 的因式．由于 f 为 5 次齐次对称式，所以还有一个二次齐次对称因式，故可设

$$f(x,y,z)=(x+y)(y+z)(z+x)[A(x^2+y^2+z^2)+B(xy+yz+zx)]$$

令 $x=0, y=z=1$，得

$2A+B=15$，　　　　　　　　　　　　　　　式①

令 $x=y=z=1$，得

$A+B=10$.　　　　　　　　　　　　　　　式②

联立式①、式②解得 $A=B=5$.

$\therefore f(x,y,z)=5(x+y)(y+z)(z+x)(x^2+y^2+z^2+xy+yz+zx)$.

例 5　分解因式 $f(x,y)=x^4+y^4+(x+y)^4$.

解：显然 $f(x,y)$ 是关于 x,y 的 4 次齐次对称式．它显然无 $ax+by$ 的因式，故 $f(x,y)$ 只可能是两个二次齐次对称多项式的积．于是可设

$$f(x,y)=k(x^2+Axy+y^2)(x^2+Bxy+y^2).$$

令 $x=0, y=1$，得 $k=2$.

再令 $x=y=1, x=-y=1$，得

$\begin{cases} 2(A+2)(B+2)=18, \\ 2(A-2)(2-B)=2. \end{cases}$ 解得 $A=B=1$，于是 $f(x,y)=2(x^2+xy+y^2)^2$.

第二章　关于公式 $a^3+b^3+c^3-3abc=(a+b+c)(a^2+b^2+c^2-ab-bc-ac)$ 的应用

例 1 已知 $a+b+c=1, a^2+b^2+c^2=2, a^3+b^3+c^3=3$，求 $a^4+b^4+c^4$ 的值.

解：由于 $a+b+c=1$，两边平方得 $a^2+b^2+c^2+2(ab+bc+ca)=1$，而 $a^2+b^2+c^2=2$，所以 $ab+bc+ca=-\dfrac{1}{2}$.

又因 $(a^2+b^2+c^2)^2=a^4+b^4+c^4+2(a^2b^2+b^2c^2+c^2a^2)$，

而 $a^2b^2+b^2c^2+c^2a^2=(ab+bc+ca)^2-2ab^2c-2abc^2-2a^2bc$

$$=(ab+bc+ca)^2-2abc(a+b+c),$$

实际上，$a^3+b^3+c^3-3abc=(a+b+c)(a^2+b^2+c^2-ab-bc-ac)$，故 $abc=\dfrac{1}{6}$.

因此，$a^2b^2+b^2c^2+c^2a^2=\left(-\dfrac{1}{2}\right)^2-\dfrac{1}{3}=-\dfrac{1}{12}$，所以 $a^4+b^4+c^4=4-2\times\left(-\dfrac{1}{12}\right)=\dfrac{25}{6}$.

例 2 设复数 a,b,c 满足 $a+b+c=a^2+b^2+c^2=0, a^3+b^3+c^3=3$，求 $a^{2024}+b^{2024}+c^{2024}$ 的值.

解：由已知可得 $ab+bc+ca=0$；

又因 $a^3+b^3+c^3-3abc=(a+b+c)(a^2+b^2+c^2-ab-bc-ac)=0$，所以 $abc=1$.

故以 a,b,c 为根的一元三次方程为 $x^3-1=0(a,b,c$ 为虚数$)$，因此 $a^3=b^3=c^3=1$.

所以 $a^{2024}+b^{2024}+c^{2024}=a^2+b^2+c^2=0$.

第三章 柯西不等式的应用

柯西不等式：若 $a_i, b_i \in \mathbf{R}(i=1,2,\cdots,n)$，则 $(a_1^2+a_2^2+\cdots+a_n^2)(b_1^2+b_2^2+\cdots+b_n^2) \geqslant (a_1b_1+a_2b_2+\cdots+a_nb_n)^2$.

当且仅当 $\dfrac{a_1}{b_1}=\dfrac{a_2}{b_2}=\cdots=\dfrac{a_n}{b_n}$ 时等号成立.

例1 已知 $x+2y+3z=1$，求 $x^2+y^2+z^2$ 的最小值.

解：由柯西不等式知：$(1^2+2^2+3^2)(x^2+y^2+z^2) \geqslant (x+2y+3z)^2$，即 $x^2+y^2+z^2 \geqslant \dfrac{1}{14}$.

当且仅当 $\dfrac{x}{1}=\dfrac{y}{2}=\dfrac{z}{3}$ 即 $x=\dfrac{1}{14}, y=\dfrac{1}{7}, z=\dfrac{3}{14}$ 时，$x^2+y^2+z^2$ 的最小值为 $\dfrac{1}{14}$.

例2 求函数 $y=5\sqrt{x-1}+\sqrt{10-2x}$ 的最大值.

解：$y=5\sqrt{x-1}+\sqrt{10-2x}=5\sqrt{x-1}+\sqrt{2}\cdot\sqrt{5-x} \leqslant \sqrt{5^2+(\sqrt{2})^2}\cdot\sqrt{(\sqrt{x-1})^2+(\sqrt{5-x})^2}=6\sqrt{3}$，当且仅当 $x=\dfrac{127}{27}$ 时，函数 $y=5\sqrt{x-1}+\sqrt{10-2x}$ 的最大值为 $6\sqrt{3}$.

例3 已知 $x^2+y^2 \leqslant 1$，求 $x^2+4xy-y^2$ 的最大值.

解：由于 $(x^2+4xy-y^2)^2=[1\cdot(x^2-y^2)+2\cdot 2xy]^2 \leqslant (1^2+2^2)[(x^2-y^2)^2+(2xy)^2]=5(x^2+y^2)^2$ 也就是 $(x^2+4xy-y^2)^2 \leqslant 5 \Leftrightarrow x^2+4xy-y^2 \leqslant \sqrt{5}$.

例4 已知 F_1, F_2 是椭圆和双曲线的公共焦点，P 是它们的一个公共点，且 $\angle F_1PF_2=\dfrac{\pi}{3}$，求椭圆和双曲线的离心率的倒数之和的最大值.

解：不妨设椭圆和双曲线的方程为 $\dfrac{x^2}{a_1^2}+\dfrac{y^2}{b_1^2}=1(a_1>b_1>0), \dfrac{x^2}{a_2^2}-\dfrac{y^2}{b_2^2}=1(a_1>a_2>0, b_2>0), |F_1F_2|=2c$. P 为第一象限的点，

则 $\begin{cases}|PF_1|+|PF_2|=2a_1\\|PF_1|-|PF_2|=2a_2\end{cases}$，故 $\begin{cases}|PF_1|=a_1+a_2\\|PF_2|=a_1-a_2\end{cases}$.

在 $\triangle F_1PF_2$ 中，由余弦定理可得 $4c^2=(a_1+a_2)^2+(a_1-a_2)^2-2(a_1+a_2)(a_1-a_2)$

$\cos\dfrac{\pi}{3}$,化简得 $4c^2 = a_1^2 + 3a_2^2$,即 $\dfrac{1}{e_1^2} + \dfrac{3}{e_2^2} = 4$,而 $\left(\dfrac{1}{e_1} + \dfrac{1}{e_2}\right)^2 \leqslant \left[1^2 + \left(\dfrac{1}{\sqrt{3}}\right)^2\right] \cdot \left[\left(\dfrac{1}{e_1}\right)^2 + \left(\dfrac{\sqrt{3}}{e_2}\right)^2\right] = \dfrac{16}{3}$,所以 $\dfrac{1}{e_1} + \dfrac{1}{e_2} \leqslant \dfrac{4\sqrt{3}}{3}$.

第四章　焦点与准线模型

主要结论

（1）已知椭圆 $C: \dfrac{x^2}{a^2} + \dfrac{y^2}{b^2} = 1(a > b > 0)$ 的右焦点为 F，过 F 且与 x 轴不重合的直线与椭圆 C 交于 P,Q 两点，过点 Q 作 x 轴的平行线交直线 $x = \dfrac{a^2}{c}$ 于点 R，则直线 PR 过定点 $\left(\dfrac{a^2+c^2}{2c}, 0\right)$.

证明：设直线 PQ 的方程为 $x = my + c$，联立方程 $\begin{cases} x = my + c \\ b^2x^2 + a^2y^2 - a^2b^2 = 0 \end{cases}$ 得：

$(a^2 + b^2m^2)y^2 + 2b^2mcy - b^4 = 0$，

设 $P(x_1, y_1), Q(x_2, y_2), R\left(\dfrac{a^2}{c}, y_2\right)$，则 $\begin{cases} y_1 + y_2 = \dfrac{-2b^2mc}{a^2 + b^2m^2} \\ y_1 y_2 = \dfrac{-b^4}{a^2 + b^2m^2} \end{cases}$，

而 PR 的方程为 $y - y_2 = \dfrac{y_2 - y_1}{\dfrac{a^2}{c} - x_1}\left(x - \dfrac{a^2}{c}\right)$，令 $y = 0$，则 $x = \dfrac{a^2}{c} + \dfrac{y_2\left(my_1 - \dfrac{b^2}{c}\right)}{y_2 - y_1}$.

而 $\dfrac{y_2\left(my_1 - \dfrac{b^2}{c}\right)}{y_2 - y_1} = \dfrac{-\dfrac{b^2}{2c}(y_2 - y_1) - \dfrac{b^2}{2c}(y_1 + y_2) + my_1y_2}{y_2 - y_1}$

$= -\dfrac{b^2}{2c} + \dfrac{\dfrac{b^2}{2c} \cdot \dfrac{2b^2mc}{a^2 + b^2m^2} - \dfrac{b^4m}{a^2 + b^2m^2}}{y_2 - y_1} = -\dfrac{b^2}{2c}$，

故 $x = \dfrac{a^2}{c} - \dfrac{b^2}{2c} = \dfrac{a^2 + c^2}{2c}$，因此直线 PR 过定点 $\left(\dfrac{a^2+c^2}{2c}, 0\right)$.

（2）从直线 $x = t$ 上任意一点 P 向椭圆 $\dfrac{x^2}{a^2} + \dfrac{y^2}{b^2} = 1(a > b > 0)$ 的左、右顶点 A_1, A_2 引两条刻线 PA_1, PA_2 与椭圆交于 M, N 两点，则直线 MN 恒过定点 $\left(\dfrac{a^2}{t}, 0\right)$.

证明：设 $P(t,y_0), M(x_1,y_1), N(x_2,y_2), A_1(-a,0), A_2(a,0)$；则 $k_{A_1P} = \dfrac{y_0}{t+a}$, $k_{A_2P} = \dfrac{y_0}{t-a}$；因此 $\dfrac{k_{A_1P}}{k_{A_2P}} = \dfrac{t-a}{t+a}$，$\therefore \dfrac{y_1}{x_1+a} = \dfrac{t-a}{t+a} \cdot \dfrac{y_2}{x_2-a}$，即 $(t-a)y_2(x_1+a) = (t+a)y_1(x_2-a)$，

令直线 MN 的方程为 $x = my + n$，则 $x_1 = my_1 + n, x_2 = my_2 + n$ 代入上式得：

$$2amy_1y_2 + (t+a)(n-a)y_1 - (t-a)(n+a)y_2 = 0 \qquad 式①$$

又因 $k_{A_1M} \cdot k_{A_2M} = k_{A_1N} \cdot k_{A_2N} = -\dfrac{b^2}{a^2}$，所以 $\dfrac{k_{A_1M}}{k_{A_2N}} = \dfrac{k_{A_1N}}{k_{A_2M}}$，即 $\dfrac{y_2}{x_2+a} = \dfrac{t-a}{t+a} \cdot \dfrac{y_1}{x_1-a}$，

$$2amy_1y_2 + (t+a)(n-a)y_2 - (t-a)(n+a)y_1 = 0 \qquad 式②$$

式①－式②得：$2(y_1 - y_2)(nt - a^2) = 0$，又因 $y_1 - y_2 \neq 0$，所以 $n = \dfrac{a^2}{t}$，因此直线 MN 恒过定点 $\left(\dfrac{a^2}{t}, 0\right)$.

第五章 阿基米德三角形的性质

1. 定义

圆锥曲线的弦与过弦的端点的两条切线所围成的三角形叫作阿基米德三角形.

2. 阿基米德三角形的性质（以抛物线为例）

（1）弦 AB 过焦点 F 时：

如图3.1所示，设抛物线方程为 $x^2 = 2py$ ($p > 0$)，过抛物线准线 $y = -\dfrac{p}{2}$ 上一点 $M(x_0, y_0)$ 向抛物线引两条切线，切点分别为 $A(x_1, y_1)$，$B(x_2, y_2)$. 则以点 M 和两切点 A, B 围成的 $\triangle MAB$，有如下性质：

性质 1 直线过抛物线的焦点 F.

证明：因为 $y' = \dfrac{x}{p}$，所以切线 MA 的方程为 $y = \dfrac{x_1 x}{p} - \dfrac{x_1^2}{2p}$，同理

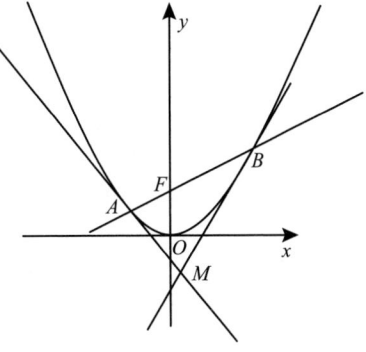

图3.1 阿基米德三角形的性质

MB 的方程为 $y = \dfrac{x_2 x}{p} - \dfrac{x_2^2}{2p}$，联立两条的切线方程可得交点 M 的横坐标为 $\dfrac{x_1 + x_2}{2}$，故 $\dfrac{x_1}{p} \cdot \dfrac{x_1 + x_2}{2} - \dfrac{x_1^2}{2p} = -\dfrac{p}{2}$，因此 $x_1 x_2 = -p^2$.

直线 AB 的斜率 $k_{AB} = \dfrac{y_1 - y_2}{x_1 - x_2} = \dfrac{\dfrac{1}{2p}(x_1^2 - x_2^2)}{x_1 - x_2} = \dfrac{x_1 + x_2}{2p}$，

直线 AB 的方程为 $y = \dfrac{x_1^2}{2p} = \dfrac{x_1 + x_2}{2p}(x - x_1) \Leftrightarrow 2py = (x_1 + x_2)x - x_1 x_2$. 于是直线 AB 的方程为 $2py = (x_1 + x_2)x + p^2$，令 $x = 0$，则 $y = \dfrac{p}{2}$，故直线 AB 过焦点 F.

性质 2 直线 AB 的方程为 $x_0 x = p(y_0 + y)$.

证明：切线 MA 的方程为 $y - y_1 = \dfrac{x_1}{p}(x - x_1) \Leftrightarrow p(y + y_1) = x_1 x$，同理 MB 的

方程为 $p(y+y_2)=x_2x$，而点 $MA(x_0,y_0)$ 即在切线 MA 上，又在切线 MB 上，故 $\begin{cases} p(y_0+y_1)=x_1x_0 \\ p(y_0+y_2)=x_2x_0 \end{cases}$，这表明直线 AB 的方程为 $x_0x=p(y_0+y)$.

性质 3 过 F 的直线与抛物线交于 A, B 两点，以 A, B 分别为切点做两条切线，所以这两条切线的交点 $M(x_0,y_0)$ 的轨迹即为抛物线的准线.

证明：由于 $A\left(x_1,\dfrac{x_1^2}{2p}\right), B\left(x_2,\dfrac{x_2^2}{2p}\right), F\left(0,\dfrac{p}{2}\right)$ 三点共线，所以

$$\dfrac{\dfrac{1}{2p}(x_1^2-x_2^2)}{x_1-x_2}=\dfrac{\dfrac{x_1^2}{2p}-\dfrac{p}{2}}{x_1}, \therefore x_1x_2=-p^2.$$

过 A 点的切线方程为 $x_1x=p(y_1+y)$，过 B 点的切线方程为 $x_2x=p(y_2+y)$，两式相比可得：

$$\dfrac{x_1}{x_2}=\dfrac{y+y_1}{y+y_2}, \therefore y=\dfrac{x_2y_1-x_1y_2}{x_1-x_2}=\dfrac{x_1x_2}{2p}=-\dfrac{p}{2}.$$

性质 4 $MF \perp AB$.

证明：由前面证明可知 $M\left(\dfrac{x_1+x_2}{2},-\dfrac{p}{2}\right)$，因此 $\overrightarrow{MF}=\left(\dfrac{-x_1-x_2}{2},p\right)$；而 $\overrightarrow{AB}=\left(x_2-x_1,\dfrac{x_2^2-x_1^2}{2p}\right)$；故 $\overrightarrow{MF}\cdot\overrightarrow{AB}=0$，所以 $MF \perp AB$.

性质 5 $AM \perp MB$.

证明：可得 $\overrightarrow{MA}=\left(\dfrac{x_1-x_2}{2},\dfrac{x_1^2+p^2}{2p}\right), \overrightarrow{MB}=\left(\dfrac{x_2-x_1}{2},\dfrac{x_2^2+p^2}{2p}\right)$；且 $x_1x_2=-p^2$.

所以 $\overrightarrow{MA}\cdot\overrightarrow{MB}=\dfrac{-x_1^2-x_2^2+2x_1x_2}{4}+\dfrac{x_1^2x_2^2+p^2(x_1^2+x_2^2)+p^4}{4p^2}$，

即 $\overrightarrow{MA}\cdot\overrightarrow{MB}=\dfrac{-x_1^2-x_2^2-2p^2}{4}+\dfrac{x_1^2+x_2^2+2p^2}{4}=0$，故 $AM \perp MB$.

性质 6 线段 AB 的中点为 N，则 NM 平行于抛物线的对称轴.

证明：显然 $x_N=x_M$，$\therefore NM // y$ 轴，即 NM 平行于抛物线的对称轴.

性质 7 $S_{\triangle ABM}$ 的最小值为 p^2.

证明：因为 $S_{\triangle MAB}=\dfrac{1}{2}|AB|\cdot|MF|=\dfrac{1}{2}|y_1+y_2+p|\cdot\sqrt{\left(\dfrac{x_1+x_2}{2}\right)^2+p^2}=\dfrac{1}{8p}(\sqrt{x_1^2+x_2^2+2p^2})^3$，而 $\sqrt{x_1^2+x_2^2+2p^2}=\sqrt{x_1^2+\dfrac{p^4}{x_1^2}+2p^2}\geqslant\sqrt{2p^2+2p^2}=2p$，当且仅

当 $y_1 = y_2 = \dfrac{p}{2}$ 时，等号成立；此时 $S_{\triangle ABM}$ 的最小值为 $\dfrac{1}{8p}(2p)^3 = p^2$.

请读者试着证明弦 AB 不过焦点 F 时的性质.

（2）弦 AB 不过焦点 F 时：

性质 1 阿基米德三角形边 AB 上的中线平行于抛物线的对称轴.

性质 2 阿基米德三角形边 AB 过抛物线内部的定点 $C(x_0, y_0)$，且点 M 的轨迹为直线 $y_0 y = p(x + x_0)$.

性质 3 若点 M 的轨迹为直线 $ax + by + c = 0$，且该直线与抛物线没有公共点，则定点 $C\left(\dfrac{c}{a}, -\dfrac{bp}{a}\right)$.

性质 4 阿基米德三角形的面积的最大值为 $\dfrac{a^3}{8p}$.

性质 5 $\angle MFA = \angle MFB, |PF|^2 = |AF| \cdot |BF|$.

第六章　棣莫弗公式

一、教学目标

（1）掌握求复数 $r(\cos\theta + i\sin\theta)$ 的 n 次方根的法则.

（2）通过复数开方公式的推导和运用，培养推理能力和运算能力.

（3）通过对复数 $r(\cos\theta + i\sin)$ 的 n 次方根几何意义的探求，培养和发展数形结合的意识和能力.

二、教学的重点与难点

重点　复数开方公式的推导与运用.

难点　讲清 $\sqrt[n]{r}\left(\cos\dfrac{\theta+2k\pi}{n} + i\sin\dfrac{\theta+2k\pi}{n}\right)$ 表示 n 个不同的复数.

三、教学过程设计

（一）从解方程引入复数开方

师：由研究方程 $x^2 = -1$ 的解引入虚数单位的概念，进而建立复数集. 在复数集中方程 $x^2 = -a(a>0)$ 的解是什么？

生：$x = \pm\sqrt{a}i.$

师：在复数集中 $x^3 = 1$ 的解有几个，是什么？

生甲：可能有 3 个，一个是 $x=1$，另外两个不知道.

生乙：另外两个是 $x_2 = -\dfrac{1}{2} + \dfrac{\sqrt{3}}{2}i, x_3 = -\dfrac{1}{2} - \dfrac{\sqrt{3}}{2}i.$

师：你怎么知道的？

生乙：在乘方运算中 $\left(-\dfrac{1}{2} \pm \dfrac{\sqrt{3}}{2}i\right)^3 = 1.$

师：对. 类似这样的问题，如 $x^3 = 1-i, x^4 = -1$ 的解是什么？为解决这一类问题要研究求复数 $r(\cos\theta + i\sin\theta)$ 的 n 次方根.

（二）探求复数 $r(\cos\theta + i\sin\theta)$ 的 n 次方根，并推导棣莫弗公式

师：求复数 $r(\cos\theta + i\sin\theta)$ 的 n 次方根（提出课题）.

如何研究这一问题呢？首先，我们对复数的 n 次方根有几个值能有一个预测吗？

生：我认为有 n 个.

师：这只是预测，这要通过求复数 $r(\cos\theta + i\sin\theta)$ 的 n 次方根来证实或否定. 如何求复数的 n 次方根？要解决"如何求"，首先要弄清什么是复数 n 次方根？让学生回忆实数集中方根的概念.

复数 n 次方根的意义：如果 $x^n = z (n \in \mathbf{N}^*, z \in \mathbf{C})$，那么 x 叫作 z 的 n 次方根.

因为复数的 n 次方是复数，所以一个复数的 n 次方根也是复数.

师：在建立复数 n 次方根概念的基础上，如何推导复数开 n 次方的公式呢？

由上面分析可知，复数 $r(\cos\theta + i\sin\theta)$ 的 n 次方根仍是复数，设它为 $\rho(\cos\varphi + i\sin\varphi)$，那么这两个复数有什么联系呢？

生：$r(\cos\theta + i\sin\theta) = [\rho(\cos\varphi + i\sin\varphi)]^n \ (n \in \mathbf{N}^*)$.

师：求复数的 n 次方根的问题，就转化为在上面等式中求出 ρ 和 φ.

$$r(\cos\theta + i\sin\theta) = [\rho(\cos\varphi + i\sin\varphi)]^n = \rho^n(\cos n\varphi + i\sin n\varphi). \qquad 式①$$

这样就得到两个用三角形式表示的复数. 两个用三角形式表示的复数相等的充要条件是什么？

生：它们的模相等，辐角可以相差 2π 的整数倍.

师：由式①可得

$$\begin{cases} \rho^n = r \\ n\varphi = \theta + 2k\pi (k \in \mathbf{Z}). \end{cases}$$

由此可知，$\begin{cases} \rho = \sqrt[n]{r} \\ \varphi = \dfrac{\theta + 2k\pi}{n} (k \in \mathbf{Z}). \end{cases}$

因此 $r(\cos\theta + i\sin\theta)$ 的 n 次方根是 $\sqrt[n]{r}\left(\cos\dfrac{\theta + 2k\pi}{n} + i\sin\dfrac{\theta + 2k\pi}{n}\right)(k \in \mathbf{Z})$.

由复数 n 次方根的意义和复数相等的条件，得到复数 n 次方根的表达式，下面的工作是什么？

生甲：用公式解题.

生乙：这个公式还没有推导完，它表示几个值？各是什么？还要对公式进一步认识.

师：对，首先要认识公式. 对一个数学公式通常从以下几个方面认识：公式的推导；公式成立的条件；公式所反映的数量关系；公式的使用.

对公式的推导，不是停留在重复推导过程上，而是要求提炼推导的基本想法和所运用的基础知识，本公式是运用复数 n 次方根的概念和复数相等条件，建立方程求解方程推导的．

公式成立的条件是：$n \in \mathbf{N}^*$，也就是说，我们研究的是复数开正整数次方．

对公式数量关系的认识：$\sqrt[n]{r}\left(\cos\dfrac{\theta+2k\pi}{n}+i\sin\dfrac{\theta+2k\pi}{n}\right)(k \in \mathbf{Z})$．　　式②

它表示复数．$\sqrt[n]{r}$ 是复数的模，这里 $r>0$，$\sqrt[n]{r}$ 表示 r 的 n 次算术根，它是一个正实数．问题的关键是对辐角 $\dfrac{\theta+2k\pi}{n}$ 这一表达式的认识．这里的 n 是开方的次数，是一个给定的自然数；式中的 $k \in \mathbf{Z}$ 它可以取任何整数，随着 k 的不同取值式②表示多少个不同的复数？为什么？

（让学生讨论）

生甲：表示无数个不同的复数．

生乙：表示 n 个不同的复数．

师：哪个对，为什么？

生丙：表示 n 个不同的复数对，因为一个复数的 n 次方根有 n 个值．

师：到目前为止，一个复数的 n 次方根有 n 个值这只是我们的推测，并没有证明．但我们可以肯定地说，它不会是无穷多个不同的值，而是有限个，你们说对吗？为什么？

生丁：对，由三角函数的周期性它不会是无穷多个不同的值．

师：这启发我们用三角函数的周期性研究复数 n 次方根的个数．为研究方便，把式子 $\dfrac{\theta+2k\pi}{n}$ 中的常数和变数分开，变形为 $\dfrac{\theta}{n}+\dfrac{2k\pi}{n}(k \in \mathbf{Z})$　　式③

$k=0$ 时，式③为：$\dfrac{\theta}{n}$；

$k=1$ 时，式③为：$\dfrac{\theta}{n}+\dfrac{2\pi}{n}$；

$k=2$ 时，式③为：$\dfrac{\theta}{n}+\dfrac{4\pi}{n}$；

……

$k=n-1$ 时，式③为：$\dfrac{\theta}{n}+\dfrac{2(n-1)\pi}{n}$；

$k=n$ 时，式③为：$\dfrac{\theta}{n}+\dfrac{2n\pi}{n}$．

显然，$k=n$ 与 $k=0$ 时，这两个角相差 2π，由于正弦、余弦函数的周期都是 2π，所在公式②中它们表示同一个复数．

同理，$k=n+1, n+2, \cdots, n+(n-1)$ 与 $k=1,2,\cdots,n-1$ 所表示的复数对应相等．

因此，当 k 取 $0,1,\cdots,n-1$ 各值时，就可以得到式②的 n 个值．由于正弦、余弦函数的周期都是 2π，当 $n, n+1, \cdots$ 取 $n, n+1, \cdots$ 时，又重复出现 k 取 $0,1,\cdots,n-1$ 时的结果，所以复数 $r(\cos\theta+i\sin\theta)$ 的 n 次方根是 $\sqrt[n]{r}\left(\cos\dfrac{\theta+2k\pi}{n}+i\sin\dfrac{\theta+2k\pi}{n}\right)$ $(k=0,1,2,\cdots,n-1)$．

让学生叙述复数开 n 次方的法则，教师概括如下：

复数的 $n(n\in \mathbf{N}^*)$ 次方根是 n 个复数，它们的模都等于这个复数的模的 n 次算术根，它们的辐角分别等于这个复数的辐角与 2π 的 $0,1,\cdots,n-1$ 倍的和的 n 分之一．

（三）运用复数开方公式，在运用中深化对复数 n 次方根的认识

例 1 求 $1-i$ 的立方根．

解：因为 $1-i=\sqrt{2}\left(\cos\dfrac{7\pi}{4}+i\sin\dfrac{7\pi}{4}\right)$，所以 $1-i$ 的立方根是

$$\sqrt[6]{2}\cos\left(\dfrac{\dfrac{7\pi}{4}+2k\pi}{3}+i\sin\dfrac{\dfrac{7\pi}{4}+2k\pi}{3}\right)=\sqrt[6]{2}\left[\cos\left(\dfrac{7\pi}{12}+\dfrac{2k\pi}{3}\right)+i\sin\left(\dfrac{7\pi}{12}+\dfrac{2k\pi}{3}\right)\right], (k=0,1,2).$$

即 $1-i$ 的立方根是下面三个复数：

$k=0$ 时为：$\sqrt[6]{2}\left(\cos\dfrac{7\pi}{12}+i\sin\dfrac{7\pi}{12}\right)$；

$k=1$ 时为：$\sqrt[6]{2}\left(\cos\dfrac{5\pi}{4}+i\sin\dfrac{5\pi}{4}\right)$；

$k=2$ 时为：$\sqrt[6]{2}\left(\cos\dfrac{23\pi}{12}+i\sin\dfrac{23\pi}{12}\right)$．

解题后让学生概括求复数 n 次方根的步骤，教师进行归纳总结：

（1）将复数 z 化为三角形式（辐角一般取主值）；

（2）代入开方公式；

（3）将公式中辐角 $\dfrac{\theta+2k\pi}{n}$ 改写为 $\dfrac{\theta}{n}+\dfrac{2k\pi}{n}$；

（4）分别求出复数 z 的 n 个 n 次方根．

几点说明：

1. 将复数 z 化为三角形式时辐角取主值使答案规范

如例 1 中，将 $1-i$ 的辐角取 $-\dfrac{\pi}{4}$ 到 $1-i$ 三次方根的三个复数的辐角分别为

$-\dfrac{\pi}{12}, \dfrac{7\pi}{12}, \dfrac{15\pi}{12}$ 也是正确的，若取 $1-i$ 的辐角主值 $\dfrac{7\pi}{4}$，得到它的三次方根，这三个复数的辐角分别为 $\dfrac{7\pi}{12}, \dfrac{5\pi}{4}, \dfrac{23\pi}{12}$ 答案规范．因此，在使用开方公式时我们一般取 z 的辐角主值．

2. 将公式中的辐角 $\dfrac{\theta+2k\pi}{n}$ 改写为 $\dfrac{\theta}{n}+\dfrac{2k\pi}{n}$

这样改写既便于计算，又使我们对复数 n 次方根的辐角有规律性的认识，这正是我们要进一步研究的．

练习 在复数集 C 中解方程 $x^4+1=0$．

请学生扮演．

解：将方程变形为 $x^4=-1=\cos\pi+i\sin\pi$，

则 $x=\cos\dfrac{\pi+2k\pi}{4}+i\sin\dfrac{\pi+2k\pi}{4}=\cos\left(\dfrac{\pi}{4}+\dfrac{k\pi}{2}\right)+i\sin\left(\dfrac{\pi}{4}+\dfrac{k\pi}{2}\right), (k=0,1,2,3)$．

所以 $x_1=\cos\dfrac{\pi}{4}+i\sin\dfrac{\pi}{4}=\dfrac{\sqrt{2}}{2}+\dfrac{\sqrt{2}}{2}i$，

$x_2=\cos\dfrac{3\pi}{4}+i\sin\dfrac{3\pi}{4}=-\dfrac{\sqrt{2}}{2}+\dfrac{\sqrt{2}}{2}i$，

$x_3=\cos\dfrac{5\pi}{4}+i\sin\dfrac{5\pi}{4}=-\dfrac{\sqrt{2}}{2}-\dfrac{\sqrt{2}}{2}i$，

$x_4=\cos\dfrac{7\pi}{4}+i\sin\dfrac{7\pi}{4}=\dfrac{\sqrt{2}}{2}-\dfrac{\sqrt{2}}{2}i$．

教师讲评 解方程 $x^4=-1$ 就是求 -1 的四次方根．在实数解中无解，在复数集中它有 4 个虚数根．

进一步深化对复数 $r(\cos\theta+i\sin\theta)$ 的 n 次方根的认识．提出以下问题：

师：问题 1，复数 $r(\cos\theta+i\sin\theta)$ 的 n 次方根有几个，它们的模等于什么？

生： 有 n 个，它们的模都等于 r 即 r 的 n 次算术根．

师：问题 2，复数 $r(\cos\theta+i\sin\theta)$ 的 n 次方根的几个辐角有什么规律？

学生讨论，教师归纳总结．

由 n 次方根辐角的表达式：$\dfrac{\theta}{n}+\dfrac{2k\pi}{n}(k=0,1,\cdots,n-1)$ 得出：这 n 个复数的辐角分别是 $\dfrac{\theta}{n}, \dfrac{\theta}{n}+\dfrac{2\pi}{n}, \dfrac{\theta}{n}+\dfrac{4\pi}{n}, \cdots, \dfrac{\theta}{n}+\dfrac{2(n-1)\pi}{n}$，它们组成一个等差数列，其首项是 $\dfrac{\theta}{n}$，公差为 $\dfrac{2\pi}{n}$．

师：**问题3.** 复数 n 的 n 次方根的几何意义是什么？

学生讨论，教师概括总结．

复数 $r(\cos\theta + i\sin\theta)$ 的 n 次方根的几何意义是：这 n 个 n 次方根对应于复平面内的 n 个点，这 n 个点均匀分布在以原点为圆心，以 $\sqrt[n]{r}$ 为半径的圆上，组成一个正 n 边形．

例2 在复数集 C 中解方程 $x^3 = 1$，并证明它的三个根在复平面内是一个正三角形的三个顶点．

解：原方程就是 $x^3 = \cos 0 + i\sin 0$，

所以 $x = \cos\dfrac{0 + 2k\pi}{3} + i\sin\dfrac{0 + 2k\pi}{3} = \cos\left(k \cdot \dfrac{2\pi}{3}\right) + + i\sin\left(k \cdot \dfrac{2\pi}{3}\right), (k = 0, 1, 2).$

即 $x_1 = \cos 0 + i\sin 0 = 1$；

$x_2 = \cos\dfrac{2\pi}{3} + i\sin\dfrac{2\pi}{3} = -\dfrac{1}{2} + \dfrac{\sqrt{3}}{2}i$；

$x_3 = \cos\dfrac{4\pi}{3} + i\sin\dfrac{4\pi}{3} = -\dfrac{1}{2} - \dfrac{\sqrt{3}}{2}i.$

三个根 x_1, x_2, x_3 在复平面内对应点分别为 A, B, C.

因为 $|x_1| = |x_2| = |x_3| = 1$，则三点 A, B, C 在以原点为圆心的单位圆上．

又 x_1, x_2, x_3 的辐角主值分别为 $0, \dfrac{2\pi}{3}, \dfrac{4\pi}{3}$，它们相差 $\dfrac{2\pi}{3}$，则

$\angle AOB = \angle BOC = \angle COA = \dfrac{2\pi}{3}$，

故 $|AB| = |BC| = |AC|$，$\triangle ABC$ 为正三角形．

解题后思考以下问题：

（1）1 的立方根在实数集中有几个值？在复数集中有几个值？各是什么？

生：1 的立方根在实数集有 1 个值，是 1．在复数集 C 中，1 的立方根有 3 个值，有 1 个实数和两个虚数，其中实数为 1，两个虚数是 $-\dfrac{1}{2} + \dfrac{\sqrt{3}}{2}i, -\dfrac{1}{2} - \dfrac{\sqrt{3}}{2}i$.

师：这两个虚数有什么关系？

生：互为共轭复数．

（2）方程 $x^3 = 1$ 除用复数开方公式求解，还有其他解法吗？

生：因式分解法．因为 $x^3 - 1 = (x-1)(x^2 + x + 1) = 0$，所以 $x - 1 = 0$ 或 $x^2 + x + 1 = 0$，故 $x_1 = 1, x_2 = -\dfrac{1}{2} + \dfrac{\sqrt{3}}{2}i, x_3 = -\dfrac{1}{2} - \dfrac{\sqrt{3}}{2}i$.

（四）小结

由实数集扩充到复数集我们对一个数的 n 次方根的认识有了发展. 在复数集 C 中, 复数 $r(\cos\theta+i\sin\theta)$ 的 n 次方根有 n 个值. 这 n 个值可由复数开方公式得到. 它们的对应点在复平面内是以原点为圆心, $\sqrt[n]{r}$ 为半径的圆上正 n 边形的 n 个顶点.

（五）作业

（1）复数 $-i$ 的一个立方根是 i, 它的另外两个立方根是（　　）.

A. $\dfrac{\sqrt{3}}{2}\pm\dfrac{1}{2}i$ 　　B. $-\dfrac{\sqrt{3}}{2}\pm\dfrac{1}{2}i$ 　　C. $\pm\dfrac{\sqrt{3}}{2}+\dfrac{1}{2}i$ 　　D. $\pm\dfrac{\sqrt{3}}{2}-\dfrac{1}{2}i$

（2）求证虚数的平方根仍是虚数.

（3）已知 $\varepsilon_0,\varepsilon_1,\cdots,\varepsilon_{n-1}$ 是非零复数 $r(\cos\theta+i\sin\theta)$ 的 n 个不同的 n 次方根 $(n\geq 3)$.

①求证 $\varepsilon_0,\varepsilon_1,\cdots,\varepsilon_{n-1}$ 组成等比数列；②求和 $S_n=\varepsilon_0+\varepsilon_1+\cdots+\varepsilon_{n-1}$；

③求和 $\varepsilon_0+\varepsilon_1^m+\varepsilon_2^m+\cdots+\varepsilon_{n-1}^m$.

四、作业答案或提示

（1）由复数开方运算的几何意义, 画出 $-i$ 的 3 个立方根在复平面内的对应点, 得出选 D.

（2）用反证法. 假设虚数的平方根是实数, 则它的平方也是实数, 这与原数为虚数矛盾.

（3）$\varepsilon_k=\sqrt[n]{r}\left(\cos\dfrac{\theta+2k\pi}{n}+i\sin\dfrac{\theta+2k\pi}{n}\right)(k=0,1,2,\cdots,n-1)$.

① $\dfrac{\varepsilon_{k+1}}{\varepsilon_k}=\cos\dfrac{2\pi}{n}+i\sin\dfrac{2\pi}{n}$（主值）, 所以 $\varepsilon_0,\varepsilon_1,\cdots,\varepsilon_{n-1}$ 组成 $q=\cos\dfrac{2\pi}{n}+i\sin\dfrac{2\pi}{n}$ 的等比数列；

②因为 $q^n=\left(\cos\dfrac{2\pi}{n}+i\sin\dfrac{2\pi}{n}\right)^n=1$, 则 $S_n=\varepsilon_0+\varepsilon_1+\cdots+\varepsilon_{n-1}=\dfrac{\varepsilon_0(1-q^n)}{1-q}=0$.

③ $S=\begin{cases}n, n\text{整除}m;\\ 0, n\text{不整除}m.\end{cases}$

五、课堂教学设计说明

本节课设计的指导思想是：激发兴趣、注重过程、发展思维、指导学法.

1. 复数的有关知识比较抽象, 离生产、生活实际较远

在复数教学中如何激发学生的学习兴趣, 这是值得思考的问题. 本节以解方

程引入，通过对复数开方公式的推导得出公式，又回到在复数集中解方程 $x^3=1$，求出它的一个实根两个虚根，发展了在实数集中方程 $x^3=1$ 只有一根为 1 的认识. 从学生熟悉的数学问题引入，提出问题，分析问题，解决问题，通过问题解决发展学生的认识，引起学生学习兴趣.

2. 注重对复数开方公式推导过程的教学

复数开方公式推导是本节课的重点也是难点. 在教学中是分四个层次展开的：由解方程引入；由 n 次方根的意义切入；通过复数相等求解；由正弦、余弦函数的周期性确定复数的 n 次方根有 n 个值完成公式的推导. 在推证过程中启发学生探求，发展思维，培养推理能力.

3. 指导学法，会学公式

在学习数学过程中学生遇到许多数学公式，如何认识数学公式，学好公式，会学公式是指导学生学法的一个重要方面. 本节课通过对复数开方公式的分析，从公式推导、公式成立的条件、公式的数量关系、公式所反映的几何意义等方面去认识公式，从公式的运用中深化对公式的认识. 这对学习其他数学公式也是有指导意义的.

第七章　奔驰定理的推广及其应用

一、奔驰定理及其推广

"奔驰定理"是平面向量中一个非常优美的结论，因为这个定理对应的图形与"奔驰"轿车的logo很相似，故也形象地称其为奔驰定理. 奔驰定理：已知 O 是 $\triangle ABC$ 内一点如图 3.2 所示，$\triangle BOC$，$\triangle AOC$，$\triangle AOB$ 的面积分别为 S_A, S_B, S_C，且 $S_A \cdot \overrightarrow{OA} + S_B \cdot \overrightarrow{OB} + S_C \cdot \overrightarrow{OC} = \vec{0}$.

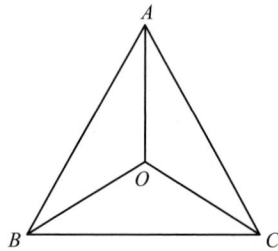

图 3.2　奔驰定理

证明一：如图 3.3 所示，延长 AO 交 BC 于点 D，则

$$\overrightarrow{AO} = \frac{AO}{AD}\overrightarrow{AD} = \frac{AO}{AD}\left(\frac{DC}{BC}\overrightarrow{AB} + \frac{BD}{BC}\overrightarrow{AC}\right)$$

$$= \frac{AO}{AD} \cdot \frac{DC}{BC}(\overrightarrow{OB} - \overrightarrow{OA}) + \frac{AO}{AD} \cdot \frac{BD}{BC}(\overrightarrow{OC} - \overrightarrow{OA})$$

$$= \frac{S_{\triangle AOC}}{S_{\triangle ADC}} \cdot \frac{S_{\triangle ADC}}{S_{\triangle ABC}} \cdot (\overrightarrow{OB} - \overrightarrow{OA}) + \frac{S_{\triangle AOB}}{S_{\triangle ADB}} \cdot \frac{S_{\triangle ADB}}{S_{\triangle ABC}} \cdot (\overrightarrow{OC} - \overrightarrow{OA})$$

$$= \frac{S_{\triangle AOC}}{S_{\triangle ABC}} \cdot \overrightarrow{OB} + \frac{S_{\triangle AOB}}{S_{\triangle ABC}} \cdot \overrightarrow{OC} - \left(\frac{S_{\triangle AOC}}{S_{\triangle ABC}} + \frac{S_{\triangle AOB}}{S_{\triangle ABC}}\right) \cdot \overrightarrow{OA}$$

即 $\left[1 - \left(\dfrac{S_{\triangle AOC}}{S_{\triangle ABC}} + \dfrac{S_{\triangle AOB}}{S_{\triangle ABC}}\right)\right]\overrightarrow{OA} + \dfrac{S_{\triangle AOC}}{S_{\triangle ABC}}\overrightarrow{OB} + \dfrac{S_{\triangle AOB}}{S_{\triangle ABC}} \cdot \overrightarrow{OC} = \vec{0}$，

也就是 $S_A \cdot \overrightarrow{OA} + S_B \cdot \overrightarrow{OB} + S_C \cdot \overrightarrow{OC} = \vec{0}$.

图 3.3　奔驰定理的证明一

证明二：如图3.4所示，作 $\overrightarrow{OA'}=m\overrightarrow{OA},\overrightarrow{OB'}=n\overrightarrow{OB},\overrightarrow{OC'}=t\overrightarrow{OC}$，连接 $\overrightarrow{OA'}+\overrightarrow{OB'}+\overrightarrow{OC'}=\vec{0}$，且 $\overrightarrow{OA'}+\overrightarrow{OB'}+\overrightarrow{OC'}=\vec{0}$，故 O 为 $\triangle A'B'C'$ 的重心且 $S_{\triangle A'OB'}=S_{\triangle B'OC'}=S_{\triangle A'OC'}$.

而 $\dfrac{S_A}{S_{\triangle B'OC'}}=\dfrac{\dfrac{1}{2}OB\cdot OC\cdot\sin\angle BOC}{\dfrac{n}{2}OB\cdot pOC\cdot\sin\angle B'OC'}=\dfrac{1}{np}=\dfrac{m}{mnp},\dfrac{S_B}{S_{\triangle A'OC'}}=\dfrac{1}{mp}=\dfrac{n}{mnp},\dfrac{S_C}{S_{\triangle A'OB'}}=\dfrac{1}{mn}=\dfrac{p}{mnp}$，因此 $m:n:p=S_A:S_B:S_C$，即 $S_A\cdot\overrightarrow{OA}+S_B\cdot\overrightarrow{OB}+S_C\cdot\overrightarrow{OC}=\vec{0}$.

证明三：如图3.5所示建立直角坐标系，设 $|\overrightarrow{OA}|=x,|\overrightarrow{OB}|=y,|\overrightarrow{OC}|=z,\angle AOC=\alpha,\angle AOB=\beta,\angle BOC=\gamma$，则 $\alpha+\beta+\gamma=2\pi$.

$S_A\cdot\overrightarrow{OA}+S_B\cdot\overrightarrow{OB}+S_C\cdot\overrightarrow{OC}=\vec{0}\Leftrightarrow\dfrac{1}{2}yz\sin\gamma(x\cos\alpha,x\sin\alpha)$
$+\dfrac{1}{2}xz\sin\alpha[y\cos(\alpha+\beta),y\sin(\alpha+\beta)]+\dfrac{1}{2}xy\sin\beta(z,0)=(0,0)\Leftrightarrow$
$\begin{cases}\dfrac{1}{2}xyz\cos\alpha\sin\gamma+\dfrac{1}{2}xyz\sin\alpha\cos(\alpha+\beta)+\dfrac{1}{2}xyz\sin\beta=0\\ \dfrac{1}{2}xyz\sin\alpha\sin\gamma+\dfrac{1}{2}xyz\sin\alpha\sin(\alpha+\beta)=0\end{cases}$
$\Leftrightarrow\begin{cases}\cos\alpha\sin\gamma+\sin\alpha\cos(\alpha+\beta)+\sin\beta=0\\ \sin\alpha\sin\gamma+\sin\alpha\sin(\alpha+\beta)=0\end{cases}$.

由于 $\gamma=2\pi-(\alpha+\beta)$，所以 $\cos\alpha\sin\gamma+\sin\alpha\cos(\alpha+\beta)+\sin\beta$
$=-\cos\alpha\sin(\alpha+\beta)+\sin\alpha\cos(\alpha+\beta)+\sin\beta=\sin(-\beta)+\sin\beta$
$=0,\sin\alpha\sin\gamma+\sin\alpha\sin(\alpha+\beta)$
$=\sin\alpha[-\sin(\alpha+\beta)+\sin(\alpha+\beta)]=0$，故得证．

证明一是把向量运算与面积变换融合在一起；证明二是把三角形的重心性质与正弦定理联系在一起；证明三是把向量运算与坐标表示有机地结合在一起.

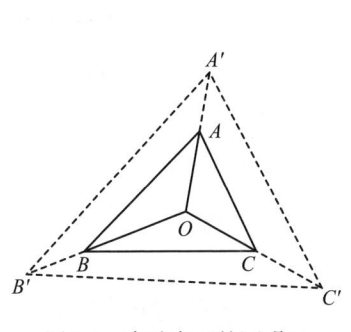
图 3.4 奔驰定理的证明二

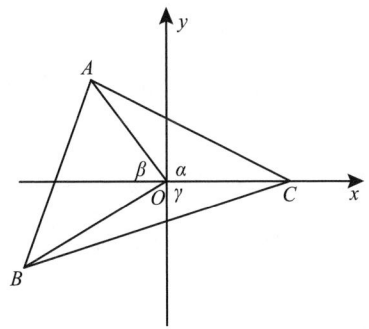
图 3.5 奔驰定理的证明三

向量的奔驰定理实际上揭示了三角形的面积和向量之间的联系，但其应用有局限性，仅限于 $\overrightarrow{OA}$、$\overrightarrow{OB}$、$\overrightarrow{OC}$ 的系数均为正，若系数为负，奔驰定理还会成立吗？

奔驰定理的推广一：已知 O 是 $\triangle ABC$ 所在平面内一点，且 $m\overrightarrow{OA}+n\overrightarrow{OB}+p\overrightarrow{OC}=\vec{0}(m,n,p\in \mathbf{R}, mnp\neq 0)$，则 $S_A:S_B:S_C=|m|:|n|:|p|$。

证明：（1）若 m,n,p 均为正数时，则由奔驰定理可知显然成立；

（2）若 m,n,p 中有两个正数、一个负数时，不妨设 $m>0, n>0, p<0$，如图 3.6 所示，由已知可得 $S_{\triangle A'OB'}=S_{\triangle B'OC'}=S_{\triangle A'OC'}$；

$$\frac{S_A}{S_{\triangle B'OC'}}=\frac{\frac{1}{2}OB\cdot OC\cdot \sin\angle BOC}{\frac{1}{2}OB'\cdot OC'\cdot \sin(\pi-\angle BOC)}=\frac{1}{n|p|}=\frac{|m|}{|mnp|},$$

$$\frac{S_B}{S_{\triangle A'OC'}}=\frac{\frac{1}{2}OA\cdot OC\cdot \sin\angle AOC}{\frac{1}{2}OA'\cdot OC'\cdot \sin(\pi-\angle AOC)}$$

$$=\frac{1}{m|p|}=\frac{|n|}{|mnp|}, \frac{S_C}{S_{\triangle A'OB'}}=\frac{1}{mn}=\frac{|p|}{|mnp|},$$

故 $S_A:S_B:S_C=|m|:|n|:|p|$。

（3）若 m,n,p 中有一个正数、两个负数时，不妨设 $m<0, n<0, p>0$，将等式两边同乘 -1 得：

$-m\overrightarrow{OA}-n\overrightarrow{OB}-p\overrightarrow{OC}=\vec{0}$，令 $-m=m', -n=n', -p=p'$，即 $m'\overrightarrow{OA}+n'\overrightarrow{OB}+p'\overrightarrow{OC}=\vec{0}$，转化为（2）的形式，已证 $S_A:S_B:S_C=|m'|:|n'|:|p'|=|-m|:|-n|:|-p|=|m|:|n|:|p|$。

（4）若 m,n,p 中有三个负数时，即 $m<0, n<0, p<0$，将等式两边同乘 -1 得：$-m\overrightarrow{OA}-n\overrightarrow{OB}-p\overrightarrow{OC}=\vec{0}$，令 $-m=m', -n=n', -p=p'$，即 $m'\overrightarrow{OA}+n'\overrightarrow{OB}+p'\overrightarrow{OC}=\vec{0}$，转化为（1）的形式，已证 $S_A:S_B:S_C=|m'|:|n'|:|p'|=|-m|:|-n|:|-p|=|m|:|n|:|p|$。

综上所述，对于 $\forall m,n,p\in \mathbf{R}, mnp\neq 0$，均有 $S_A:S_B:S_C=|m|:|n|:|p|$。

如果再结合三角形的内心、外心、垂心，则可进一步联系起三角形的边角和向量之间的联系。

奔驰定理的推广二：已知 $\triangle ABC$ 的内角 A,B,C 所对的边分别为 a,b,c，则有：

（1）若点 O 是 $\triangle ABC$ 的内心 $\Leftrightarrow a\overrightarrow{OA}+b\overrightarrow{OB}+c\overrightarrow{OC}=\vec{0} \Leftrightarrow \sin A\overrightarrow{OA}+\sin B\overrightarrow{OB}+\sin C\overrightarrow{OC}=\vec{0}$；

（2）若点 O 是 $\triangle ABC$ 的外心 $\Leftrightarrow \sin 2A\cdot\overrightarrow{OA}+\sin 2B\cdot\overrightarrow{OB}+\sin 2C\cdot\overrightarrow{OC}=\vec{0}$；

（3）若点 O 是 $\triangle ABC$ 的垂心 $\Leftrightarrow \tan A\cdot\overrightarrow{OA}+\tan B\cdot\overrightarrow{OB}+\tan C\cdot\overrightarrow{OC}=\vec{0}$。

证明：（1）如图 3.7 所示，若点 O 是 $\triangle ABC$ 的内心，OD,OE,OF 是内切圆的半径，均为 r。

$\Leftrightarrow S_A\cdot\overrightarrow{OA}+S_B\cdot\overrightarrow{OB}+S_C\cdot\overrightarrow{OC}=\vec{0} \Leftrightarrow S_A:S_B:S_C=\dfrac{1}{2}ar:\dfrac{1}{2}br:\dfrac{1}{2}cr=a:b:c \Leftrightarrow$

$\Leftrightarrow a\overrightarrow{OA}+b\overrightarrow{OB}+c\overrightarrow{OC}=\vec{0}$，再由正弦定理可得 $a:b:c=\sin A:\sin B:\sin C$，故

$a\overrightarrow{OA}+b\overrightarrow{OB}+c\overrightarrow{OC}=\vec{0} \Leftrightarrow \sin A\overrightarrow{OA}+\sin B\overrightarrow{OB}+\sin C\overrightarrow{OC}=\vec{0}$。

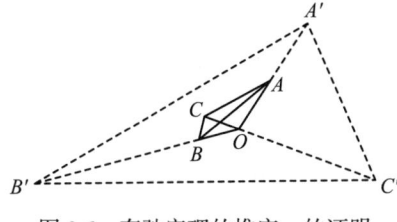
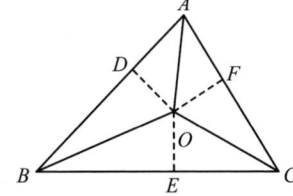

图 3.6　奔驰定理的推广一的证明　　图 3.7　奔驰定理的推广二的证明①

（2）如图 3.8 所示，$\odot O$ 是 $\triangle ABC$ 的外接圆，半径为 R，若点 O 是 $\triangle ABC$ 的外心 $\Leftrightarrow S_A\cdot\overrightarrow{OA}+S_B\cdot\overrightarrow{OB}+S_C\cdot\overrightarrow{OC}=\vec{0} \Leftrightarrow S_A:S_B:S_C=\dfrac{1}{2}R^2\sin\angle BOC:\dfrac{1}{2}R^2\sin\angle AOC:\dfrac{1}{2}R^2\sin\angle AOB=\sin\angle BOC:\sin\angle AOC:\sin\angle AOB=\sin 2A:\sin 2B:\sin 2C$（同弧所对的圆心角是它所对的圆周角的两倍）。

（3）如图 3.9 所示，AD,BE,CF 是高，若点 O 是 $\triangle ABC$ 的垂心

$\Leftrightarrow S_A\cdot\overrightarrow{OA}+S_B\cdot\overrightarrow{OB}+S_C\cdot\overrightarrow{OC}=\vec{0} \Leftrightarrow \dfrac{S_A}{S_B}=\dfrac{\dfrac{1}{2}OC\cdot BF}{\dfrac{1}{2}OC\cdot AF}=\dfrac{BF}{AF}=\dfrac{\dfrac{BF}{CF}}{\dfrac{AF}{CF}}=\dfrac{\dfrac{1}{\tan B}}{\dfrac{1}{\tan A}}=\dfrac{\tan A}{\tan B}$，

$\dfrac{S_B}{S_C}=\dfrac{\dfrac{1}{2}OA\cdot CD}{\dfrac{1}{2}OA\cdot BD}=\dfrac{CD}{BD}=\dfrac{\dfrac{CD}{AD}}{\dfrac{BD}{AD}}=\dfrac{\dfrac{1}{\tan C}}{\dfrac{1}{\tan B}}=\dfrac{\tan B}{\tan C} \Leftrightarrow S_A:S_B:S_C=\tan A:\tan B:\tan C \Leftrightarrow$

$\tan A\cdot\overrightarrow{OA}+\tan B\cdot\overrightarrow{OB}+\tan C\cdot\overrightarrow{OC}=\vec{0}$。

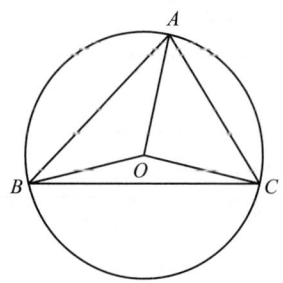 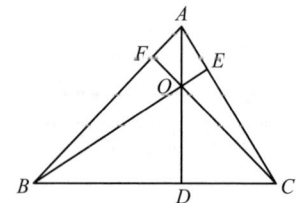

图 3.8 奔驰定理的推广二的证明②　　图 3.9 奔驰定理的推广二的证明③

二、奔驰定理及其推广的应用

例 1 已知点 O 在 $\triangle ABC$ 的内部，且有 $\overrightarrow{OA}+2\overrightarrow{OB}+3\overrightarrow{OC}=\vec{0}$，求 $\triangle ABC$ 与 $\triangle AOC$ 的面积比.

解法一：由奔驰定理可知：$S_A:S_B:S_C=1:2:3$，故 $\dfrac{S_{\triangle ABC}}{S_{\triangle AOC}}=\dfrac{S_A+S_B+S_C}{S_B}=\dfrac{1+2+3}{2}=3:1.$

解法二：由已知可得：$\overrightarrow{OA}+\overrightarrow{OC}+2(\overrightarrow{OB}+\overrightarrow{OC})=\vec{0}$，即 $\overrightarrow{OE}=-2\overrightarrow{OD}$（$D,E$ 分别是 BC,AC 的中点），故点 O 是线段 DE 靠近点 D 的三等分点，如图 3.10 所示，$\dfrac{S_{\triangle ABC}}{S_{\triangle AOC}}=\dfrac{S_{\triangle ABC}}{2S_{\triangle COE}}=\dfrac{S_{\triangle ABC}}{\dfrac{4}{3}S_{\triangle CDE}}=\dfrac{S_{\triangle ABC}}{\dfrac{4}{3}\cdot\dfrac{1}{4}S_{\triangle ABC}}=3:1.$

例 2 已知是在 $\triangle ABC$ 所在的平面内一点，且有 $5\overrightarrow{OA}+4\overrightarrow{OB}-3\overrightarrow{OC}=\vec{0}$，则 $\dfrac{S_{\triangle OAB}}{S_{\triangle OBC}}=$ _____，$\dfrac{S_{\triangle OAB}}{S_{\triangle ABC}}=$ _____．

解：由奔驰定理的推广一可得 $S_{\triangle BOC}:S_{\triangle AOC}:S_{\triangle AOB}=5:4:3$，∴ $\dfrac{S_{\triangle OAB}}{S_{\triangle OBC}}=\dfrac{3}{5}$，$\dfrac{S_{\triangle OAB}}{S_{\triangle ABC}}=\dfrac{S_C}{S_A+S_B-S_C}=\dfrac{3}{5+4-3}=\dfrac{1}{2}.$

例 3 设 O 是 $\triangle ABC$ 所在平面内的一点，$\angle BAC,\angle ABC,\angle ACB$ 分别是 $\triangle ABC$ 的三个内角，它们所对的边分别为 a,b,c，以下命题正确的有_____．（填正确命题的序号）

①若 $\overrightarrow{OA}+2\overrightarrow{OB}+3\overrightarrow{OC}=\vec{0}$，则 $S_A:S_B:S_C=1:2:3$；

②若 $|\overrightarrow{OA}|=|\overrightarrow{OB}|=2,\angle AOB=\dfrac{5\pi}{6},2\overrightarrow{OA}+3\overrightarrow{OB}+4\overrightarrow{OC}=\vec{0}$，则 $S_{\triangle ABC}=\dfrac{9}{2}$；

③若 O 为 $\triangle ABC$ 的内心，$3\overrightarrow{OA}+4\overrightarrow{OB}+5\overrightarrow{OC}=\vec{0}$，则 $\angle C=\dfrac{\pi}{2}$；

④若 O 为 $\triangle ABC$ 的垂心，$3\overrightarrow{OA}+4\overrightarrow{OB}+5\overrightarrow{OC}=\vec{0}$，则 $\cos\angle AOB=-\dfrac{\sqrt{6}}{6}$；

⑤若 $a=b=4, c=6, O$ 是 $\triangle ABC$ 的内心，$\overrightarrow{AO}=x\overrightarrow{AB}+y\overrightarrow{AC}$，则 $x=\dfrac{2}{7}, y=\dfrac{3}{7}$.

解：如图 3.10、图 3.11 所示，由奔驰定理可知①正确；对于②可知 $S_C = S_{\triangle AOB} = \dfrac{1}{2}|\overrightarrow{OA}|\cdot|\overrightarrow{OB}|\cdot\sin\angle AOB = \dfrac{1}{2}\times 2\times 2\times\sin\dfrac{5\pi}{6}=1$，且 $S_A:S_B:S_C=2:3:4$，故 $S_{\triangle ABC}=S_A+S_B+S_C=\dfrac{(2+3+4)}{4}\times 1=\dfrac{9}{4}$，因此②错误；对于③，由奔驰定理推广二知：

$a:b:c=3:4:5$，即 $a^2+b^2=c^2$，故 $\angle C=\dfrac{\pi}{2}$，因此③正确；对于④，由奔驰定理推广二知：

$\tan A:\tan B:\tan C=3:4:5$，不妨设 $\tan A=3k, \tan B=4k, \tan C=5k(k>0)$，在 $\triangle ABC$ 中，$\tan A+\tan B+\tan C=\tan A\tan B\tan C$，$3k+4k+5k=60k^3$，$\therefore k=\dfrac{\sqrt{5}}{5}$，$\tan C=\sqrt{5}$；

由于 $\angle AOB=\dfrac{\pi}{2}+\dfrac{\pi}{2}-C$，故 $\cos\angle AOB=\cos(\pi-C)=-\cos C=-\dfrac{1}{\sqrt{1+\tan^2 C}}=-\dfrac{\sqrt{6}}{6}$，因此④正确；对于⑤，$\overrightarrow{AO}=x(\overrightarrow{OB}-\overrightarrow{OA})+y(\overrightarrow{OC}-\overrightarrow{OA})$，即 $(1-x-y)\overrightarrow{OA}+x\overrightarrow{OB}+y\overrightarrow{OC}=\vec{0}$，由奔驰定理推广二得：$(1-x-y):x:y=4:4:6$，

所以 $x=\dfrac{2}{7}, y=\dfrac{3}{7}$，因此⑤正确；综上，本题的答案为①③④⑤.

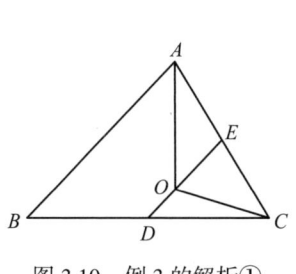
图 3.10 例 3 的解析①

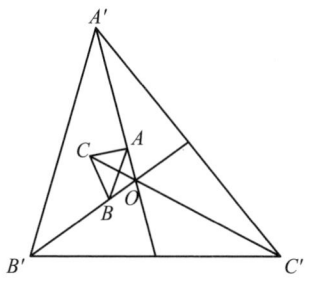
图 3.11 例 3 的解析②

例 4 $\triangle ABC$ 内有点 P 满足 $6\overrightarrow{PA}+3\overrightarrow{PB}+2\overrightarrow{PC}=\vec{0}$.

（1）试确定 P 在 $\triangle ABC$ 内的位置；

（2）求 $\triangle PAB, \triangle PBC, \triangle PCA$ 的面积比.

解：（1）如图 3.12 所示，由 $6\overrightarrow{PA}+3\overrightarrow{PB}+2\overrightarrow{PC}=\vec{0}$，可得 $-6\overrightarrow{AP}+3(\overrightarrow{AB}-\overrightarrow{AP})+$

$2(\overrightarrow{AC}-\overrightarrow{AP})=\vec{0}$,即 $\overrightarrow{AP}=\dfrac{5}{11}\cdot\dfrac{3\overrightarrow{AB}+2\overrightarrow{AC}}{5}=\dfrac{5}{11}\cdot\dfrac{\overrightarrow{AB}+\dfrac{2}{3}\overrightarrow{AC}}{1+\dfrac{2}{3}}$,也就是点 P 分 $\overrightarrow{AD}$ 所成的比为 $\dfrac{5}{6}$,即 $\overrightarrow{AP}=\dfrac{5}{6}\overrightarrow{PD}$;点 D 分 $\overrightarrow{BC}$ 所成的比为 $\dfrac{2}{3}$,即 $\overrightarrow{BD}=\dfrac{2}{3}\overrightarrow{DC}$;因此在 BC 取一分点 D,使 $\dfrac{BD}{DC}=\dfrac{2}{3}$,然后连接 AD,在 AD 再取分点 P,使 $\dfrac{AP}{PD}=\dfrac{5}{6}$.

(2) 由奔驰定理可得 $S_{\triangle PAB}:S_{\triangle PBC}:S_{\triangle PCA}=S_C:S_A:S_B=2:6:3$.

总之,奔驰定理及其推广的出现,有力地把平面向量与解三角形融为一体.

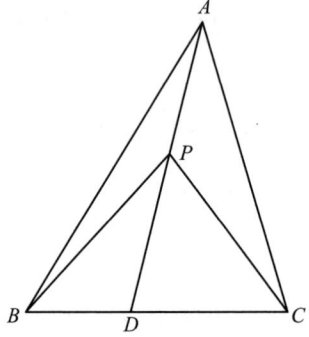

图 3.12 例 4 的解析

第八章 利用三角函数模型公式解决强基求值问题

模型公式 1 $\tan\alpha \cdot \tan\beta = \dfrac{1}{\tan(\alpha-\beta)}(\tan\alpha - \tan\beta) - 1.$

证明：因为 $\tan(\alpha-\beta) = \dfrac{\tan\alpha - \tan\beta}{1+\tan\alpha\tan\beta}$,

所以 $1+\tan\alpha\tan\beta = \dfrac{1}{\tan(\alpha-\beta)}(\tan\alpha - \tan\beta),$

故 $\tan\alpha \cdot \tan\beta = \dfrac{1}{\tan(\alpha-\beta)}(\tan\alpha - \tan\beta) - 1.$

例 1 下列计算正确的是（　　）

A. $\dfrac{\tan 1° + \tan 61° + \tan 121°}{\tan 1° \tan 61° \tan 121°} = 3$

B. $\dfrac{\tan 1° + \tan 61° + \tan 121°}{\tan 1° \tan 61° \tan 121°} = -3$

C. $\tan 1°\tan 61° + \tan 1°\tan 121° + \tan 61°\tan 121° = 3$

D. $\tan 1°\tan 61° + \tan 1°\tan 121° + \tan 61°\tan 121° = -3$

解：利用模型公式 1 可得：

$\tan 1°\tan 61° = \dfrac{1}{\tan 60°}(\tan 61° - \tan 1°) - 1 = \dfrac{\sqrt{3}}{3}(\tan 61° - \tan 1°) - 1,$

$\tan 1°\tan 121° = \dfrac{1}{\tan 120°}(\tan 121° - \tan 1°) - 1 = \dfrac{\sqrt{3}}{3}(\tan 1° - \tan 121°) - 1,$

$\tan 61°\tan 121° = \dfrac{1}{\tan 60°}(\tan 121° - \tan 61°) - 1 = \dfrac{\sqrt{3}}{3}(\tan 121° - \tan 61°) - 1,$

因此 $\tan 1°\tan 61° + \tan 1°\tan 121° + \tan 61°\tan 121° = -3,$ 故 D 选项正确；

令 $\tan 1° = m,$ 则 $\tan 61° = \dfrac{\sqrt{3}+m}{1-\sqrt{3}m}, \tan 121° = \dfrac{-\sqrt{3}+m}{1+\sqrt{3}m};$

因此 $\tan 1° + \tan 61° + \tan 121° = m + \dfrac{\sqrt{3}+m}{1-\sqrt{3}m} + \dfrac{-\sqrt{3}+m}{1+\sqrt{3}m}$

$= \dfrac{-3m(m+\sqrt{3})(m-\sqrt{3})}{(1-\sqrt{3}m)(1+\sqrt{3}m)} = -3\tan 1°\tan 61°\tan 121°,$

即 $\dfrac{\tan 1°+\tan 61°+\tan 121°}{\tan 1°\tan 61°\tan 121°}=-3$,故 B 选项正确,此题正确答案为 BD.

模型公式 2 $\dfrac{\sin\alpha}{\cos(n+1)\alpha\cdot\cos n\alpha}=\tan(n+1)\alpha-\tan n\alpha.$

证明：$\dfrac{\sin\alpha}{\cos(n+1)\alpha\cdot\cos n\alpha}=\dfrac{\sin[(n+1)\alpha-n\alpha]}{\cos(n+1)\alpha\cdot\cos n\alpha}$

$=\dfrac{\sin(n+1)\alpha\cdot\cos n\alpha-\cos(n+1)\alpha\cdot\sin n\alpha}{\cos(n+1)\alpha\cdot\cos n\alpha}$

$=\tan(n+1)\alpha-\tan n\alpha.$

模型公式 3 $\tan n\alpha+\dfrac{\sin\alpha}{\cos(n+1)\alpha\cdot\cos n\alpha}=\tan(n+1)\alpha.$

证明：$\tan n\alpha+\dfrac{\sin\alpha}{\cos(n+1)\alpha\cdot\cos n\alpha}$

$=\dfrac{\sin n\alpha}{\cos n\alpha}+\dfrac{\sin[(n+1)\alpha-n\alpha]}{\cos(n+1)\alpha\cdot\cos n\alpha}$

$=\dfrac{\cos(n+1)\alpha\sin n\alpha+\sin(n+1)\alpha\cdot\cos n\alpha-\cos(n+1)\alpha\sin n\alpha}{\cos(n+1)\alpha\cdot\cos n\alpha}$

$=\tan(n+1)\alpha.$

例 2 若 $\alpha=\dfrac{\pi}{24}$，则 $\dfrac{\sin\alpha}{\cos 4\alpha\cos 3\alpha}+\dfrac{\sin\alpha}{\cos 3\alpha\cos 2\alpha}+\dfrac{\sin\alpha}{\cos 2\alpha\cos\alpha}+\dfrac{\sin\alpha}{\cos\alpha}=$ _____.

解法一：利用模型公式 2，从左往右化简，原式

$=\tan 4\alpha-\tan 3\alpha+\tan 3\alpha-\tan 2\alpha+\tan 2\alpha-\tan\alpha+\tan\alpha=\tan 4\alpha=\tan\dfrac{\pi}{6}=\dfrac{\sqrt{3}}{3}.$

解法二：利用模型公式 3，从右往左化简，原式

$=\tan 2\alpha+\dfrac{\sin\alpha}{\cos 3\alpha\cos 2\alpha}+\dfrac{\sin\alpha}{\cos 4\alpha\cos 3\alpha}=\tan 3\alpha+\dfrac{\sin\alpha}{\cos 4\alpha\cos 3\alpha}=\tan 4\alpha=\tan\dfrac{\pi}{6}$

$=\dfrac{\sqrt{3}}{3}.$

模型公式 4 $\tan\alpha-\cot\alpha=-2\cot 2\alpha\left(\alpha\neq\dfrac{k\pi}{2},k\in\mathbf{Z}\right).$

证明：$\tan\alpha-\cot\alpha=\dfrac{\sin\alpha}{\cos\alpha}-\dfrac{\cos\alpha}{\sin\alpha}=\dfrac{\sin^2\alpha-\cos^2\alpha}{\sin\alpha\cdot\cos\alpha}=\dfrac{-2\cos 2\alpha}{\sin 2\alpha}=-2\cot 2\alpha.$

例 3 求值：$9\tan 10°+2\tan 20°+4\tan 40°-\tan 80°.$

解：利用模型公式 4，原式 $=\tan 10°-\tan 80°+2\tan 20°+4\tan 40°+8\tan 10°$

$= 2(\tan 20° - \cot 20°) + 4\tan 40° + 8\tan 10°$

$= 4(\tan 40° - \cot 40°) + 8\tan 80°$

$= 8(\tan 10° - \cot 80°)$

$= 0.$

模型公式 5 $\cos\alpha \cdot \cos 2\alpha \cdot \cos 4\alpha \cdots \cos 2^n\alpha\,(n \in \mathbf{N}^*) = \dfrac{\sin 2^{n+1}\alpha}{2^{n+1}\sin\alpha}\,(\alpha \ne k\pi, k \in \mathbf{Z}).$

证明：左 $= \dfrac{2\sin\alpha\cos\alpha \cdot \cos 2\alpha \cdot \cos 4\alpha \cdots \cos 2^n\alpha}{2\sin\alpha}$

$= \dfrac{2\sin 2\alpha \cdot \cos 2\alpha \cdot \cos 4\alpha \cdots \cos 2^n\alpha}{4\sin\alpha}$

$= \dfrac{2\sin 4\alpha \cdot \cos 4\alpha \cdots \cos 2^n\alpha}{8\sin\alpha}$

$= \cdots$

$= \dfrac{2\sin 2^n\alpha \cos 2^n\alpha}{2^{n+1}\sin\alpha} = \dfrac{\sin 2^{n+1}\alpha}{2^{n+1}\sin\alpha} = $ 右，故等式成立.

例 4 求值 $\sin 6°\sin 42°\sin 66°\sin 78°$.

解：利用模型公式 5，原式

$= \sin 6°\cos 12°\cos 24°\cos 48° = \dfrac{2\cos 6°\sin 6°\cos 12°\cos 24°\cos 48°}{2\cos 6°}$

$= \dfrac{\sin 12°\cos 12°\cos 24°\cos 48°}{2\cos 6°}$

$= \dfrac{\sin 96°}{16\cos 6°} = \dfrac{1}{16}.$

例 5 求值：$\cos\dfrac{\pi}{11}\cos\dfrac{2\pi}{11}\cdots\cos\dfrac{10\pi}{11}.$

解：利用模型公式 5，要对 10 个角的余弦进行分组，原式

$= \left(\cos\dfrac{\pi}{11}\cos\dfrac{2\pi}{11}\cos\dfrac{4\pi}{11}\cos\dfrac{8\pi}{11}\cos\dfrac{5\pi}{11}\right)\left(\cos\dfrac{3\pi}{11}\cos\dfrac{6\pi}{11}\cos\dfrac{7\pi}{11}\cos\dfrac{9\pi}{11}\cos\dfrac{10\pi}{11}\right)$

$= \left(\cos\dfrac{\pi}{11}\cos\dfrac{2\pi}{11}\cos\dfrac{4\pi}{11}\cos\dfrac{8\pi}{11}\cos\dfrac{5\pi}{11}\right)\left[\left(-\cos\dfrac{8\pi}{11}\right)\left(-\cos\dfrac{5\pi}{11}\right)\left(-\cos\dfrac{4\pi}{11}\right)\left(-\cos\dfrac{2\pi}{11}\right)\right.$

$\left.\left(-\cos\dfrac{\pi}{11}\right)\right],$

设 $\cos\dfrac{\pi}{11}\cos\dfrac{2\pi}{11}\cos\dfrac{4\pi}{11}\cos\dfrac{8\pi}{11}\cos\dfrac{5\pi}{11} = a,$

原式 $= a \cdot (-a) = -a^2,$

而 $a = \cos\dfrac{\pi}{11}\cos\dfrac{2\pi}{11}\cos\dfrac{4\pi}{11}\cos\dfrac{8\pi}{11}\cos\dfrac{5\pi}{11}$

$$= \frac{\sin\frac{16\pi}{11}\cos\frac{5\pi}{11}}{16\sin\frac{\pi}{11}} = \frac{-\sin\frac{5\pi}{11}\cos\frac{5\pi}{11}}{16\sin\frac{\pi}{11}} = \frac{-\sin\frac{10\pi}{11}}{32\sin\frac{\pi}{11}} = -\frac{1}{32},$$

故原式 $= -\dfrac{1}{1024}$.

例 6 求值：$\left(1+\cos\dfrac{\pi}{7}\right)\left(1+\cos\dfrac{3\pi}{7}\right)\left(1+\cos\dfrac{5\pi}{7}\right)$.

解：先乘开，再积化和差，最后用模型 5 求值.

$$\text{原式} = 1 + \cos\frac{\pi}{7} + \cos\frac{3\pi}{7} + \cos\frac{5\pi}{7} + \cos\frac{\pi}{7}\cos\frac{3\pi}{7} + \cos\frac{3\pi}{7}\cos\frac{5\pi}{7} +$$
$$\cos\frac{5\pi}{7}\cos\frac{\pi}{7} + \cos\frac{\pi}{7}\cos\frac{3\pi}{7}\cos\frac{5\pi}{7}$$
$$= 1 + \cos\frac{\pi}{7} + \cos\frac{3\pi}{7} + \cos\frac{5\pi}{7} + \frac{1}{2}\left(\cos\frac{4\pi}{7}+\cos\frac{2\pi}{7}\right) + \frac{1}{2}\left(\cos\frac{8\pi}{7}+\cos\frac{2\pi}{7}\right) +$$
$$\frac{1}{2}\left(\cos\frac{6\pi}{7}+\cos\frac{4\pi}{7}\right) + \cos\frac{\pi}{7}\cos\frac{3\pi}{7}\cos\frac{5\pi}{7}$$
$$= 1 + \cos\frac{\pi}{7}\cos\frac{3\pi}{7}\cos\frac{5\pi}{7}$$
$$= 1 + \cos\frac{\pi}{7}\cos\frac{2\pi}{7}\cos\frac{4\pi}{7}$$
$$= 1 + \frac{\sin\frac{8\pi}{7}}{8\sin\frac{\pi}{7}} = \frac{7}{8}.$$

模型公式 6 已知 $\triangle ABC$ 不是直角三角形，那么 $\tan A\tan B\tan C = \tan A + \tan B + \tan C$.

证明：在 $\triangle ABC$ 中，$\tan C = \tan[\pi-(A+B)] = -\tan(A+B) = \dfrac{\tan A+\tan B}{\tan A\tan B-1}$，

即 $\tan A\tan B\tan C - \tan C = \tan A + \tan B$，

故 $\tan A\tan B\tan C = \tan A + \tan B + \tan C$.

例 7 在 $\triangle ABC$ 中，$\tan A:\tan B:\tan C = 1:2:3$，求 $\dfrac{AC}{AB}$.

解：由已知可设 $\tan A = k, \tan B = 2k, \tan C = 3k(k>0)$，利用模型公式 6 可得 $6k^3 = 6k$，因此 $k = 1$，即 $\tan A = 1, \tan B = 2, \tan C = 3$，

故 $\sin B = \dfrac{2\sqrt{5}}{5}, \sin C = \dfrac{3\sqrt{10}}{10}$；

由正弦定理可知．$\dfrac{AC}{AB} = \dfrac{\sin B}{\sin C} = \dfrac{\dfrac{2\sqrt{5}}{5}}{\dfrac{3\sqrt{10}}{10}} = \dfrac{2\sqrt{2}}{3}$．

模型公式 7　$\sin\alpha + \sin(\alpha+\beta) + \sin(\alpha+2\beta) + \cdots \sin[\alpha+(n-1)\beta] =$

$$\dfrac{\sin\left[\alpha + \dfrac{(n-1)}{2}\beta\right]\sin\dfrac{n\beta}{2}}{\sin\dfrac{\beta}{2}}(\beta \neq 2k\pi, k \in \mathbf{Z}).$$

证明：左 $= \dfrac{\{\sin\alpha + \sin(\alpha+\beta) + \sin(\alpha+2\beta) + \cdots \sin[\alpha+(n-1)\beta]\}\sin\dfrac{\beta}{2}}{\sin\dfrac{\beta}{2}}$

$= \dfrac{-\dfrac{1}{2}\left[\cos\left(\alpha+\dfrac{\beta}{2}\right) - \cos\left(\alpha-\dfrac{\beta}{2}\right) + \cos\left(\alpha+\dfrac{3\beta}{2}\right) - \cos\left(\alpha+\dfrac{\beta}{2}\right) + \cdots + \cos\left(\alpha+\dfrac{2n-1}{2}\beta\right) - \cos\left(\alpha+\dfrac{2n-3}{2}\beta\right)\right]}{\sin\dfrac{\beta}{2}}$

$= \dfrac{-\dfrac{1}{2}\left[\cos(\alpha+\dfrac{2n-1}{2}\beta - \cos\left(\alpha-\dfrac{\beta}{2}\right)\right]}{\sin\dfrac{\beta}{2}}$

$= \dfrac{\sin\left(\alpha+\dfrac{n-1}{2}\beta\right)\sin\dfrac{n\beta}{2}}{\sin\dfrac{\beta}{2}}$．

例 8　求值 $\sin\dfrac{11\pi}{30} + \sin\left(\dfrac{11\pi}{30} + \dfrac{\pi}{5}\right) + \sin\left(\dfrac{11\pi}{30} + \dfrac{2\pi}{5}\right) + \cdots + \sin\left(\dfrac{11\pi}{30} + \dfrac{8\pi}{5}\right)$．

解：由已知可得 $\alpha = \dfrac{11\pi}{30}, \beta = \dfrac{\pi}{5}$，利用模型公式 7 知：

原式 $= \dfrac{\sin\left(\dfrac{11\pi}{30} + \dfrac{4\pi}{5}\right)\sin\dfrac{9\pi}{10}}{\sin\dfrac{\pi}{10}}$

$= \sin\dfrac{7\pi}{6} = -\dfrac{1}{2}$．

模型公式 8　$\cos\alpha + \cos(\alpha+\beta) + \cos(\alpha+2\beta) + \cdots \cos[\alpha+(n-1)\beta] =$

$$\dfrac{\cos\left[\alpha + \dfrac{(n-1)}{2}\beta\right]\sin\dfrac{n\beta}{2}}{\sin\dfrac{\beta}{2}}(\beta \neq 2k\pi, k \in \mathbf{Z}).$$

证明：左 $= \dfrac{\{\cos\alpha + \cos(\alpha+\beta) + \cos(\alpha+2\beta) + \cdots \cos[\alpha+(n-1)\beta]\}\sin\dfrac{\beta}{2}}{\sin\dfrac{\beta}{2}}$

$= \dfrac{\dfrac{1}{2}\left[\sin\left(\alpha+\dfrac{\beta}{2}\right) - \sin\left(\alpha-\dfrac{\beta}{2}\right) + \sin\left(\alpha+\dfrac{3\beta}{2}\right) - \sin\left(\alpha+\dfrac{\beta}{2}\right) + \cdots + \sin\left(\alpha+\dfrac{2n-1}{2}\beta\right) - \sin\left(\alpha+\dfrac{2n-3}{2}\beta\right)\right]}{\sin\dfrac{\beta}{2}}$

$= \dfrac{\dfrac{1}{2}\left[\sin\left(\alpha+\dfrac{2n-1}{2}\beta\right) - \sin\left(\alpha-\dfrac{\beta}{2}\right)\right]}{\sin\dfrac{\beta}{2}}$

$= \dfrac{\cos\left(\alpha+\dfrac{n-1}{2}\beta\right)\sin\dfrac{n\beta}{2}}{\sin\dfrac{\beta}{2}}.$

例 9 求值 $\cos 20° + \cos 60° + \cos 100° + \cos 140°$.

解：利用模型公式 8 可得：

原式 $= \dfrac{\cos\left(20° + \dfrac{3}{2}\times 40°\right)\sin 80°}{\sin 20°}$

$= \dfrac{2\sin 80°\cos 80°}{2\sin 20°}$

$= \dfrac{1}{2}.$

第四篇
与中学数学公式教学相关的研究报告

一、研究问题

1. 研究目的

随着中考录取方式的不断深入，升入高一的学生呈现多元化的特点，学生在学习数学知识方面呈现的差异也越来越大．为了达到因材施教的目的，使每位学生学习到适合自己的数学内容，通过对我校高中学生学习数学的现状的调查以及几次重大考试结果的分析，我校数学的教学实施分层走班制．走班制实施以来，任课教师不断调整自己的教学设计，力争自己的教学贴近学生学情，研究与摸索适合五中学生学习数学的教学策略，进一步达到"优化教学设计、提高课堂效率"的目的，使五中的数学教学质量保持在高水平．

2. 研究意义

积极探索走班制下高中数学概念的教学策略具有现实必要性．首先，是实施全面教育的要求．随着教育改革的不断实施，《中共中央、国务院关于深化教育改革全面推进素质教育的决定》把"培养学生的创造精神和实践能力"作为素质教育的重点．在杰出人才的问题上，文件指出"要鼓励冒尖，鼓励和支持当领头雁，鼓励和支持一马当先．"我们的教学背景是同一个班级内每个学生的数学需求是不一样的，如果仍按固定班级授课，就会出现"吃不饱"与"吃不消"现象，这对班级的两头学生是不负责任的．而走班制也是我们贯彻"以人为本，面向全体，全面发展"教育方针的必然选择．

其次，是我校开拓创新、积极发展的需要．我校是一所名校，在社会激烈竞争下，如何求得生存、求得发展？我们的出路只有一条，那就是用我们创造性的工作，办出自己的数学教学特色．

同时，还是我校课程改革的需要．为培养高素质人才，我校开发了多元形式的选修课程并纳入课程计划，排进课表．探索"适合学生走班制"的数学教学策略，就是要确保学生学好基础学科课程，使学生有充足的时间、充沛的精力和良好的基础，进行综合能力课和个性特长课的学习和研究，真正做到全面发展．

二、研究背景与文献综述

美国选课制：指每个学生根据自己的兴趣、爱好与知识基础，依据学校（学区）课程方案的要求，在课程指导的协助下，自由选择所学的课程．学生一旦选好自己的课程，试修两周之后，该学期就要按照这样一张只属于自己的"课程表"

执行．这种选课制基本保证了学生能够最大限度地基于自己的爱好去学习，能够保证基本的学习兴趣，能够最大限度保证教学效果的最大化，也保证了学生智力、精力和时间的科学合理配置．美国走班教学理念，是基于加德纳的多元智力理论，以人为本，做到了在课程标准的导向下，尊重学生发展差异和个性的兴趣爱好，用多样化的学习方式实现了必修课程等级达标教学和选修课程的多元教学．

国内走班制学习组织方式的萌芽，始于20世纪80年代的单科走班学习．进入20世纪90年代，"走班制"学习组织方式在实践中逐步发展起来．目前全国课程改革走在全国前列的或说是中国基础教育课改典型样本的，当推北京市十一学校．学校这些年在李希贵校长的带领下，依据国家课程标准的教学要求和现代教育理念，依托学校丰富的教学资源，借鉴国外先进的教学经验，进行了学校课程的综合改革．他们和国外一样，课程安排分必修、选修和兴趣个性三大类，实行了走班教学．从某种意义上说它是与国际流行的走班教学安排"接轨"了．但考察全国各地其他学校的走班教学，和国外以及北京市十一学校相比，无论从理念上，还是实施上，都存在着显著的不同．从理论上讲可以将其视为针对教学的一种方式，实际上是一种应试教育的策略．但是，国内外的研究，都遇到了一些棘手的问题，比如"学生选择层次的依据是什么？""每个层次的数学概念的教学策略的标准是什么？""如何对每个层次的学生所学数学概念进行评价？""如何对每个层次的学生进行数学教育？""通过走班制，完善数学校本体系"，我想在这些方面进行有益的探索．

三、核心概念界定

走班制是从学生的学习方式角度提出的一个概念，是指学生在教学活动中根据预先制定的学习计划，以"走班"的形式，"流动"到自己将要上课的班级进行学习的一种学习组织方式．它打破了以往以整个班级为单位的行政班授课形式，按照学生的学习需求，重新组成教学班，进行教学．无疑"走班制"这一学习组织方式为因材施教，实现个性化教育搭建了实施的平台．

概念是数学知识的基础，是数学思想与方法的载体，所以概念教学尤为重要．在概念教学中，教师既要启发学生对所研究的对象进行分析、综合、抽象，还要讲清概念的形成过程，阐明其必要性和合理性．概念教学要注意以下几点：①讲清概念的来源．②讲清概念的意义．③讲清定义的合理性．

教学策略.所谓教学策略,是在教学目标确定以后,根据已定的教学任务和学生的特征,有针对性地选择与组合相关的教学内容、教学组织形式、教学方法和技术,形成的具有效率意义的特定教学方案.教学策略具有综合性、可操作性和灵活性等基本特征.

四、研究程序

1. 研究目标

(1)通过探索研究能够让更多的学生喜欢上数学课,主动地探索数学概念的来龙去脉,并在与概念的接触过程中,发现概念背后所蕴含的理性之美,最终用数学的眼光去解释世界.

(2)通过研究能够及时给老师"充电",用适合学生"学"的方式去教,改善"教"与"学"的关系,进一步适应课程改革.

(3)通过探索研究教师能够归纳出适合走班制的概念教学的几种课型,充分发挥学生在概念教学中的主观能动性,构建有活力的数学课堂.

2. 研究内容

(1)走班制的依据.为了达到因材施教的目的,通过对我校高中学生学习数学的现状的调查以及几次重大考试结果的分析,数学的走班分为直升班、精英班A班、精英班B班、实验班A班、实验B班分析等班型.

(2)归纳出不同年级的概念教学的几种课型.依据不同的课型研究不同的教学策略,主要有概念新授课、定理证明课的相关研究.

(3)教学评价,采用概念新授课、定理证明课的教学策略研究,有助于学生数学素养的提升,对于构建高效数学课堂大有裨益.

3. 研究对象

各层次的学生、教师、教材、教法.

4. 研究方法

(1)调查研究法.通过问卷、观察、分析、归纳等多种手段,对我校三个年级概念教学的现状进行调查、分析,针对结果提出研究内容和步骤.

(2)个案研究法.要求研究者主要从高中概念教学存在的问题出发,针对数学概念在某一教学阶段进行个案研究最终提出共性的结论.

(3)行动研究法.在教与学的过程中,边实践、边探索、边检验、边修正,拿出几种成型的概念教学的案例.

（4）文献分析法．作为学习理论、收集信息的主要方法，其中信息资料主要来源于教育理论书籍、报刊以及网络下载的相关资料等．

5．技术路线如图 4.1 所示

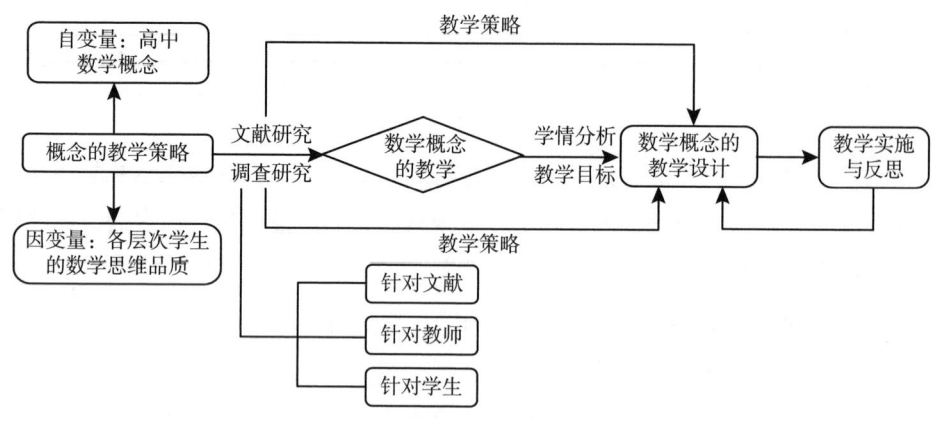

图 4.1　技术路线

五、研究发现或结论

（一）概念新授课与定理证明课

在设计对数的概念的教学策略，请同学们回忆以前学过的运算，有加法与减法运算：如在式子 $3+2=5$ 中，求 5 的运算称为加法运算，求 2 或 3 的运算称为减法运算；有乘法与除法运算：如在式子 $3\times 2=6$ 中，求 6 的运算称为乘法运算，求 2 或 3 的运算称为除法运算；有乘方与开方运算，其实它们都是指数运算：如求 $3^3=?$，$8^{\frac{1}{3}}=?$ 的运算，也即是已知底数和指数，求幂的运算．那么，如果已知底数和幂，我们能不能求指数呢？比如，$2^x=8$，$3^x=4\cdots$

（1）给出实际问题：截至 1999 年年底，我国人口约 13 亿，如果今后能将人口年平均增长率控制在 1%，预计经过多少年后，我国人口数将达到 18 亿？$13\times 0.01^x=18 \Leftrightarrow 0.01^x=\dfrac{18}{13}$，此时的 x 是以 0.01 为底的 $\dfrac{18}{13}$ 的对数．

A 层教学　先问：x 存在吗？为什么？在让学生自己抽象实际问题，给出对数的定义．

B 层教学　带着学生再多举几个例子，逐步抽象出对数的定义．

（2）抽象出对数的定义：一般地，如果 $a^x=N$ $(a>0,$ 且 $a\neq 1)$，（对 a 的取值范围加以说明）那么数 a 叫作以 a 为底 N 的对数，记作 $x=\log_a N$，其中 a 叫作对数的底数，N 叫作真数．

（3）练习将下列指数式化为对数式，对数式化为指数式．

① $5^4 = 625$；　　　　② $2^{-6} = \dfrac{1}{64}$；　　　　③ $(\dfrac{1}{3})^m = 5.7$；

④ $\log_{10} 100 = 2$；　　⑤ $\log_3 \dfrac{1}{9} = -2$；　　⑥ $\log_2 7 = a$．

（4）学生建构对数，探究对数的基本性质

①负数和零没有对数；

② 1 的对数是 0（$\log_a 1 = 0$）；底的对数是 1（$\log_a a = 1$）．（再次强调 a 的取值范围）

A 层教学　学生自己构建，教师指导构建的对数可以是正数，负数，零，整数，分数等，从而让学生探究出对数的基本性质．

B 层教学　教师指导性地给出具体对数值让学生构建，如你能写出一个值为 2 的对数吗？写法是唯一的吗？等．带领学生逐步归纳出对数的基本性质．

（5）求下列各式中 x 的值

① $\log_{64} x = -\dfrac{2}{3}$；　　② $\log_x 8 = 6$；　　③ $\lg 100 = x$；

④ $-\ln e^2 = x$；　　　　⑤ $\log_2 (\lg x) = 1$；

⑥ $2^{\log_3 x} = \dfrac{1}{4}$；　　　　⑦ $3^{\log_3 5} = x$．

探究对数恒等式 $b = a^{\log_a b}$

设计意图　对于两个不同层次的学生，对于概念的形成过程基本是一样的．在每个环节实施的过程中，会有所不同．A 层学生基础较好，所以在数学抽象的培养上不给像 B 层学生那样的铺垫和引领．让学生构造对数，其实是对学生更高一层的要求，需要学生掌握对数的形式定义后联系指数式才能完成．

在设计三角恒等变换起始课的教学策略：

A 层设计教学过程

我们要用 α、β 的三角函数值去表示下列三组公式：

① $\sin(\alpha + \beta) = ?$　② $\sin(\alpha - \beta) = ?$　③ $\sin 2\alpha = ?$

$\cos(\alpha + \beta) = ?$　$\cos(\alpha - \beta) = ?$　$\cos 2\alpha = ?$

$\tan(\alpha + \beta) = ?$　$\tan(\alpha - \beta) = ?$　$\tan 2\alpha = ?$

（1）这三组公式能否通过其中一组公式推导出其余两组公式？

（2）你选择先推导哪组公式？

（3）在你选择的这组公式中的三个公式是否有联系？先推导出几个公式就可以得到其余的公式？你先推导哪几个公式？写出你的研究顺序．

（4）你能证明这组公式吗？若不能，你能写出猜想吗？

设计意图 通过创设问题情境，促使学生用联系的观点去看待这三组公式，自主选择先推导哪组公式，并在其中体会数学抽象与逻辑推理．

B 层设计教学过程

如图 4.2、图 4.3 所示，你从图中看出了什么？你能严格证明吗？

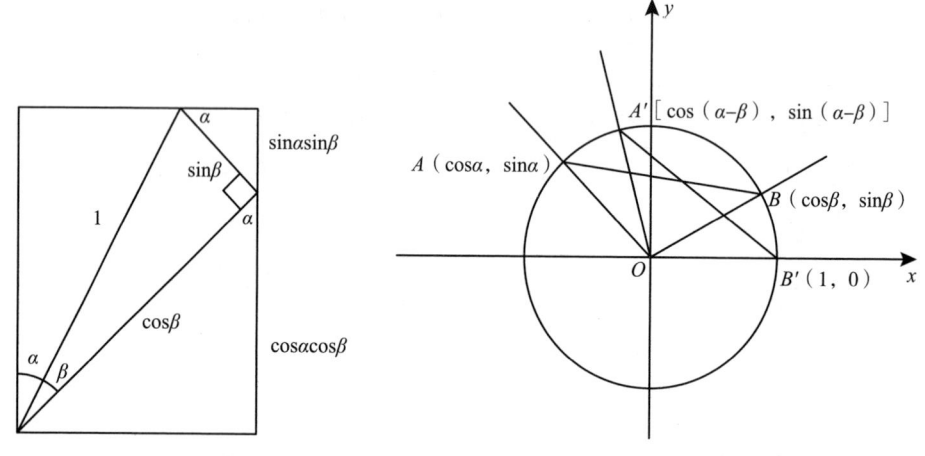

图 4.2　B 层设计教学过程①　　　　图 4.3　B 层设计教学过程②

设计意图 从图形中能看到两角差的余弦公式，但要严格证明，就要放到单位圆中去考虑，利用圆的旋转不变性去构造全等三角形，进而证明．

C 层设计教学过程

如图 4.4 所示，你会求 $\cos 15°$ 吗？对于此问题的解决，你能提出一般的猜想吗？

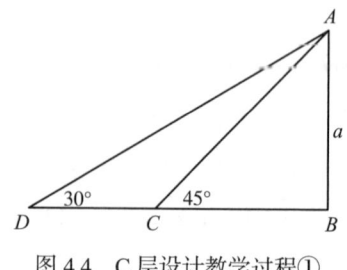

图 4.4　C 层设计教学过程①

如图 4.5 所示，过点 C 作 $CE \perp AD$ 于点 E，$DC = (\sqrt{3}-1)a, ED = \dfrac{(3-\sqrt{3})a}{2}$，

$$\therefore \cos 15° = \dfrac{2a - \dfrac{(3-\sqrt{3})a}{2}}{\sqrt{2}a} = \dfrac{\sqrt{6}+\sqrt{2}}{4}$$
$$= \cos 45°\cos 30° + \sin 45°\sin 30°.$$

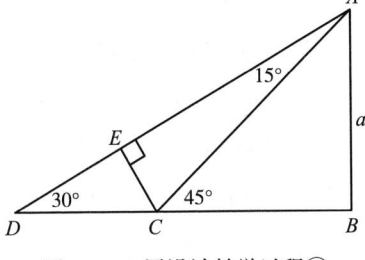

图 4.5　C 层设计教学过程②

由此猜想：$\cos(\alpha - \beta) = \cos\alpha\cos\beta + \sin\alpha\sin\beta$？（图 4.6）你能证明吗？

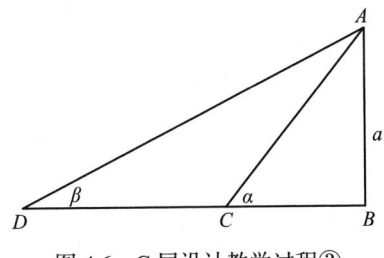

图 4.6　C 层设计教学过程③

学生做出如图 4.7 所示的直角三角形，
$AB = a, \angle ACB = \alpha, \angle ADB = \beta, \cos(\alpha - \beta) = ?$

过点 C 作 $CE \perp AD$ 于点 E，$DC = (\cot\beta - \cot\alpha)a, ED = (\cot\beta - \cot\alpha)a\cos\beta$，

$$\therefore \cos(\alpha-\beta) = \dfrac{AE}{AC} = \dfrac{\dfrac{a}{\sin\beta} - (\cot\beta - \cot\alpha)\cos\beta\, a}{\dfrac{a}{\sin\alpha}} = \cos\alpha\cos\beta + \sin\alpha\sin\beta.$$

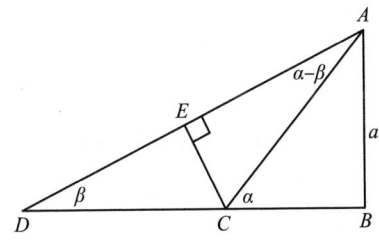

图 4.7　C 层设计教学过程④

设计意图　通过创设解直角三角形的实际案例，改变问题的条件，研究新的

问题，并在其中体验数学的通性通法，不用严格证明.

（二）三个年级的概念教学策略研究

设计幂函数的教学策略：

B层设计教学过程

问题1 同学们已经掌握了幂函数的定义，那么我们如何研究幂函数呢？

设计意图 使学生思考函数要研究哪些问题，按照怎样的方法和顺序研究进行研究．这样一方面可以使学生在后面经历幂函数的研究过程时做到心里有数，而不是盲目跟从；另一方面对后续研究其他函数有指导作用．

预案 这里学生可能会提出求三要素，利用定义判断奇偶性、单调性，画图像等方案．但由于指数 α 的值对上述研究内容都有影响，分析起来比较复杂．因此考虑选择几个简单的熟悉的幂函数，作出图像，观察其性质和规律．

问题2 我们都要研究幂函数的哪些性质呢？

设计意图 希望学生通过这个环节一方面对函数的知识体系加深印象，同时明确研究方向，明确研究函数性质的方向．制作并填写性质表，如表4.1所示．

表4.1 制作并填写函数的性质

函数	$y=x$	$y=x^2$	$y=x^3$	$y=x^{\frac{1}{2}}$	$y=x^{-1}$
图像					
定义域					
值域					
奇偶性					
单调性					
渐近性					

问题3 观察图像并说说你又有怎样的发现．

设计意图 当我们把这几个函数图像放在同一坐标系内时，有些共性和特性就更容易对比出来，更容易发现了．

问题4 同学们的这些发现仅仅是这5个函数的性质，还是幂函数的共性呢？你能给出解释吗？

设计意图　对于数学研究，仅仅是直观感知是远远不够的.

预案　幂函数第一象限肯定有图像，因为正数的任意次幂都是正数；第四象限就一定没有图像，因为函数不能一对多. 二、三象限有没有图像，看函数奇偶性就可以了.

追问　如何判断幂函数的奇偶性呢？

预案　学生很可能会根据指数的奇偶来分类，引导学生考虑分数指数幂. 引导学生分析函数图像在第一象限的部分，什么时候增什么时候减. 学生通过不完全归纳，给出猜想，当 $\alpha > 0$ 时，幂函数在第一象限单调递增，当 $\alpha < 0$ 时，幂函数在第一象限单调递减.

追问　你能尝试给出证明吗？

设计意图　数学是严谨的，对于能力稍强的学生，要适当加强推理论证的训练.

追问　幂函数在第一象限单调递增时，增长的趋势是否有规律性？

预案　学生通过不完全归纳可得：当 $\alpha > 1$ 时，越增越快；当 $\alpha = 1$ 时，直线增长；当 $0 < \alpha < 1$ 时，越增越慢.

设计意图　以学生当前阶段所具备的数学知识，不容易给出完美的解释，可以给有能力的学生留作思考.

活动　利用信息技术验证对幂函数当 $x > 0$ 时单调性的猜想，如图 4.8 所示.

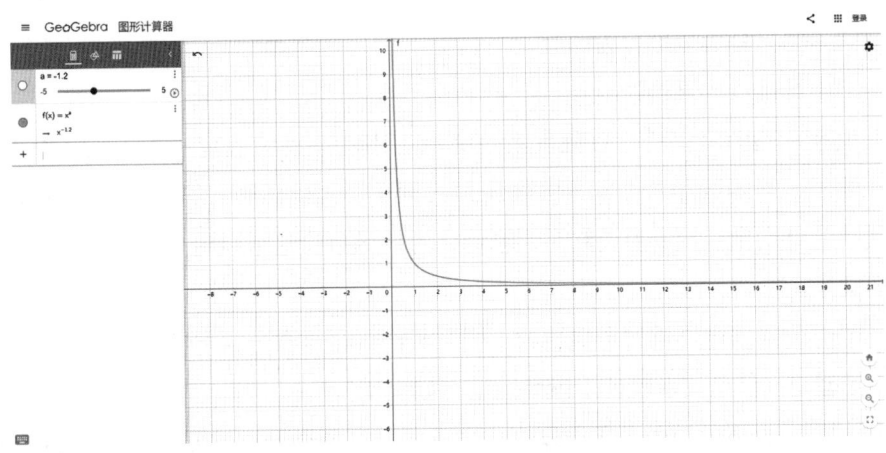

图 4.8　幂函数在第一象限的单调性

A 层设计教学过程

问题 同学们已经掌握了幂函数的定义，那么我们如何研究幂函数呢？

设计意图 使学生思考函数要研究哪些问题，按照怎样的方法和顺序研究进行研究．这样一方面可以使学生在后面经历幂函数的研究过程时做到心里有数，而不是盲目跟从；另一方面对后续研究其他函数有指导作用．

预案 这里学生可能会提出求三要素，利用定义判断奇偶性、单调性．

活动 1 由易到难，分析幂函数的性质．

（1）幂函数的定义域．

预案 可能有学生会认为"当 $\alpha \leq 0$ 时，定义域为 $\{x|x \neq 0\}$；当 $\alpha > 0$ 时，定义域为 R"，可以举 $f(x) = x^{-\frac{2}{3}}$ 作为反例．从而学生发现根据分数指数幂的定义，将有理指数幂整理成分数指数幂的形式更便于求定义域．

教师 设 $y = x^\alpha$（α 为有理数）中的 $\alpha = \dfrac{q}{p}$，$\dfrac{q}{p}$ 为最简分数．

预案 ① 当 $\alpha > 0$ 且 p 为偶数时，定义域为 $\{x|x \geq 0\}$；

② 当 $\alpha > 0$ 且 p 为奇数时，定义域为 R；

③ 当 $\alpha = 0$ 时，定义域为 $\{x|x \neq 0\}$；

④ 当 $\alpha < 0$ 时，且 p 为偶数时，定义域为 $\{x|x > 0\}$；

⑤ 当 $\alpha < 0$ 时，且 p 为奇数时，定义域为 $\{x|x \neq 0\}$．

可以发现幂函数在 $(0, +\infty)$ 上都是有定义的，在 $(-\infty, 0]$ 上就不一定了．依照定义域的不同，幂函数被分为四类．

（2）幂函数的奇偶性

预案 判断奇偶性，首先要看定义域，①④两种情况定义域不关于原点对称，此时，幂函数非奇非偶，③情况最为简单，是偶函数，②⑤当 q 为奇数时，幂函数为奇函数，当 q 为偶数时，幂函数为偶函数，这可以由分数指数幂和奇偶性定义来证明．

此时，依据定义域和奇偶性的不同，我们将幂函数分为七类．

活动 2 信息技术验证阶段性结论，如图 4.9 所示．

问题 验证过程中，我们发现，当 $\alpha < 0$ 时，幂函数在 $(0, +\infty)$ 上递减的趋势是相近的，而当 $\alpha > 0$ 时，幂函数在 $(0, +\infty)$ 上递增的趋势却是不同的，能否总结出相应的规律，并说明理由．

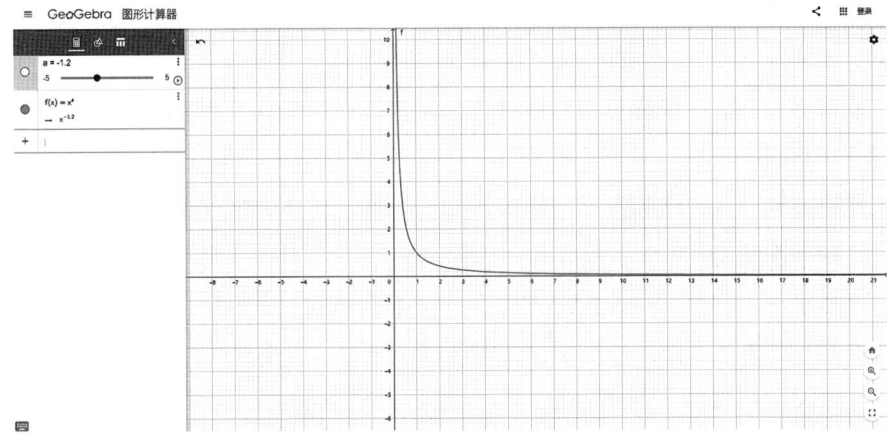

图 4.9 幂函数的奇偶性

预案 当 $\alpha>1$ 时，越增越快；当 $\alpha=1$ 时，直线增长；当 $0<\alpha<1$ 时，越增越慢.以学生当前阶段所具备的数学知识，不容易给出完美的证明，可以在单调性证明的过程中辅以数形结合来说明，等学过导数之后，可以严格证明.

至此，依照幂函数的定义域、奇偶性和单调性，我们将幂函数分为 11 类.

设计直线与平面平行的性质定理的教学策略：

核心概念 直线与平面平行的性质定理的探究

A 层设计教学过程

问题① 按照数学知识的逻辑顺序，研究完判定定理，我们应该研究什么问题？

问题② 已知 $a/\!/\alpha$，你能发现什么真命题？

预案（1）a 与 α 无交点（由线面平行的定义可知）；

（2）a 上任意点到 α 的距离相等；

（3）a 与 α 内直线的位置关系：异面或平行；

（4）a 与 α 上无数条（任一条）直线平行；

（5）过 a 作一个平面与 α 的位置关系：平行或相交.

问题③ 已知 $a/\!/\alpha$，$b/\!/\alpha$，你又能发现什么真命题？

问题④ 如何能够找到平面内与已知直线平行的直线？怎样能做出一条来？

预案 1 学生提出作已知直线的投影线.

预案 2 学生提出将已知直线平移到已知平面内.

此时引导学生作投影和作平移的过程,实际上相当于过已知直线做出一个平面.

预案 3 学生一般会想当然回答过已知直线做出平面与已知平面相交,交线则与已知直线平行.

此时追问 1 具体到实际问题中,如何操作、作图,能保证能够做出一个平面与已知平面相交?

可在平面内任选一点,由公理可知,过不共线的三点确定一个平面.

追问 2 两个平面一旦相交,就能保证一定有一条交线吗?

公理 3 可以保证.

设计意图 此处充分锻炼学生的发散思维能力,希望学生根据问题能够充分直观感知,进而提出合理猜想,并逐步探索,进行观察、感知、猜想,提升学生直观想象的素养.

B 层设计教学过程

如图 4.10 所示,解答以下问题.

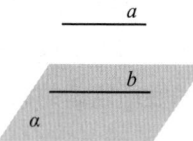

图 4.10 直线与平面平行的性质

问题① 如果一条直线 a 与平面 α 平行,那么这条直线与这个平面内的直线有哪些位置关系?

问题② 在平面 α 内,哪些直线与直线 a 平行?

问题③ 在什么条件下,平面 α 内的直线与直线 a 平行呢?

设计意图 通过演示实验,让学生观察、发现规律,并对发现的结论进行归纳.引导学生结合直观感知,层层递进,逐步探索,体会数学结论的发现过程.学生根据问题进行直观感知,进而提出合理猜想.并逐步探索,认真思考,画出相应图形,进行观察、感知、猜想.

(三)教学评价的探索

1. 教学评价注重过程性:过程性的评价分为课上与课下两部分,课上的评价包括回答问题的积极性、语言表达的严谨性、解决问题思路清晰性三方面;课下的评价包括师生间的交流、作业完成的质量、修改作业的情况三方面．

2．教学评价注重多元性：其一要看学段的成绩，其二看师生间评价（包括自评与他评），其三看其学习努力的程度．

六、分析和讨论

1．体验概念的产生过程，培养数学抽象

例如，在三角函数中对角的概念进行推广时，通过初中"平面内一条射线绕着端点从一个位置旋转到另一个位置所成的图形"的角的概念，结合花样滑冰或体操中单杠、平衡木的下法的实例，提出问题，从而引导学生从简单的"旋转"到"按逆时针方向旋转"和"按顺时针方向旋转"的有效延伸，形成任意角的概念．

2．抓住概念的本质属性，培养数学建模

在概念教学中，有些概念的内涵部分丰富、外延部分广泛，很难做到一步到位，这时就需要对其进行合理的设计，将其分成若干个层次，层层推进，有效链接，逐步深入．只要抓住了相关概念的本质属性，对概念的理解与掌握就比较容易了．而抓住概念的本质属性，关键在于突破概念的抽象关，培养学生数学建模的核心素养．比如，在立体几何中的二面角的平面角的概念教学中，抓住概念中"以二面角的棱上任意一点为端点，在两个面内分别作垂直于棱的两条射线"这一本质属性，形成二面角的平面角的大小的唯一性、位置的平移性以及立几问题平几化，把立体图形问题借助平面几何角的大小问题来规范．

3．挖掘概念的深层含义，培养逻辑推理

通过对概念本质属性的理解，还需进一步挖掘其深层含义，概括出定义的基本点，其实就是对定义的"再加工""再挖掘"过程．比如，在平面向量的数量积的概念教学时，通过公式的直接给出来确定相应的概念．而对于平面向量的数量积的结果为一个数量，结合投影的概念，可以进一步拓展平面向量的数量积的应用．

4．概念的具体抽象，培养直观想象

例如，对于棱台概念的掌握，要让学生观察实物，在具体直观认识的基础上，观察其主要特征与由来，抽象概括出"用一个平行于棱锥底面去截棱锥，截面与底面之间的部分"就是棱台的概念．从而进一步回归就可以明确"棱台的侧棱延长线相交于一点"，这也是在具体形象的基础上抽象出来的概念的良好反馈．

三年来的课题，给我们的启示．

（1）科学划分学生层次；

（2）制定分层教学目标；

（3）课堂教学内容分层；

（4）设置分层布置作业.

七、建议

（一）对学生的评价做得不到位，仍需要进一步研究.

（二）课题带来的启示：

1. 高中走班制有利于促进学生个性化全面发展

走班制的实施，为学生做最好的自己提供了可能

高中走班制有利于促进教师专业化发展

2. 高中走班制有利于促进学校特色发展

八、相关发表的或出版成果

相关发表的文章或出版成果，如表4.2所示.

表4.2 相关发表的文章或出版成果

题目（名称）	发表期刊名称、课题名称、获奖名称	发表或出版时间	作者
"基于高中核心素养的课堂教学的四点尝试"	北京市2018—2019学年度基础教育科学研究优秀论文二等奖	2018年11月	许文军
"中期评定"	课题中期成果二等奖	2018年12月	—
"圆与方程"一章的教学设计	东兴杯一等奖	2019年10月	高宁
《论学生思维参与的数学公式教学——以"三角恒等变换"起始课为例》	《数学通报》第九期	2020年9月	许文军
北京市公开课"三角恒等变换起始课"	—	2019年12月	许文军
数学概念教学设计片段	—	2019年12月	许文军、熊丹、高宁、王琦、韩建国
2013—2017年北京高考数学概率统计真题讲解视频	—	—	许文军、王琦
"'三角函数恒等变换'单元教学设计研究"	被评为北京市教育学院2018级青蓝项目优秀成果奖	2020年9月	许文军

九、参考文献

[1] 杨琴. 美国普通高中"走班制"教学模式研究 [D]. 重庆师范大学，2013.

[2] 刘二茹，姜君. 我国高中走班制的研究现状分析——基于 2001—2015 年的 CNKI 期刊数据 [J]. 教育参考，2016（5）：27-32，48.

[3] 张善超，李宝庆. 高中走班制改革的阻力与超越 [J]. 教育理论与实践，2015，35（32）：21-23.

[4] 李茂菊. 美国高中走班制的发展历程研究 [D]. 华东师范大学，2019.

[5] 周庆文. 走班制模式在高中数学教学中的应用研究 [J]. 成才之路，2019（26）：77-78.

[6] 朱长友，朱玉红. 高中数学教学中分层走班制的探讨 [J]. 高中数学教与学，2019（12）：4-6.

结　语

没有什么能比公式更好地描述万物之美，它是经典与优雅的碰撞，也是理性与美感的交织．简单至极的几个符号，却能描绘出自然万物隐藏的规律．

公式是充满智慧的，同样也是美丽的．斐波那契数列中的黄金螺旋线、欧拉公式中的五大常数，为微积分奠基的二项式定理……公式的美丽不是外表的繁华与昙花一现，而是内在的永恒．

让我们试着去享受数学，发现数学之美吧！